PRÉCIS ÉLÉMENTAIRE

DE PHYSIQUE

OU TRAITÉ

DE

PHYSIQUE FACILE,

PAR

E. SOUBEIRAN,

PROFESSEUR A L'ÉCOLE DE PHARMACIE, PHARMACIEN EN CHEF DES HOPITAUX
ET HOSPICES CIVILS DE PARIS,
DIRECTEUR DE LA PHARMACIE CENTRALE DES HOPITAUX,
MEMBRE DE L'ACADÉMIE ROYALE DE MÉDECINE, ETC., ETC., ETC.

PARIS,

FORTIN, MASSON ET Cie, LIBRAIRES,

RUE ET PLACE DE L'ÉCOLE DE MÉDECINE, N. 1.

1842.

PRÉCIS ÉLÉMENTAIRE

DE PHYSIQUE.

IMPRIMÉ CHEZ PAUL RENOUARD,
RUE GARANCIÈRE, N. 5.

AVANT-PROPOS.

Cet ouvrage s'adresse aux personnes qui n'ont ni le temps ni le besoin d'acquérir des connaissances profondes en physique. Il sera utile s'il peut contribuer à répandre les principes de la physique qui sont nécessaires à tout le monde et dans les circonstances les plus habituelles de la vie. Il est peu de personnes qui puissent faire usage d'une formule mathématique, en déduire les conséquences ou en calculer la portée ; mais il en est beaucoup qui, de principes simples énoncés dans le langage ordinaire, peuvent tirer des applications journalières et profitables. Le livre est court pour qu'il soit lu ; des planches nombreuses contribuent à donner au texte la clarté que la concision aurait pu lui faire perdre. Cependant, que le lecteur se tienne pour averti que la lecture de cet ouvrage ne peut lui être utile qu'autant qu'il se sera armé de ce courage d'attention qu'exige tout sujet sérieux : une fois qu'il se sera familiarisé avec les principes, les expériences qui en démontrent l'exactitude ou les applications qui en dérivent ne seront plus qu'un délassement pour lui.

L'auteur a introduit dans ce précis élémentaire quelques formules mathématiques simples, mais il a eu la précaution de les donner en notes séparées ; de cette manière, elles seront utilisées par les personnes qui pourront les comprendre, sans nuire à la clarté et à l'unité du texte pour les autres.

PRÉCIS ÉLÉMENTAIRE

DE PHYSIQUE.

PROPRIÉTÉS GÉNÉRALES DE LA MATIÈRE.

Les propriétés physiques des corps sont celles que l'on peut observer dans les circonstances où leur composition n'éprouve pas de changement. Il est quelques-unes de ces propriétés qui sont tellement essentielles à la matière, qu'on ne la rencontre jamais sans qu'elle en soit douée: on les appelle propriétés générales de la matière : de toutes ces propriétés, l'étendue et l'impénétrabilité sont les plus importantes.

Etendue. — L'étendue est la portion d'espace qu'un corps occupe; elle lui donne une grandeur limitée : un corps a toujours les trois dimensions, longueur, largeur, profondeur. Il faut distinguer le volume réel et le volume apparent des corps; par exemple, dans une sphère creuse en cuivre, l'étendue du métal n'est pas l'espace occupé par la sphère tout entière.

L'unité de mesure de l'étendue est le mètre. C'est la dix

millionième partie du quart du méridien terrestre. Il donne les mesures suivantes :

Mesures de longueur.

Mètre.	*Unité fondamentale.*
Décimètre.	10e de mètre.
Centimètre.	100e de mètre.
Millimètre	1000e de mètre.

Mesures itinéraires.

Myriamètre.	10,000 mètres.
Kilomètre.	1,000 mètres.
Décamètre	10 mètres.

Mesures agraires.

Hectare.	10,000 mètres carrés.
Are.	100 mètres carrés.
Centiare.	1 mètre carré.

Mesures de capacité.

Kilolitre.	Mille litres.
Hectolitre	Cent litres.
Décalitre.	Dix litres.
LITRE.	Décimètre cube.
Décilitre.	Dixième du litre.
Centilitre.	Centième de litre.

Mesures de solidité.

Décastère	Dix stères.
STÈRE.	Mètre cube.
Décistère	Dixième du stère.

IMPÉNÉTRABILITÉ. — L'impénétrabilité est la propriété en vertu de laquelle chaque corps occupe sa place, en vertu de laquelle deux corps ne peuvent exister en même temps sur le même point; elle appartient à la matière dans toutes les circonstances possibles, bien que quelquefois les apparences semblent indiquer le contraire; ainsi l'on voit un clou que l'on enfonce dans un morceau de bois ne pas en augmenter l'étendue; cependant le fer et le bois n'occupent pas, en même temps, la même place; les fibres du bois se sont resserrées pour laisser pénétrer le métal.

Porosité. — La porosité est la propriété que possèdent les corps matériels d'avoir des vides entre les particules qui les composent. La porosité physique est caractérisée par la symétrie des vides : l'espace compris entre les particules peut être augmenté ou diminué, mais la disposition symétrique reste la même. Les phénomènes de dilatation et de contraction, que les corps éprouvent dans certaines circonstances, prouvent de la manière la plus évidente que les particules des corps ne se touchent pas. Si l'on surmonte un petit seau en bois *a*, *fig.* 1, d'un tube en verre *t*, et que l'on verse du mercure dans cet appareil, le métal filtre bientôt à travers les pores du bois et démontre ainsi sa porosité. La *Compressibilité* est la propriété qu'ont les corps de pouvoir diminuer de volume quand ils sont soumis à une pression; elle est une conséquence de la porosité, un corps diminuant de volume parce que ses particules ont pu se rapprocher les unes des autres. La *Perméabilité* est la propriété que possèdent certains corps de pouvoir en recevoir d'autres dans leur intérieur; elle est aussi une conséquence de la porosité; mais si tous les corps sont poreux, tous ne sont point perméables; ils peuvent l'être pour une substance et ne pas l'être pour une autre; par exemple le verre est perméable à la chaleur et à la lumière, il ne l'est pas à l'eau; l'huile pénètre dans le marbre, l'eau et le mercure ne le peuvent faire.

Divisibilité. — La divisibilité est une propriété des corps matériels et non de la matière. Les corps sont susceptibles d'une extrême division ; en voici plusieurs exemples : un peu de musc qu'on laisse dans un appartement répand ses particules odorantes dans l'air, et bien que celui-ci se renouvelle à chaque instant, le musc, après un temps assez long, a changé à peine de poids ; une partie de carmin délayée dans 300,000 parties d'eau donne encore une couleur sensible ; un fil de verre d'un centième de millimètre forme un tube creux, dont il faut au moins 20 mètres de longueur pour faire un poids de 1 centigramme. Le dorage des métaux prouve encore très bien l'extrême divisibilité des corps. 30 grammes d'or étant appliqués sur un cylindre d'argent peuvent fournir un fil doré de plus de cent dix lieues d'étendue, que le laminoir changera en une lame dont chaque face aura une pareille longueur ; cette lame pourra, à son tour, être divisée sur sa largeur en un grand nombre de parties : l'or aura fourni ainsi plus de quatorze billions de parties visibles à l'œil nu.

Inertie.— L'inertie consiste dans une indifférence parfaite de la matière pour le repos et le mouvement. La matière ne montre aucun indice de volonté ; elle ne peut se donner ni s'ôter le mouvement ; elle persévère éternellement dans l'un ou l'autre de ces états. Les astres qui, obéissant à l'impulsion qu'ils ont reçue lors de la création, n'ont éprouvé aucun changement dans leur marche depuis des milliers de siècles, nous fournissent une des preuves les plus imposantes de cette inertie de la matière. Sur la terre, si nous voyons les corps ne se mouvoir jamais sans qu'une impulsion quelconque les ait atteints, nous pouvons juger aussi qu'ils ne s'arrêtent jamais d'eux-mêmes et sans qu'une nouvelle cause ne vienne détruire l'effet de la première impulsion. Un cavalier dont le cheval s'abat brusquement, continue à obéir au mouvement horizontal dont il était animé, mais la pesanteur l'a bientôt amené à la surface de la terre ; il tombe en avant, à quelque distance du point où le cheval s'est abattu. Le frottement des corps est une des causes qui vient le plus ordinairement détruire les effets de la force acquise ; plus il y a de frottement et plus tôt le mouvement est détruit : une bille qu'on lance sur un plan poli, sur le drap d'un billard, ou sur le sol, s'arrête plus vite sur la surface qui lui présente le plus d'inégalités, et qui, en conséquence, augmente le plus les frottemens.

Il y a donc pour la matière deux états différens, le mouvement et le repos. On appelle *Mobilité* la propriété en vertu de laquelle un corps peut être transporté. Le repos dans les corps peut être absolu ou relatif ; le repos absolu n'existe pas dans l'univers ; le repos relatif est réalisé quand un corps est en repos par rapport aux corps qui l'environnent. Une bille est en repos sur un billard, c'est un repos relatif, car elle participe en même temps au mouvement de rotation de la terre sur elle-même, au mouvement de rotation de la terre autour du soleil, et au mouvement qui, sans doute, entraîne tout notre système solaire dans les espaces célestes.

Forces. — On appelle *Force* tout agent qui met les corps en mouvement. Souvent les forces nous sont inconnues dans leur nature propre, mais nous les jugeons par leurs effets. Une seule force agit-elle sur un corps, il se met en mouvement et ce mouvement se fait suivant une ligne droite. Le mouvement curviligne est toujours le résultat de l'action de plusieurs forces ou de l'action continuée d'une seule force, dont l'impulsion est inégale. On dit du mouvement qu'il est uniforme quand les espaces parcourus dans les temps égaux sont égaux aussi ; le mouvement est varié quand l'espace parcouru à chaque temps n'est pas le même.

Lorsqu'un corps est en mouvement, si la force cesse tout-à-coup d'agir, le corps continue de se mouvoir ; alors le mouvement est rectiligne et uniforme. Un cas fort remarquable est celui des corps entraînés dans un mouvement commun : une force imprimée à l'un d'eux agit sur lui comme s'il était en repos; il se met en mouvement suivant l'impulsion nouvelle, tout en obéissant au mouvement commun qui l'animait au moment de cette impulsion; ainsi, une boule qu'on lance verticalement s'élève, tout en continuant de suivre le mouvement de rotation de la terre, et vient retomber au point d'où elle est partie : la bille que le joueur pousse sur le billard se met en marche sans cesser de participer au mouvement terrestre.

On mesure une force par son effet, qui est toujours proportionnel à l'énergie de cette force. L'effet produit s'appelle vitesse; il se mesure par l'espace parcouru dans un temps donné; on prend pour unité de temps la seconde, pour unité de longueur ou d'espace le mètre; un corps parcourt 3 mètres en une seconde, il a une vitesse de 3 mètres; la terre, dans son mouvement de rotation sur elle-même, fait, à Paris, près de 5 lieues par minute, c'est une vitesse de plus de 300 mètres. Une force est proportionnelle à l'effet qu'elle produit ou à la vitesse qu'elle imprime aux corps; mais pour la mesurer, il faut tenir compte de la masse; car une même force, appliquée à des masses différentes, ne peut leur imprimer la même vitesse. La force est donnée en multipliant la masse par la vitesse; soit les masses 1/2. 1/4 avec des vitesses 2^m, 1^m, $1/4^m$, les forces qui les ont animées sont $1/2 \times 2^m$, 1×1^m, $4 \times 1/4^m$ ou 1; c'est-à-dire qu'elles ont reçu l'impulsion d'une force égale; soit une masse 1 avec une vitesse de 2^m, une masse 10 avec une vitesse de 4^m; la force qui anime la première est $1 \times 2^m = 2$, et celle qui anime la seconde est $10 \times 4^m = 40$.

On appelle mouvement ou quantité de mouvement d'un corps la force dont il est animé, qui réside en lui, en vertu de laquelle il continue à se mouvoir. Du moment qu'un corps a reçu une impulsion, la force cessant d'agir sur lui, il continue à se mouvoir en raison de son inertie et avec une vitesse qui est proportionnée à l'impulsion : or, c'est cet effet résidant dans le corps qui constitue sa quantité de mouvement. Deux corps qui reçoivent une même impulsion ont nécessairement la même quantité de mouvement; si leur masse est égale, ils auront aussi la même vitesse; si leur masse est inégale, ils auront le même mouvement avec une vitesse différente; si, au contraire, les deux corps ont reçu l'impulsion de deux forces inégales, ils auront un mouvement différent, mais il pourra arriver qu'ils aient une même vitesse. On mesurera toujours la quantité de mouvement en multipliant la masse par la vitesse, comme on le fait pour mesurer les forces, ce qui doit être, puisque la quantité de mouvement d'un corps n'est autre chose que l'effet produit par la force, et que la force se mesure elle-même par ses effets.

Examinons maintenant ce que devient un corps soumis à l'action de plusieurs forces.

Lorsque deux forces agissent dans le même sens, leurs effets s'ajoutent; c'est ainsi que le fardeau qu'un homme ne peut traîner sera mis en mouvement, si un second homme vient ajouter son effort à celui du premier.

Lorsque deux forces égales agissent en sens opposé, elles se détruisent mutuellement; ainsi, une aiguille aimantée, placée entre deux aimans d'égales forces, reste en repos, bien qu'elle soit attirée par l'un et par l'autre.

Lorsque deux forces inégales agissent en sens opposé, la plus énergique l'emporte, mais l'effet se trouve diminué de tout l'effet contraire qu'aurait produit la force la plus faible; par exemple : deux seaux de puits pendent aux deux extrémités d'une corde : si l'un est plus lourd, il se met en mouvement, mais sa chute est lente; elle est diminuée de tout l'effet que le second seau aurait produit en sens contraire.

Lorsque deux forces agissent en sens différens, mais non diamétralement opposés, le mobile prend une direction moyenne et une vitesse toujours moindre que la somme des deux vitesses prises séparément; dans ce cas on arrive toujours avec facilité à trouver, par une construction très simple, quelle sera la direction que prendra le mobile et quelle sera sa vitesse : représentant chaque force par la ligne que le corps parcourrait en un temps donné s'il était soumis séparément à son impulsion, on tire de l'extrémité de chacune de ces lignes une autre ligne parallèle à la direction de l'autre force ; il en résulte un parallélogramme, et le mouvement et la vitesse du mobile sont donnés par la diagonale commençant à son point de départ et aboutissant à l'angle opposé du parallélogramme. On donne à cette construction le nom de loi du parallélogramme des forces, soit (*fig.* 2, *a* le mobile mis en mouvement, *ab* l'effet et la direction d'une des forces, *ac* l'effet et la direction de l'autre; on construit le parallélogramme au moyen des lignes *bd*, *cd*, parallèles aux forces *a c* et *a b*, et la direction ainsi que la vitesse du mobile sont données par la diagonale qui joint *a d*, et qui s'appelle la Résultante des deux forces. Voici quelques applications :

Un noyau que l'on presse entre les deux doigts prend la direction moyenne aux deux pressions latérales, et s'échappe en ligne droite.

Le poisson frappant vivement l'eau d'un coup de queue à droite et à gauche est poussé en avant suivant une ligne droite.

L'oiseau qui bat l'air de ses ailes s'avance droit devant lui, si les mouvemens des ailes sont égaux; veut-il tourner, il frappe l'air plus fortement d'un côté que de l'autre ; de même le poisson qui veut donner à sa marche une direction oblique modère d'un côté le choc de sa queue.

S'il y a en même temps plusieurs forces qui s'appliquent à un point matériel, on peut connaître quel doit être leur effet commun, en prenant la résultante de deux de ces forces pour la construction du parallélogramme, et la combinant avec une autre des forces pour obtenir une résultante nouvelle, qui, combinée avec une troisième force, donnera une troisième résultante, et ainsi de suite.

Une seule force étant donnée, on peut facilement, au moyen du parallélogramme des forces, la décomposer en deux autres forces ; car la ligne qui représente la direction et l'intensité de cette force unique peut être prise pour la diagonale d'un nombre infini de parallélogrammes. Les côtés de ces parallélogrammes seront des composantes que l'on pourra substituer indifféremment à la force donnée. On peut ainsi décomposer une résultante en des forces très différentes ; mais une des décomposantes étant une fois déterminée, on ne peut plus construire qu'un seul parallélogramme. On trouvera une application de ce principe dans la théorie du plan incliné.

Il est important d'examiner ce qui arrive quand un nombre de forces est appliqué à deux ou plusieurs points matériels liés invariablement, comme cela a lieu dans les corps solides : on peut ramener toutes ces forces à une seule résultante :

1° Deux forces parallèles agissent dans le même sens sur deux points matériels liés entre eux : leur résultante est égale à la somme des deux forces et passe par un tel point de la ligne qui les sépare, que les deux parties de cette ligne se trouvent réciproquement proportionnelles à l'intensité des deux composantes.

Ainsi, *fig.* 3, *ab* sont deux points matériels, *ad* et *be* les deux forces parallèles, *cf* est leur résultante, égale en longueur à *ad* et *be*, et le point *c*, sur lequel elle agit, est placé entre *b* et *a* à égale distance. — L'équilibre aurait lieu en appliquant en *c* une force opposée égale à *c f*. — Dans la *fig.* 4, la résultante *cf* égale à *ad* et à *be* s'applique en *c* plus rapprochée de *a*.

2° Deux forces parallèles sont appliquées à deux points

matériels liés entre eux; ces forces sont inégales et leurs directions opposées; leur résultante est égale à leur différence, et passe par un point situé au-delà de la ligne qui joint les deux points matériels du côté de la plus grande force; et les distances des points d'action sont réciproquement proportionnelles aux forces.

Ainsi, *fig.* 5, *a* et *b* sont deux points matériels liés entre eux; *a d* et *b e* deux forces parallèles opposées; *c f* est la résultante dont la longueur est égale à la différence des deux lignes *a d* et *b e*; elle est placée du côté de la plus grande force, hors l'espace compris par les deux composantes. — L'équilibre aura lieu en opposant au point *c* une force égale et opposée à *c f*.

Dans le cas où deux forces sont égales et opposées, il ne peut y avoir de résultante unique, et l'on ne peut obtenir l'équilibre qu'en opposant à ces deux forces deux autres forces égales : ces forces parallèles et opposées prennent le nom de couples.

3° Deux forces non parallèles sont appliquées à deux points matériels invariablement unis; on trouve leur résultante en prolongeant les directions de ces forces jusqu'à ce qu'elles se rencontrent, et en construisant le parallélogramme des forces comme si elles étaient réellement appliquées au point de rencontre, et qu'il fût invariablement uni aux deux points matériels.

Ainsi, *fig.* 6, *a b* sont deux points matériels, *a d*, *b e* deux forces non parallèles; prolongeant leur direction, elles se rencontrent en *o*, et l'on obtient la diagonale *o h* qui coupe la ligne *a b* dès le point *c*, auquel devra être appliqué la résultante en lui donnant la longueur *c q* égale à *o h*.

Si du point *c* on établit les lignes *c a'* et *c b'* perpendiculaires aux directions des forces, les deux lignes se trouvent réciproquement proportionnelles aux forces, de sorte qu'en multipliant chaque force par sa perpendiculaire, on a des produits égaux; ce produit des forces par leur perpendiculaire est appelé le *Moment* des forces.

FORCE CENTRIFUGE.

Un corps en mouvement se meut éternellement en vertu de son inertie; l'impulsion qu'il a reçue d'une force unique lui communique toujours un mouvement en ligne droite : la force centrifuge n'est qu'un cas particulier, mais remarquable de ce mouvement en ligne droite.

Les particules d'un corps qui tourne sur lui-même sont en mouvement; si elles n'étaient retenues par leur adhérence mutuelle, elles s'échapperaient toutes en ligne droite; elles tendent ainsi sans cesse à s'écarter du centre, de là le nom de force centrifuge qui a été appliqué à ce cas particulier du mouvement des corps.

Si la force l'emporte sur l'adhérence des particules entre elles, celles-ci obéissent à la force centrifuge et sont lancées en ligne droite dans toutes les directions : c'est ce qui arrive à l'eau qui mouille la meule du gagne-petit, à la boue qui s'attache aux roues des voitures; c'est ce qui arrive quelquefois aux volans des machines; ils se brisent si le mouvement de rotation devient assez fort pour vaincre la cohésion de la fonte. La corde d'une fronde se tend par la force centrifuge, mais la pierre ne s'échappe que lorsque le frondeur, lâchant une des cordes, permet à la pierre d'obéir au mouvement dont elle est animée; l'adresse consiste à livrer la pierre à son mouvement, lorsque la ligne qu'elle va parcourir la conduira au but. C'est par l'effet de la force centrifuge que, lorsqu'on tourne rapidement sur un cercle, il faut faire effort pour ne pas être lancé en dehors; c'est par son aide que, dans un manège, le cavalier peut se pencher impunément vers le centre.

Ces effets de la force centrifuge se montrent également sur les solides et sur les liquides. Quand elle s'exerce sur des corps de densité différente, le plus lourd s'écarte davantage.

Dans des cercles inégaux qui sont décrits dans le même temps, la force centrifuge est proportionnelle aux rayons du cercle. Pour des cercles égaux qui sont décrits dans des temps différens, la force centrifuge est en raison inverse du carré des temps.

Le mouvement de rotation de la terre sur elle-même anime toutes ses parties d'un mouvement centrifuge; il est plus fort à l'équateur qu'aux pôles, parce que la vitesse y est plus grande. Lorsque la terre était encore liquide, l'effet de cette force centrifuge plus grand à l'équateur où le mouvement est plus rapide contrebalançant d'une manière plus efficace l'action de la pesanteur, les particules se sont plus écartées du centre et leur accumulation a produit le renflement de la terre à l'équateur et l'aplatissement aux pôles. On se représente aisément cette action de la force centrifuge sur la matière encore liquide de la terre, au moyen de l'appareil *figure* 31, *a a'*, est un anneau d'acier auquel on peut donner un mouvement de rotation; l'anneau *a'* peut glisser librement sur l'axe *t*; en tournant, l'anneau s'aplatit de manière à prendre la forme *a b*. Nous verrons plus tard cette force centrifuge de la terre modifier l'effet de la pesanteur sur les corps, suivant qu'ils seront plus rapprochés de l'équateur ou des pôles.

MACHINES SIMPLES.

Levier.

Le levier est une barre inflexible qui peut tourner sur un point d'appui. On distingue dans le levier le point d'appui, les deux bras, la résistance qui est le corps que l'on doit soulever, la puissance qui est la force qui doit soulever ce corps; soit une barre suspendue par son centre, *fig.* 7, deux poids égaux se feront équilibre à ses extrémités, vu que chacun d'eux ayant une même masse, est sollicité à se précipiter par une force égale. En supprimant l'un des poids et pesant de la main sur le levier pour soutenir le poids opposé, on a une idée plus nette de ce qu'il faut entendre par résistance et par puissance dans le levier. La résistance est le poids qui tend à se précipiter, la puissance est la force musculaire qui s'oppose à cette précipitation.

Si dans un levier le point d'appui n'est pas placé au centre, ce qui entraîne l'inégalité des deux bras, deux poids égaux ne se font pas équilibre. L'équilibre a lieu quand la distance des deux poids inégaux au point d'appui est proportionnelle et en raison inverse de leur masse : que le point d'appui soit situé au quart de la longueur du levier, *fig.* 8, un poids de 1 kilogramme à l'extrémité du long bras fera équilibre à un poids de 3 kilogrammes placé à l'extrémité du bras le plus court. En effet, pour que *a* entraîne *b*, il faut que *b* parcourt un espace triple de *a*, *fig.* 9; or, une masse 3 et une vitesse 1 exige autant de force qu'une masse 1 et une vitesse 3. On exprime cette action des leviers en disant qu'il y a équilibre quand les produits des masses par les longueurs des bras de leviers sont égaux, ou, ce qui revient au même, quand les poids ou les forces sont réciproquement proportionnels aux longueurs des bras du levier. (1)

(1) La théorie du levier est exprimée d'une autre manière en y appliquant les lois données, page 9, sur la résultante des forces parallèles.

Les deux forces qui agissent sur le levier sont parallèles et ont une direction dans le même sens; leur résultante passe en un certain point; et si, au-dessous de ce point, le levier est soutenu, il y a nécessairement équilibre. Les forces sont-elles égales, la résultante tombe au point *c* au centre du levier, *fig.* 3; si elles sont inégales, elle tombe en un point tel, que sa distance à celui où les forces sont appliquées, est en raison inverse de ces forces, en *c*,

Dans ce cas encore le petit poids peut être remplacé par la main, et l'effort qu'elle a à faire est d'autant moindre qu'elle opère à l'extrémité d'un bras de levier plus allongé : c'est ainsi qu'au moyen d'un levier on peut, sans grand effort, soulever des masses très pesantes.

On a distingué trois genres de levier :

1° *Levier du premier genre.* Il a la résistance à un bout, la puissance à l'autre, le point d'appui entre les deux. Tel est le pied de chèvre des maçons, *fig.* 10, *l* est le levier, *p* la puissance, *a* le point d'appui, *r* la pierre qui est soulevée. La bascule des enfans est aussi un levier du premier genre ; il en est de même de la romaine, *fig.* 11, qui sert à peser les corps ; la romaine est suspendue en *s*, le point d'appui est en *a*. Le corps que l'on veut peser est attaché au petit bras du levier *r*. On lui fait équilibre au moyen du poids *p* qui reste toujours le même, mais dont l'effet augmente à mesure qu'on l'écarte davantage vers l'extrémité du grand bras du levier.

Les ciseaux, les pinces, les tenailles sont formés de deux leviers du premier genre réunis ; le point d'appui est situé au clou, la résistance sous les deux lames, la puissance se trouve à l'autre extrémité.

2° *Levier du second genre.* Le point d'appui est à un bout, la puissance à l'autre bout, la résistance entre les deux. On en a un exemple dans le pied de chèvre des maçons, employé

par exemple, *fig.* 4, l'équilibre ayant toujours lieu quand la résultante passe par le point d'appui.

L'action des forces dans le levier se nomme moment. On a le moment de la puissance et de la résistance en multipliant chacune de ces forces par son bras de levier, soit *P* égal à 1 kilogramme et son bras de levier de 5 centimètres, le moment de $P = 1 \times 5 = 5$; soit *R* égal à 5 kilogrammes et son bras de levier de 1 centimètre, le moment de $R = 5 \times 1 = 5$. La condition d'équilibre se réduit à l'égalité des momens entre la puissance et la résistance.

comme le montre la *fig.* 12. Le point d'appui *a* se trouve à l'extrémité du levier qui pose sur le sol, la puissance *p* est la main qui pèse à l'autre bout, la résistance *r*, est la pierre qui porte sur le levier. Le couteau à pain ou à racines est encore un levier du second genre, *fig.* 13, le point d'appui est à la charnière *c*, la puissance à l'autre bout *p*, la résistance sous le couteau *r*. Les rames des bateliers sont dans le même cas; le point d'appui est sur l'eau, la résistance à la cheville, et la puissance au bout de la rame.

3° *Levier du troisième genre.* Il a le point d'appui à un bout, la résistance à l'autre et la puissance au milieu. C'est le levier le moins favorable pour la force, mais le plus avantageux pour la vitesse. C'est lui qui le plus fréquemment entraîne le mouvement des membres chez les animaux. Dans le mouvement de l'avant-bras, par exemple, *fig.* 14, *a*, est le point d'appui placé au coude, le muscle *pm* est la puissance, la résistance *r* est le poids de l'avant-bras. On trouve aussi les autres leviers dans les animaux : la tête posée sur la colonne vertébrale constitue un levier du premier genre; la mâchoire forme un levier du troisième genre; le point d'appui est dans le condyle de la mâchoire, la résistance est située dans la longueur, à une distance variable, à l'extrémité du levier si ce sont les incisives qui sont mises en jeu, plus près du point d'appui si ce sont les molaires; la puissance est exercée surtout par les muscles masséter et temporal attachés entre le point d'appui et la résistance. La mâchoire a une force très restreinte aux dents incisives et au contraire très grande sous les molaires placées presque au même point que la puissance qui agit alors avec toute son intensité.

Les pincettes de nos cheminées sont des leviers doubles du troisième genre, le point d'appui est à la courbure, la résistance au bout; la puissance est la main placée entre les deux.

Le tour ou treuil, *fig.* 16, qui sert à soulever des poids peut être comparé à un levier courbe à branches inégales. Représentons, *fig.* 15, la coupe de l'instrument, *a* est le point d'appui, *a b* le petit bras du levier à l'extrémité duquel le poids est suspendu, *a c* est le grand bras du levier à l'extrémité duquel la main agit; c'est le bout de la barre qui traverse le cylindre sur lequel la corde vient s'enrouler.

Le cabestan est un instrument semblable, dont le rouleau est posé verticalement; la chèvre, *fig.* 17; la roue de carrière, *fig.* 18, sont tout-à-fait dans le même cas; c'est toujours une puissance faible dont l'effet est augmenté, parce qu'elle agit à l'extrémité d'un long bras de levier.

Dans le *cric*, *fig.* 19, la crémaillère *a b* est soulevée par le pignon *p*. Le bras du pignon, qui est très court, constitue la résistance sur laquelle la puissance agit avec grand avantage par la manivelle qui a un bras de levier plus long.

La poulie, *fig.* 20, est une roue munie d'une gorge et tournant librement sur un axe; c'est, à proprement parler, un levier du premier genre à bras égaux; on peut admettre que la corde agit à l'extrémité de chacun de ces bras. Comme ces bras sont égaux, on ne retire aucune augmentation de force de l'emploi de la poulie; mais comme celle-ci est très mobile sur son axe, le moindre excès de force d'un côté se manifeste aussitôt. On se sert ordinairement de la poulie pour changer la direction du mouvement. Ainsi un cheval qui ne peut tirer un fardeau de bas en haut pourra cependant le soulever si la corde qu'il tire horizontalement est passée sur une poulie.

La poulie devient quelquefois un levier de second genre: ainsi dans la poulie *A*, *fig.* 22, la résistance *r* est attachée à la chappe de la poulie; le point d'appui *a* est l'extrémité où la corde est attachée, la puissance *p* est à l'autre bout de la corde que l'on tire. Avec un pareil système, il faut moitié moins de force pour supporter le poids r, car la moitié de la charge est soutenue par le point fixe q. La poulie B n'est là que pour changer la direction de la puissance. Le poids p' moitié moins lourd que r, lui fait cependant équilibre.

En multipliant ce mode de combinaison, on obtient les appareils nommés *Moufles* qui servent à soulever des masses pesantes. Ainsi dans la *fig.* 21, pour la poulie A, la moitié du poids p est supportée par le point fixe f, et l'extrémité d de la corde n'a plus à porter que la moitié de ce poids; mais la poulie B transporte la moité de cet effort au point fixe f', et la corde d' n'a plus besoin que du quart de la force qui, seule, serait nécessaire pour faire équilibre à p, et ainsi de suite. Chaque poulie diminue donc de moitié l'effort nécessaire, et celui-ci, à mesure que l'on multiplie le nombre des poulies, décroît dans le rapport suivant 1 1/2, 1/4, 1/8, 1/16, etc. La moufle, ainsi construite, ne serait pas commode pour l'usage; on lui substitue celle de la *fig.* 23, qui n'exige qu'un seul point fixe et qui occupe peu de place. Toutes les poulies qui tiennent au point fixe ne servent qu'à renvoyer les cordes ; les poulies inférieures constituent la moufle.

Si un poids est suspendu au centre d'une barre, *fig.* 24, deux forces qui le soutiennent aux extrémités de cette barre en supportent une égale quantité ; mais si le poids est plus rapproché d'une extrémité que de l'autre, il faut un effort plus grand pour soutenir le bout de la barre qui en est le plus voisin. Dans ce cas, les forces qui supportent le poids sont en raison inverse de la longueur du bras de levier par lequel elles agissent, *fig.* 25. Si le poids est suspendu l'inclinaison du levier ne change rien aux conditions de l'équilibre ; mais si le poids est fixé en dessus ou en dessous de la barre, il en est tout différemment ; s'il est en dessus, *fig.* 26, la charge est plus forte en bas ; s'il est en dessous, *fig.* 27, la charge est plus forte en haut, ainsi qu'il est facile de s'en convaincre à la seule inspection des figures. Les observations précédentes trouvent facilement leur application lorsqu'un fardeau est suspendu ou attaché à une barre, lorsque le transport a lieu sur un sol horizontal, ou lorsqu'il se fait sur un sol incliné.

PESANTEUR.

Les corps que l'on abandonne à eux-mêmes, à une certaine distance de la surface de la terre, tombent jusqu'à ce qu'ils rencontrent un obstacle qui s'oppose à leur chute. Cet effet résulte de l'attraction que la terre exerce sur les corps et qui n'est elle-même qu'un cas particulier de l'attraction universelle.

L'attraction de la terre sur les corps prend le nom spécial de pesanteur; elle s'exerce par chaque particule qui compose la terre; mais on peut la considérer comme une seule force réunie au centre même du globe terrestre; tous les corps sont attirés vers ce centre.

La pesanteur est une force peu énergique; aussi suffit-il d'un faible obstacle pour s'opposer à ses effets : son action s'exerce indépendamment de la juxta-position d'autres corps.

Si la terre attire les corps elle est à son tour attirée par eux, et se déplace pour venir à leur rencontre; mais leur volume est si petit, comparé à son énorme masse, que les effets de cette attraction des corps sont inappréciables.

Un corps qui tombe suit une ligne droite : la chute est déterminée par la pesanteur, dont l'action est concentrée au centre de la terre; nous savons d'ailleurs qu'un corps soumis à l'action d'une seule force prend toujours un mouvement rectiligne, d'où il faut conclure que la ligne suivie par un corps

2.

qui tombe indique la direction suivant laquelle la pesanteur agit, et que cette ligne continuée irait aboutir au centre de la terre : cette ligne prend le nom de *Verticale*. Comme la terre est ronde, la verticale ou la ligne droite que les corps suivent dans leur chute a nécessairement une direction très différente en des lieux différens, *fig*. 30. Toutes ces verticales forment entre elles des angles plus ou moins étendus. Cependant, quand nous comparons les lignes suivies par deux corps qui tombent à une certaine distance l'un de l'autre, elles nous semblent exactement parallèles, parce que l'étendue sur laquelle il nous est possible d'observer dans un même moment est si peu de chose comparée au diamètre de la terre, que l'écart qui existe réellement entre les deux verticales observées est tout-à-fait inappréciable pour nous.

La verticale nous est donnée dans chaque point de la surface du globe par la ligne que suit un corps dans sa chute; on l'obtient toujours sans difficulté au moyen d'un instrument fort simple qui porte le nom de fil-à-plomb, *fig*. 28; il se compose d'un corps pesant suspendu à un fil. La pesanteur tend à précipiter ce corps, le fil suspenseur y met obstacle; le fil-à-plomb reste en repos quand la direction de la pesanteur *p* et celle du fil *f* sont tout-à-fait opposées; la direction de la verticale est donnée alors par la direction du fil. En toute autre position il n'y a pas équilibre, parce que la pesanteur et le fil-à-plomb ne sont plus directement opposés : le fil-à-plomb se met en mouvement jusqu'à ce que cette condition d'équilibre soit remplie. On sait l'usage que l'on fait tous les jours du fil-à-plomb pour s'assurer de la position verticale des constructions.

Le fil-à-plomb sert encore à reconnaître si une surface est parfaitement horizontale, soit un triangle *tt*, *fig*. 29, dont la barre transversale *bb* est perpendiculaire à la verticale; quand le triangle est posé sur un plan horizontal, le fil-à-plomb passe exactement au centre de cette barre; mais vient-on à poser l'instrument sur un plan incliné, le fil-à-plomb tombe d'un côté ou d'autre du centre de la barre, et témoigne ainsi que le plan sur lequel pose le triangle est incliné à l'horizon.

Les corps tombent tous avec la même vitesse. L'action de la pesanteur s'exerce, en effet, non sur les masses, mais sur chaque particule pesante. Dans une grosse masse, il y a plus de particules attirées, mais chacune d'elles l'est également, et la vitesse commune reste la même. C'est à Galilée que l'on doit la découverte de cette loi; il l'a démontrée en laissant tomber du haut de la tour de Pise des boules d'or, de plomb, de porphyre et de cire; la boule de cire plus légère fut seule un peu en retard, mais Galilée reconnut que ce retard n'était pas proportionnel au poids des boules.

La résistance de l'air est la cause qui retarde la chute des corps légers. On le prouve aisément en faisant tomber des corps différens dans un long tube de verre disposé de telle sorte qu'on puisse à volonté y faire le vide. Vient-on à retourner brusquement ce tube, on voit les corps les plus légers tomber plus lentement que les autres : répète-t-on l'expérience après avoir fait le vide dans le tube, tous les corps lourds et légers y tombent avec la même vitesse. Le marteau d'eau est un autre exemple du même ordre : c'est un tube de verre contenant de l'eau, qui a été fermé lorsque cette eau était en pleine ébullition et qu'elle avait chassé l'air de l'appareil. Si on retourne brusquement un pareil tube, l'eau tombe d'une seule masse et fait entendre un coup sec au moment du choc.

La résistance que l'air oppose à la chute des corps est proportionnelle à leur étendue; qu'une balle de liège et une balle de plomb d'égale grosseur tombent en même temps, l'effet de l'air sera proportionné à l'étendue de leur surface; et comme la quantité de mouvement des deux balles est fort différente, la vitesse de la balle de plomb, qui a plus de mouvement, sera moins diminuée que la vitesse de la balle de liège, l'air faisant perdre à chaque instant, à chacune des balles, une quantité semblable de mouvement.

On s'explique, par ce qui précède, pourquoi une balle de fusil porte plus loin qu'une charge de petit plomb; pourquoi la grêle qui tombe des régions élevées de l'atmosphère n'a pourtant qu'une vitesse médiocre quand elle arrive à la surface du globe; comment on a peu à craindre d'une potée d'eau jetée par la fenêtre, quand le choc d'un bloc de glace du même poids serait certainement funeste; comment l'aréonaute, au moyen du parachute qui offre une grande surface, peut modérer la rapidité de sa descente.

Les corps tombent avec une vitesse accélérée. Chacun sait qu'il est facile de suivre des yeux, dans sa chute, un corps qui tombe d'une petite hauteur; mais si son point de départ est très élevé, sa vitesse est si grande quand il passe devant nos yeux, qu'il nous devient impossible de distinguer sa forme; cette vitesse accélérée est la cause pour laquelle une chute faite de haut est toujours plus grave.

Cette accélération dans la chute des corps provient de ce que la pesanteur est une force sans cesse agissante; à chaque instant une nouvelle impulsion s'ajoute à celle que le corps a déjà reçue. La vitesse de la chute résulte de l'action incessante de la pesanteur et du mouvement acquis par les impulsions précédentes, mouvement que les corps dans leur inertie sont incapables de s'ôter.

Les lois qui président à la chute des corps sont les suivantes :

L'espace parcouru par un corps qui tombe est proportionnel au carré du temps écoulé depuis le moment de son départ.

Les vitesses croissent proportionnellement au temps.

L'espace parcouru par un corps qui tombe à la surface

de la terre, pendant la première seconde de sa chute, est de 4,9044 mètres, presque exactement 5 mètres; la vitesse acquise par seconde est de 9,8088 mètres.

Temps écoulé.	Espace parcouru.	Espace total.	Vitesse après chaque seconde.
1 seconde	1	1	2
2	3	4	4
3	5	9	6
4	7	16	8
5	9	25	10
6	11	36	12
1	5 mètres	5 mètres	10 mètres.
2	15	20	20
3	25	45	30
4	35	80	40
5	45	125	50
6	55	180	60

Cette loi étant connue, on peut s'en servir pour reconnaître, avec une suffisante exactitude, dans un grand nombre de cas, l'élévation d'un point ou la profondeur d'un gouffre; il suffit de déterminer le nombre de secondes que mettra un corps pour arriver à la base de l'un ou au fond de l'autre; soit quatre secondes, l'espace parcouru était de 80 mètres, soit six secondes, cet espace était de 180 mètres.

L'instrument au moyen duquel on vérifie les lois de la chute des corps porte le nom de machine d'Atwood. Réduit à sa plus grande simplicité, il se compose d'un système de poulies très mobiles fixées au haut d'un support, voyez *fig.* 32; un fil fin passé sur la gorge de la poulie supporte, à chacune de ses extrémités, un poids assez lourd *a b*. Les deux poids sont égaux, la pesanteur exerce sur chacun d'eux une action égale : comme ils ne peuvent marcher qu'en sens inverse, ils se font équilibre, et par le fait l'action de la pesanteur sur eux peut être considérée comme nulle. Vient-on à placer sur un de ces poids une petite masse additionnelle, les deux poids se mettent en mouvement, mais avec une vitesse assez petite pour qu'on puisse facilement l'observer. Soit 49,5 gram. chacun des poids, 1 gram. le poids de la petite masse additionnelle; la pesanteur agit sur cette petité masse à la manière ordinaire, et la précipiterait, si elle était seule, avec la vitesse accoutumée; mais cette petite masse ne peut se mettre en mouvement sans entraîner avec elle les deux poids' qui contiennent quatre-vingt-dix-neuf fois plus de matière pesante. La quantité de mouvement de la petite masse se trouvant aussi partagée devient cent fois plus faible pour chaque unité de masse; la vitesse est diminuée dans la même proportion et peut alors être facilement observée. Veut-on mettre la machine d'Atwood en expérience, on élève le poids *a* jusque vers la poulie, on le charge de la petite masse additionnelle, et, observant avec soin le moment où commence sa chute, on détermine quel est l'espace parcouru dans un nombre déterminé de secondes; on y arrive aisément au moyen du plan mobile *P*, que l'on monte ou que l'on descend à volonté. Dans la machine d'Atwood, une horloge marque exactement les temps; une bascule sur laquelle pose le poids supérieur se détache d'elle-même et précise exactement l'instant où commence la chute. Admettons que chacun des poids pèse 24 grammes, et que, par conséquent, leur poids total soit 48 grammes; si la petite masse additionnelle pèse 1 gramme, la totalité de la matière pesante sera de 49 grammes; la pesanteur, en agissant sur la masse additionnelle seule ou 1 gramme, la ferait tomber de 4,9 mètres ou 49 décimètres en une seconde; mais l'effet étant partagé sur quarante-neuf fois plus de matière pesante, la vitesse devient quarante-neuf fois moindre, et le corps ne parcoure qu'un décimètre dans la première seconde, il en parcoure 3 dans la deuxième, 5 dans la troisième, et ainsi de suite.

Avec la machine d'Atwood, on peut encore vérifier une autre loi que voici :

Si l'action de la pesanteur vient à être interrompue, les corps continuent de tomber avec un mouvement uniforme et avec une vitesse telle que, dans un temps égal à celui qui s'est écoulé depuis leur chute, ils parcourent un espace double. Pour faire l'expérience, on place en avant du plan qui reçoit la masse pesante, une espèce d'anneau *o* que cette masse doit traverser, et l'on donne au poids additionnel une forme allongée *m*, de manière à ce qu'il ne puisse traverser l'anneau. Il y reste déposé ; à ce moment, la pesanteur cesse d'agir, et les deux masses continuent à se mouvoir par le seul effet de leur vitesse acquise.

L'anneau ayant été placé, par exemple, au point où les masses arrivent après la deuxième seconde, et où elles ont parcourues un espace de 4 décimètres, après avoir déposé leur poids additionnel, elles parcourent en deux secondes un espace de 8 décimètres. (1)

(1) Les lois du mouvement imprimé par la pesanteur sont exprimées par les deux formules suivantes, dans lesquelles t exprime le temps écoulé depuis le départ du mobile, g la gravité ou la vitesse acquise après une seconde, v la vitesse acquise après le temps t, e l'espace total parcouru pendant le temps t.

$$v = g t$$

$$e = \frac{g t^2}{2}$$

On peut, à l'aide de ces formules, répondre aux questions suivantes ou à leurs analogues :

1° Un corps est tombé pendant 3'', quel espace a-t-il parcouru ? Remplaçant dans la formule $e = \frac{g t^2}{2}$, g par $9{,}8088^{m}$, t par 3 porté au carré $= 9$ ou a $44{,}13^{m}$ pour l'espace parcouru.

2° Un corps est tombé pendant 3 secondes, quelle vitesse a-t-il acquise?

En même temps que les corps restent soumis à l'action de la pesanteur, s'ils reçoivent l'impulsion de quelque nouvelle force active, les effets des deux forces se combinent. En voici quelques exemples :

1° Une force agit en même sens que la pesanteur : l'effet de cette dernière en est augmenté ; telle serait le cas d'une balle lancée avec vigueur de haut en bas. (1)

2° Une force agit en sens inverse de la pesanteur, tel serait un coup de raquette qui lancerait une balle de bas en haut dans une direction verticale. La balle obéit à l'impulsion, mais la pesanteur agit sans cesse et détruit peu-à-peu la vitesse acquise ; la balle met à descendre précisément autant de temps qu'elle en a employé pour monter. (2)

On se sert de la formule $v=gt$, en remplaçant encore g par $9{,}8088^{m}$ et par $3''$; on a pour la vitesse $29{,}42^{m}$;

(1) Le mobile reçoit une impulsion de haut en bas ; dont la vitesse exprimée en mètres serait a dans une seconde ; quelle sera sa vitesse après un temps donné, et quel espace aura-t-il parcouru dans un temps donné par l'action combinée de cette impulsion et de la pesanteur ? On a pour la vitesse la formule

$$v=gt+at,$$

et pour l'espace

$$e=\frac{gt^2}{2}+at.$$

Un corps a reçu un choc qui lui donne une vitesse de 1 mètre par seconde, quelle sera sa vitesse après trois secondes ? $32{,}^{m}42$.

Quel espace aura-t-il parcouru après trois secondes ? $47{,}^{m}13$.

(2) On donne à un mobile une impulsion verticale de bas en haut qui lui donne une vitesse de a par seconde, à quelle hauteur arrivera-t-il avant de s'arrêter ? quelle vitesse aura-t-il en revenant au point de départ ?

L'espace parcouru ou la hauteur où arrive le mobile est donné par

$$e=at-\frac{gt^2}{2} \text{ et sa vitesse par } v=a-gt,$$

soit $a=40^{m}$, l'élévation pour 1 seconde sera $35{,}^{m}1$; pour $2''$ $60{,}39^{m}$; pour $3''$ $75{,}805$; pour $4''$ $81^{m}{,}53$, et la vitesse sera pour la première seconde

3° Une force lance un corps dans une direction horizontale ou perpendiculaire à la verticale. Ce corps obéit en même temps, et à l'impulsion horizontale qu'il a reçue et à la pesanteur qui le sollicite à tomber; il décrit une courbe dont la forme dépend de l'intensité de l'impulsion horizontale : soit 100 mètres cette vitesse horizontale le corps parcourra cet espace pendant la première seconde, mais il tombera, en même temps, de 5 mètres qui est l'effet ordinaire de la pesanteur. Dans la deuxième seconde il aura encore sa vitesse horizontale de 100 mètres ; mais il tombera de 15 mètres par l'effet de la pesanteur, etc. Un corps tombe du mât d'un navire qui cingle à pleine voile, c'est au pied du mât qu'il arrive et non dans la mer, car en même temps qu'il obéit à la pesanteur, il continue de se mouvoir suivant la direction horizontale qui lui était acquise au moment où il s'est détaché du mât.

4° Un corps lancé obliquement décrit une double courbe ; on peut le reconnaître facilement en lançant une pierre, ou en produisant un jet d'eau oblique. Ici encore le même temps est employé pour l'ascension et pour la chute.

Le plan incliné nous offre un exemple intéressant de l'action de la pesanteur : veut-on élever un corps il faudra moins de force pour y parvenir, si au lieu de le tirer en sens directement inverse de la pesanteur, on le traîne sur un plan incliné qui l'élève peu-à-peu à la hauteur voulue ; la force dont il faudra user pour l'emporter sur la pesanteur sera d'autant plus faible que l'inclinaison du plan sera moins rapide.

Quand on veut élever un corps en agissant sur lui directement en sens inverse de la pesanteur, il faut de toute

35,m,1 ; pour la deuxième 25,29 ; pour la troisième 15,415 ; pour la quatrième 5,725, et le corps retombant après 4 secondes parcourra en sens inverse et dans le même temps le même espace 81m,53.

nécessité avoir recours à une force plus énergique que celle-ci. Mais sur le plan incliné on n'a plus besoin que d'un effort moindre : soit le corps *a* placé sur un plan incliné, *fig.* 33 et 34, l'action de la pesanteur peut être représentée par la ligne *a b ;* mais de même que lorsque deux forces agissent en même temps sur un corps, on peut, au moyen du parallélogramme des forces, transformer ces deux forces en une force unique, de même on peut changer une force unique en deux nouvelles forces : décomposons donc la pesanteur représentée par la ligne *a b*, nous aurons, d'une part, une force *a b*, perpendiculaire à la surface du plan incliné, et une force *a c* parallèle à ce plan. Or la première est évidemment détruite par la résistance du plan ; il ne reste donc que la seconde à laquelle il faut faire équilibre pour empêcher la chute du corps. En établissant la même construction sur un plan plus ou moins incliné, nous voyons que la ligne qui représente la seule force agissante est plus longue, et qu'il faut, par conséquent, une force plus grande pour y faire équilibre à mesure que l'inclinaison du plan est plus prononcée. Ce qu'on gagne en force dans l'emploi du plan incliné, on le perd en vitesse, et l'espace à parcourir est d'autant plus grand que la force dont on a besoin est moindre et que le plan incliné à plus de longueur.

Lorsqu'un corps tombe sur un plan incliné, sa vitesse acquise est la même que s'il était descendu de la même hauteur par une chute verticale.

Toutes les cordes d'un cercle, considérée comme des plans inclinés, sont parcourues dans le même temps, de sorte que deux billes, *fig.* 36, tombant en même temps, l'une suivant *ab*, l'autre suivant *cb* ou *db*, arriveraient en *b* dans le même temps. Une certaine courbe connue des géomètres sous le nom de cycloïde, *fig.* 37, a la propriété singulière de donner la voie la plus rapide, de sorte qu'une bille qui la parcourt met moins de temps à arriver d'un point à un autre, de a en b, que si elle franchissait l'espace qui sépare $a\,b$ en suivant un arc de cercle, et surtout un plan incliné. Une autre propriété de la cycloïde, c'est qu'un corps met le même temps pour arriver en b qu'il soit parti de a a' ou a''.

Quand on se sert d'un plan incliné pour faire monter un poids, afin de ne pas être obligé de s'écarter à une grande distance, on fait tourner ce plan autour d'un axe vertical; telle est précisément la construction de la vis. On s'en fait une idée exacte par les chemins qui nous conduisent au sommet d'une montagne en tournant tout autour d'elle, ou par l'escalier qui amène au sommet d'une tour. La vis, *fig.* 35, qui entre dans la construction des machines est un cylindre dans lequel on a creusé une hélice régulière, de manière à laisser entre chaque tour de l'hélice une saillie correspondante. On l'introduit dans une pièce creuse c qui prend le nom d'écrou, et qui, taillée comme la vis, porte en creux tout ce que la vis porte en saillie. Supposons la vis fixée, posée verticalement et la tête en haut, l'écrou adapté descendrait le plan incliné qui lui est présenté, si le frottement n'y mettait obstacle; il en serait absolument de même de la vis si elle était mobile et que l'écrou fût fixé.

Si l'on oppose à la marche de l'écrou un obstacle quelconque, celui-ci est une résistance que l'on parvient à vaincre en agissant sur l'écrou au moyen d'un bras de levier b. On peut se représenter la résistance comme celle d'un poids qui se trouve diminué par cela seul qu'il s'élève sur un chemin incliné; l'action du levier s'en trouve augmentée, mais on perd en vitesse ce que l'on a gagné en force. L'écrou abandonné à lui-même tend à redescendre; il en est empêché par le frottement, et comme celui-ci s'accroît à mesure que la vis est plus serrée, l'écrou reste en place; le frottement devient ainsi la cause d'un des plus grands avantages que l'on trouve dans l'emploi de la vis.

Pendule.

Un pendule est un corps pesant attaché à un fil ou à une verge rigide, et librement suspendu à un point fixe.

Quand le pendule est vertical, *fig.* 38, en *ab*, la pesanteur tend à le précipiter, mais le fil agit en sens inverse et annulle cette action; il y a repos. Si le pendule est éloigné de la verticale comme en *ab'*, la direction de la pesanteur et du fil ne sont plus diamétralement opposés et le pendule tombe en suivant une direction moyenne qui se trouve réglée par le fil qui soutient le corps pesant : la vitesse est accélérée, car à chaque instant la pesanteur renouvelle son action. Le pendule étant revenu en *ab*, l'action de la pesanteur cesse, et le pendule ne continue à se mouvoir qu'en raison de sa vitesse acquise ; mais à peine a-t-il quitté la verticale que la pesanteur recommence à agir et détruit peu-à-peu le mouvement ; le pendule arrêté dans sa course, en *b''*, tombe en sens inverse ; les mêmes effets se reproduisent ; et ainsi s'établit un mouvement d'oscillation qui a son principe dans l'action de la pesanteur, et qui durerait éternellement si les frottemens au point de suspension et la résistance de l'air ne le détruisaient peu-à-peu.

On appelle *oscillation* le mouvement du pendule d'un sommet de sa course à l'autre ; *écart* l'angle que fait le pendule en s'éloignant de la verticale ; *amplitude* l'arc que décrit le pendule mesuré en degrés du cercle.

La durée des oscillations, quand elles sont petites, reste la même, quoique leur amplitude aille toujours en diminuant.

Le poids du pendule n'a aucune influence sur la durée des oscillations ; cela doit être puisque tous les corps tombent avec la même vitesse. (1)

(1) La vitesse que la pesanteur imprime aux corps, et qui mesure la

La durée des oscillations dépend de la longueur du pendule. On s'en apercevra facilement si l'on fait osciller ensemble deux pendules d'inégale longueur ; le pendule le plus long aura les oscillations les plus lentes. Les durées des oscillations sont entre elles comme les racines carrées des longueurs du pendule. Soit deux pendules dont les longueurs soient entre elles 1, 4, 9, les durées des oscillations seront comme 1, 2, 3.

Le pendule donne le moyen de mesurer la pesanteur. Les oscillations (avec des pendules égaux) étant plus rapides si l'action de la pesanteur augmente, plus lentes si elle diminue. A l'équateur où la surface de la terre est plus éloignée du centre, la pesanteur agit plus faiblement, et le pendule oscille avec plus de lenteur; aux pôles où la terre est aplatie et la distance de sa surface au centre plus petite, le pendule oscille plus vite ; dans l'intervalle les oscillations dépendent de la distance plus ou moins grande où l'on se trouve du pôle ou de l'équateur. A Paris, le pendule qui bat les secondes, ou qui fait une oscillation par seconde a 0,9938267 mètres de longueur.

Le pendule le plus simple que nous puissions construire est composé de parties pesantes situées à des hauteurs différentes, et qui, pour cette raison, ont des vitesses d'oscillations très différentes; mais comme elles sont liées entre elles, elles sont obligées de faire leurs oscillations avec une vitesse commune, les unes étant retardées, les autres étant hâtées dans leur mouvement. La longueur du pendule simple qui correspondrait au pendule composé est toujours intermédiaire,

pesanteur elle-même, est liée à la longueur du pendule et à la durée des oscillations; g étant la vitesse ou la gravité et l la longueur du pendule à secondes, on a

$$g = (3,14159)^2 \times l.$$

Pour Paris, on a $g = 3,14159^2$, $0,993846 = 9^m,8088$ qui représente l'intensité de la pesanteur.

elle est représentée dans le pendule composé par un point qui prend le nom de centre d'oscillation, et qui est situé au-dessous du centre de gravité du pendule.

Le pendule le plus simple et le meilleur dont on puisse faire usage serait composé d'une boule de platine très pesante suspendue à un fil : c'est celui qui se rapproche le plus du pendule mathématique. Pour les horloges, le pendule, *fig*. 39, est composé d'une lentille pesante *l* suspendu à une tige qui pose, par un couteau d'acier, sur un autre couteau d'acier poli ; la lentille, par sa forme et sa pesanteur, fend l'air avec plus de facilité et éprouve moins d'obstacle à son mouvement. On arme ce pendule d'une ancre d'échappement *aa,* qui s'engrène dans les dents d'une roue mise en mouvement par le ressort de l'horloge. Quand le pendule est vertical, les dents de l'ancre entrent dans les dents de la roue de chaque côté, et tout le mécanisme est arrêté; quand il s'écarte de droite ou de gauche, le mouvement recommence; la secousse qui se produit chaque fois que le contact se renouvelle rend au pendule la portion de vitesse qu'il a perdue par le frottement et la résistance à l'air. A Paris, le pendule de 0,9938267 mètres de longueur fait une oscillation par seconde ; le mécanisme de l'horloge est réglé en conséquence. Dans les pendules d'appartemens, on donne au pendule moins de longueur, mais on compense ce qu'il a de trop en vitesse par la disposition des rouages. On verra, lorsqu'il sera question de la dilatation par la chaleur, comment on compense les changemens que les variations de température amènent dans la longueur du pendule, et par suite dans la régularité de la marche des horloges.

ÉQUILIBRE DES SOLIDES.

L'état d'équilibre d'un solide consiste dans le repos malgré l'action de la pesanteur. Pour étudier les conditions de cet équilibre, il faut se faire une idée juste de ce qu'on doit entendre par centre de gravité.

Le centre de gravité d'un corps est un point symétriquement central sur lequel on peut admettre que toute l'action de la pesanteur est exercée. On suppose théoriquement (loi d'action des forces parallèles, page 9) que cette action, qui a lieu réellement sur toutes les molécules pesantes, est concentrée tout entière en un seul point, et qu'elle a une énergie qui représente toutes les actions particulières sur les molécules isolées. D'après cette définition du centre de gravité, on se représente de suite la place qu'il doit occuper dans un corps régulier, comme une sphère, un cube, un cylindre. Il est un moyen facile, comme on le verra plus tard, de retrouver sa place dans les corps de toutes formes. Dans une sphère creuse, dans un anneau, le centre de gravité occupe le centre même de l'anneau ou de la sphère, ce qui achève de démontrer que l'idée attachée au centre de gravité est une abstraction, mais comme théorie, elle est fort commode pour l'explication des faits.

Une seule loi résume les conditions d'équilibre des corps solides : un corps solide est en équilibre quand son centre de gravité est soutenu. Il faut distinguer deux cas particuliers : le corps est appuyé ou le corps est suspendu.

1° L'équilibre pour un solide appuyé a lieu quand la verticale, qui passe par le centre de gravité, aboutit à la base sur laquelle pose le corps. Ainsi une brique *b*, *fig.* 40, est en équilibre quand la verticale *v*, qui passe par le centre de gravité *c*, vient aboutir sur l'obstacle *o*. Si la brique était en dehors, comme en *b'*, *fig.* 41, la verticale *v'* n'aboutirait pas sur l'obstacle *o'* et la brique tomberait. Un bâton peut être tenu en équilibre sur le doigt, pourvu que la verticale, qui passe par le centre de gravité, vienne passer aussi par la pointe du bâton ; ce n'est que par des mouvemens en divers sens qu'on parvient à l'y maintenir.

L'équilibre d'un solide est indifférent, stable ou instable : 1° *indifférent*, quand la hauteur du centre de gravité reste la même, quelque position que prenne le solide ; exemple, une sphère ; 2° *stable*, quand le centre de gravité est le plus bas possible ; vient-on à le déranger de cette position, il y revient après plusieurs oscillations, *fig.* 42 ; 3° *instable*, quand le centre de gravité est le plus haut possible, *fig.* 43 ; vient-on à l'écarter de cette position, d'une quantité même très petite, la pesanteur qui tend à le précipiter fait faire au corps une culbute complète : c'est le cas d'un œuf que l'on veut faire tenir sur sa pointe.

2° L'équilibre pour un solide suspendu a lieu quand la même verticale passe par le point de suspension et le centre de gravité, comme on peut le voir dans les *fig.* 44 et 45, où la verticale partant du point de suspension *s* et passant par le centre de gravité *c* est indiqué par des points. Ici encore on distingue l'équilibre indifférent, stable, instable : 1° *indifférent*, quand le centre de gravité et le point de suspension sont situés au même point *cs*, *fig.* 46, c'est le cas d'une poulie sur son axe ; 2° *stable*, quand le centre de gravité *c* est plus bas que le point de suspension *s*, *fig.* 47 ; si le corps solide est dérangé, il revient à son état d'équilibre après quelques oscillations ; 3° *instable*, quand le centre de gravité *c* est au-dessus du point de suspension *s*, *fig.* 48. Pour peu que l'équilibre vienne à être dérangé, le centre de gravité n'est plus dans la même verticale que le point de suspension, et la pesanteur le fait descendre le plus bas possible.

On trouve dans la loi de l'équilibre des corps suspendus un moyen de reconnaître la position du centre de gravité, quelque irrégulière que soit la forme d'un corps. Qu'on le suspende au moyen d'un fil, dès qu'il sera en repos, le centre de gravité sera nécessairement dans la verticale qui passe par le point de suspension ; qu'on le suspende de nouveau, mais par un autre point, la même condition sera remplie; et comme le centre de gravité se trouve en quelque point de l'une et l'autre verticale, et qu'elles ne se croisent qu'en un seul point, il faut bien que ce soit sur ce point de croisement que le centre de gravité soit situé.

Les conditions d'équilibre ou de repos pour les corps solides se montrent à chaque instant remplies devant nous : il nous est aisé de les constater. Chez l'homme, l'équilibre a lieu quand le centre de gravité, qui est situé vers la moitié de la partie inférieure du bassin, est dans la verticale qui passe dans l'espace occupé par les pieds. Les pieds sont-ils placés talon contre talon sur la même ligne, l'homme peut se pencher à droite et à gauche, mais pas en avant et en arrière; les pieds sont-ils placés bout à bout, ce sont les mouvemens d'inclinaison sur les côtés qui ne peuvent plus être exécutés. Un homme qui porte un fardeau sur le dos, se penche en avant, pour ramener à sa position le centre de gravité que la charge avait porté en arrière; le fardeau est-il porté dans les bras en avant, c'est en arrière que le corps devra se rejeter. Un danseur sur la corde doit maintenir sa position de manière à ce que le centre de gravité passe toujours par la corde au point où le pied pose; s'il est peu expert, il s'aide d'un balancier; s'il est habile, il maintient l'équilibre en portant convenablement les bras et le corps de côté et d'autre. L'homme assis pose solidement, parce que la base de sustentation est très large et le centre de gravité très près de cette base. Quand il veut se lever, il est obligé de porter le corps en avant pour déplacer le centre de gravité et l'amener à passer par la plante des pieds.

Balance.

L'instrument qui sert à déterminer le poids des corps s'appelle balance. Il est le plus ordinairement composé d'une barre inflexible, librement suspendue, et qui porte à ses extrémités des plateaux destinés à recevoir les poids et les corps que l'on veut peser.

La barre qui supporte les plateaux s'appelle fléau. Elle doit être assez forte pour ne pas fléchir sous les poids dont ses extrémités sont chargées. Elle est supportée librement par son centre, de manière à se mettre en mouvement aussitôt que l'une de ses extrémités supporte un poids plus considérable que celui qui agit sur son autre extrémité. La ligne suivant laquelle le fléau est suspendu s'appelle l'axe de suspension; les deux côtés du fléau en dehors de cette ligne s'appellent les bras du fléau.

Quand les deux extrémités du levier sont également chargées, la pesanteur qui tend à précipiter les corps agit avec la même énergie sur chacun des côtés de la balance, et le fléau sollicité d'une manière égale à ses deux extrémités reste en équilibre; mais si un poids plus fort est placé dans un des plateaux de la balance, alors l'action de la pesanteur s'exerce de ce côté sur une plus grande masse et la balance tombe.

Peser un corps, c'est déterminer la quantité d'un poids (1)

(1) L'unité de poids est le *gramme*. C'est le poids d'un centimètre cube d'eau pris à 4° centigrades; il fournit les poids suivans :

Gramme.	unité.
Décigramme.	dixième de gramme.
Centigramme.	centième de gramme.
Milligramme.	millième de gramme.
Décagramme.	10 grammes.
Hectogramme.	100 grammes.
Kilogramme.	1000 grammes, poids dans le vide de 1 décimètre cube d'eau pure à la température de 4° centigrades.
Quintal.	100 kilogrammes.
Millier.	1000 kilog. (poids du tonneau de mer).

connu, qui est nécessaire pour lui faire équilibre et l'empêcher de se précipiter; cet équilibre a lieu quand la somme des parties matérielles est la même des deux côtés; et par conséquent lorsque l'action de la pesanteur s'exerce également sur l'une et l'autre extrémité du fléau.

Le fléau de la balance est un véritable levier du premier genre à bras égaux; il doit remplir les conditions suivantes :

1° Le centre de gravité doit être placé au-dessous du point de suspension, *fig.* 47; alors le fléau, s'il est dérangé de l'état d'équilibre, oscille à droite et à gauche et y revient naturellement. Si le point de suspension et le centre de gravité sont à la même place, *fig.* 46, le centre de gravité est toujours soutenu et le fléau reste en repos dans toutes les positions; si le centre de gravité est au-dessus du point de suspension, *fig.* 48, au moindre écart le centre de gravité n'est plus soutenu, et la pesanteur le fait tomber jusqu'à ce qu'il soit arrivé au plus bas; alors la balance est dite folle, parce que l'action d'un petit poids suffit pour la faire tomber, comme si elle avait été très chargée. Il ne faut pas cependant que le centre de gravité soit situé trop bas, la balance serait paresseuse.

2° Les bras du levier doivent avoir la même longueur, autrement des poids égaux ne se feraient pas équilibre. C'est avec un fléau à bras inégaux que sont construites les balances fausses; elles restent en équilibre quand elles ne sont pas chargées, parce qu'on a soin de compenser, par un excès de masse, ce qui manque en longueur à l'un des bras. Si de ce côté on met les poids et de l'autre la marchandise, celle-ci, agissant au bout d'un bras de levier plus long, peut, à masse plus petite, équilibrer les poids plus forts qui agissent à l'extrémité d'un bras de levier plus court; on reconnaît aisément une pareille balance, en ce qu'après avoir établi l'équilibre, il est rompu quand on change de plateau les poids et la marchandise. L'égalité de longueur des bras est une condition presque impossible à réaliser d'une manière absolue; nous donnerons le moyen de s'en passer.

3° Une balance est d'autant plus sensible, que les bras de fléau sont plus allongés; ils doivent être en même temps assez résistans pour ne pas plier sous la charge. Les formes, *fig.* 49, qui donnent de la solidité avec peu de masse, sont, sous ce rapport, fort avantageuses.

Dans une bonne balance, le point de suspension des plateaux doit être sur la même ligne que le poids de suspension du fléau. Cette condition est parfaitement remplie dans la construction de fléau qui est due à Ganh, *fig.* 50. Le fléau est parfaitement plan, suivant la ligne *ab*; le couteau de suspension *s* tient à la pièce mobile *p*, que l'on rapporte avec des vis; le tranchant du couteau est exactement sur la même ligne que *ab*, et par conséquent le point de suspension y est aussi. Le fléau est échancré en *a* et *b*, et la matière enlevée est remplacée par deux couteaux en acier, dont le tranchant est exactement sur la même ligne que *ab*.

Avec un pareil fléau, le centre de gravité remonte bien un peu quand on charge les plateaux de la balance, mais jamais assez pour dépasser le point de suspension. En effet, tous les poids que l'on met dans les plateaux agissent comme s'ils étaient concentrés aux points de suspension *ab* de ces plateaux, et ne peuvent, par conséquent, faire monter le centre de gravité au-dessus de la ligne *ab*; mais au-dessous de cette ligne se trouve toute la masse pesante qui constitue le fléau, celle-ci abaisse nécessairement le centre de gravité au-dessous de la ligne *ab*, c'est-à-dire au-dessous du point de suspension. Si les plateaux sont suspendus plus bas que le point de suspension du fléau, la charge dans les plateaux fait descendre de plus en plus le centre de gravité et la balance devient paresseuse; s'ils sont suspendus plus haut, le centre de gravité remonte, atteint le point de suspension du fléau, et la balance est indifférente, ou il le dépasse et la balance devient folle.

Pour conserver toujours à la même place le point de suspension des plateaux, on donne la forme d'un couteau à la partie qui doit peser sur le couteau de l'extrémité du fléau. Dans les balances délicates, on fait peser le couteau du fléau sur un plan d'acier ou d'agathe qui ne puisse être entamé ; et pour en ménager le tranchant, on tient le fléau soulevé quand la balance ne fonctionne pas. Souvent on ajoute au fléau une longue aiguille, qui rend très sensibles des mouvemens même très légers.

On peut dire qu'il y a impossibilité de construire une balance qui réunisse toutes les conditions d'exactitude, et surtout celle d'égalité des bras du fléau. On arrive cependant à faire des pesées très exactes avec une balance qui n'est pas juste, pourvu qu'elle ait de la sensibilité ; pour cela, on emploie ce qu'on appelle la méthode de substitution ou des doubles pesées que l'on doit à Borda. Le corps que l'on veut peser est mis dans l'un des plateaux, et l'on établit l'équilibre en ajoutant dans l'autre une masse quelconque ; cela fait, on enlève le corps et on le remplace par des poids ; l'équilibre ne peut être établi qu'autant qu'ils agissent précisément comme le corps qu'ils ont remplacé, et, par conséquent, ils font connaître le poids de celui-ci avec une grande exactitude.

ÉQUILIBRE DES LIQUIDES.

(*Hydrostatique.*)

L'hydrostatique est la partie de la physique qui traite de l'équilibre des liquides. Le peu d'adhérence que les particules liquides ont entre elles entraîne des particularités importantes dans l'action de la pesanteur sur ce genre de corps.

Un liquide étant abandonné à lui-même se dispose de telle manière que toutes ses parties sont aussi rapprochées que possible du centre de la terre : il en résulte que la masse énorme d'eau qui occupe les quatre cinquièmes de la surface du globe terrestre forme une vaste surface courbe, *fig.* 51 ; la forme ronde qui appartient à la terre se montrant ainsi d'une manière plus régulière dans les parties qui sont occupées par l'eau.

La courbe immense que forme la surface de l'eau se réduit en réalité à si peu de chose pour les amas d'eau sur lesquels peuvent porter à-la-fois nos observations, que nous sommes amenés dans la pratique à admettre un principe tout opposé : La surface d'un liquide est parfaitement horizontale, ce qui doit s'interpréter ainsi : le courbe est si faible qu'on doit le négliger. Tout liquide obéit incessamment à cette loi ; c'est par elle que, sur un terrain incliné, l'eau s'écoule sans cesse jusqu'à ce qu'un obstacle l'arrête et lui permette de prendre un niveau égal sur tous les points de la surface.

Quand un liquide est placé dans plusieurs vases qui communiquent entre eux, le niveau du liquide est le même dans tous ; la forme des vases ne met pas obstacle à ce que cet état d'équilibre s'établisse. L'expérience ne laisse aucun doute à ce sujet. Le vase très large *v*, *fig.* 52, communique avec les tubes *b*, *c* ou *d*, de grandeur, de forme ou de disposition différentes ; quand la communication est établie, l'eau monte à la même hauteur dans chacun d'eux. Chaque jour nous voyons des exemples et applications de cette propriété des liquides. Plusieurs citernes communiquent ; il n'est besoin que d'en découvrir une seule pour savoir la hauteur de l'eau dans toutes. On veut conduire l'eau d'un point dans un autre ; on y réussit, quelle que soit la forme ou les contournemens des conduites, pourvu que le point d'arrivée ne soit pas plus haut que le point de départ ; aussi voyons-nous nos conduites d'eau s'élever ou s'abaisser, pour suivre les pentes du terrain et l'eau les parcourir cependant dans toute leur étendue.

Lorsque plusieurs liquides sont réunis dans un même vase, ils se superposent en raison de leur densité. Ces anciens physiciens mettaient dans une fiole du mercure, une solution saturée de carbonate de potasse, de l'alcool coloré, de l'huile de pétrole; les liquides se superposaient dans cet ordre, le mercure occupant le fond et l'huile de pétrole la superficie; l'air à la surface formait une couche de plus d'un fluide léger. C'est la différence de pesanteur de la matière grasse butyreuse qui détermine sa séparation lente du lait et son ascension à la surface en une couche mêlangée de lait qui constitue la crême; c'est à raison de leur différence de densité que l'on peut, en versant avec précaution du vin sur de l'eau, établir deux couches bien distinctes des deux liquides.

Lorsque des liqueurs différentes sont dans des vases communicans, l'équilibre a lieu quand les liquides ayant une même base, leurs hauteurs perpendiculaires à l'horizon sont en raison inverse de leurs densités. Dans le siphon, *fig.* 53, on met de l'eau et du mercure; le mercure occupe le fond du siphon dans les deux branches; les colonnes *ac* et *bc* se font équilibre : la hauteur de la colonne de mercure en *b'* au-dessus de *b* étant 1, la hauteur de la colonne d'eau au-dessus de *a* en *a'* est 14; or, le mercure est, à volume égal, 14 fois plus pesant que l'eau. Dans les lampes hydrostatiques, une colonne de solution de sulfate de zinc et une colonne d'huile se font équilibre; cette dernière, plus haute à cause de sa légèreté, s'élève jusqu'à la mèche et se trouve toujours maintenue à cette hauteur par la disposition intérieure de l'appareil.

Pression des liquides.

Les liquides se moulent exactement dans les vases qui les contiennent; ils en pressent les parois de toute part.

Les parties d'un même liquide exercent leur pression indépendamment les unes des autres, ce qui dépend du peu d'adhérence qu'elles ont entre elles. Une expérience grossière le démontre aisément : on fait un trou au fond d'un baquet, au-dessus on pose une grosse pierre; on cherche à soulever celle-ci en la poussant avec le doigt que l'on passe par le trou du fond du baquet; le poids est trop lourd, on ne peut réussir; on met alors un bouchon pour fermer l'ouverture du baquet, on remplit celui-ci avec de l'eau; c'est une masse bien plus pesante que la pierre de la première expérience. Cependant si l'on cherche à passer le doigt par le trou du baquet, on n'éprouve qu'une résistance très modérée; c'est qu'ici on n'a à soulever que la couche d'eau placée au-dessus du doigt, la colonne d'eau qui est soulevée glissant sur les couches voisines et se déversant sur les côtés, tandis qu'il fallait soulever toute la pierre, dont les molécules adhérentes devaient toutes être portées par le doigt.

Les liquides exercent leur pression en tous sens. La pression de bas en haut se prouve au moyen de l'appareil de Haldat, *fig*. 54 ; on met du mercure dans l'appareil, de manière à ce qu'il occupe l'espace compris entre *a* et *b*. Le niveau en *b* est marqué au moyen d'un anneau mobile *n*; on verse de l'eau en *v*, elle presse de bas en haut sur la surface du mercure et le refoule; on le voit monter quelque part en *l*, au-dessus de *b*. La pression augmente avec la hauteur de la couche de liquide en *v* : ceci conduit à un fait curieux qui semble paradoxal, et qui peut s'énoncer ainsi. La pression exercée par un liquide sur le fond d'un vase est représentée par le poids d'une colonne de liquide qui aurait pour base le fond du vase, et pour hauteur la hauteur même du liquide. Il en résulte qu'une même quantité d'un liquide peut exercer une pression fort différente au fond d'un vase, suivant la forme de celui-ci : soit 3 vases *v v' v''*, *fig*. 55, contenant de l'eau, la pression sur le fond de chacun ne sera nullement en rapport avec la quantité d'eau, car elle sera pour tous égale à celle d'une colonne de liquide ayant pour base le fond du vase, et pour hauteur la hauteur de la colonne de liquide ; elle est marquée, *fig.* 55, sur le vase *v*, par la paroi même du vase et sur les autres par des colonnes de points. On arrive aisément à montrer qu'il en est ainsi en remplaçant le grand vase *v* de l'appareil de Haldat, *fig.* 54, par les tubes *v'*. Une même hauteur de liquide, dans ce tube, détermine une élévation semblable du mercure en *l*. Les anciens physiciens démontraient cette propriété en adaptant un tube fin à un tonneau plein d'eau, et en remplissant le tube d'eau, ce qui augmentait bien peu la matière pesante ; cependant le tonneau ne pouvait bientôt plus supporter la pression, parce qu'elle était égale au poids d'une colonne de liquide ayant pour largeur le fond du tonneau et pour hauteur le niveau du liquide dans le petit tube. Ce poids, par une colonne d'eau de 1 mètre cube, est de 1000 kilogrammes.

Les liquides exercent une pression latérale, et cette pression est en raison directe de la hauteur de la colonne du liquide. Un tonneau se vide quand on le perce sur le côté, parce que le liquide, pressé latéralement par les couches voisines, est poussé vers l'ouverture ; le jet est plus rapide quand le trou a été fait dans le bas que dans le haut, parce que la pression latérale croît avec la profondeur ; quand on bâtit une digue, on donne plus de force à la maçonnerie vers le bas pour qu'elle résiste efficacement à la pression plus forte du fond.

Dans un vase cette pression latérale s'exerce sur les parois ; sur deux points placés en regard *pp'*, *fig.* 56, elle se fait en sens opposé ; si l'on ouvre la paroi sur un de ces points, le liquide s'écoule et la résistance cesse sur ce côté ; comme la pression continue à se faire sur la paroi opposée, le vase librement suspendu éprouve un mouvement de recul ; en se servant du vase, *fig.* 57, librement suspendu et qui contient de l'eau, il reste en repos tant que les extrémités courbées *pp'* restent bouchées ; au moment où l'on les débouche, les pressions p et p' cessent, les pressions contraires subsistent seules; leurs effets s'ajoutent et le vase prend un mouvement de rotation qui dure aussi long-temps que l'écoulement du liquide. Cet appareil s'appelle le tourniquet hydraulique : c'est sur le même principe que sont construites les roues à réaction employées comme moteur dans les arts.

Les liquides pressent de bas en haut; cette pression augmente avec la profondeur des couches liquides; sur un point donné elle est toujours égale à la pression de haut en bas, *v v*, *fig.* 58, est un vase de verre plein d'eau; *c*, *fig.* 58 et 59, est un cylindre de verre à bords plans; *d* est un disque poli que porte un cordon; *d* étant appliqué contre le bas du cylindre *c*, et soutenu en cette position par le cordon, on plonge l'appareil dans l'eau, *fig.* 58; on peut alors lâcher le cordon, le disque ne tombe pas, il est soutenu par la pression du liquide qui s'exerce de bas en haut. En versant de l'eau avec précaution dans le cylindre *c*, le disque se précipite quand le niveau du liquide dans le cylindre *c* est le même que le niveau dans le vase *v*. A ce moment les deux pressions de bas en haut et de haut en bas étant égales, le disque obéit à la pesanteur. Quelle que soit la profondeur à laquelle on ait plongé le disque, l'expérience réussit également, ce qui prouve que la pression de bas en haut croît avec la profondeur, et que, dans toutes les couches, elle est égale à la pression que le liquide exerce de haut en bas.

C'est à la pression de bas en haut qu'il faut attribuer le soulèvement des soupapes des pompes; elles cèdent à cette pression et laissent pénétrer le liquide dans le corps de pompe; c'est par elle qu'un bateau percé au fond se remplit d'eau; c'est pour lui résister qu'il faut donner de la force à la quille des bâtimens et plus de force à mesure qu'ils doivent s'enfoncer plus profondément.

La pression que l'on exerce sur un point quelconque d'un liquide se transmet en tous sens. On en a un exemple dans la *Pissette de Berzelius*, *fig*. 60. C'est une bouteille contenant de l'eau, qui porte un bouchon traversé par un tube *t* d'un calibre très fin. En soufflant par le haut du tube, on introduit de l'air dans la bouteille, et l'on augmente la pression sur la surface du liquide. Cette pression, exercée de haut en bas, se propage en tous sens et projette le liquide par l'extrémité du tube, sous forme d'un filet rapide.

La presse hydraulique, *fig*. 61, est une heureuse application de la transmission de la pression des liquides. Au moyen d'un levier *l*, on exerce une pression sur la surface du liquide dans la petite pompe *a*; soit le diamètre du corps de pompe *a* un centimètre, la force de la pression 100 kilogrammes, le fond de *a* sera pressé sur un centimètre par une force de 100 kilogrammes. Cette pression se transmettra latéralement dans le canal *a b* et de bas en haut dans tout le corps de pompe *c c*; le piston *p* sera donc poussé sur toute sa surface; si son diamètre est cent fois celui du liquide dans la petite pompe *a*, ou 100 centimètres, la pression exercée sera 100 fois plus grande ou de 10,000 kilogrammes. Le piston se mettra en course et comprimera les corps que l'on placera en *o* entre le plateau fixe *m* et le plateau mobile *n*, qui suit le mouvement du piston. C'est ainsi que, profitant de la propriété qu'ont les liquides de transmettre les pressions en tous sens, on arrive avec une petite force à produire un grand effet.

EQUILIBRE DES GAZ.

L'action de la pesanteur ne se manifeste pas avec autant d'évidence sur les gaz que sur les solides et les liquides; on ne les voit pas tomber réellement. Il n'y a donc pas lieu de s'étonner que long-temps on ait cru que les gaz n'étaient pas pesans.

Telle était l'opinion reçue sur l'air, lorsque Galilée prouva le contraire, en pesant un ballon plein d'air comprimé. Il était cependant réservé à Toricelli de mettre cette vérité hors de doute. La science acquit en même temps le baromètre, l'un de ses instrumens les plus précieux.

Baromètre.

Des fontainiers de Florence, n'ayant pu élever l'eau dans une pompe aspirante à une hauteur de plus de 32 pieds, Toricelli prouva que ce phénomène était lié à la pesanteur de l'air, et le démontra par une expérience fort simple; Toricelli prit un tube de verre d'un mètre de longueur, fermé à l'une de ses extrémités; il le remplit de mercure et le renversa sur une cuve qui contenait de ce même métal; le mercure descendit dans le tube, et après quelques oscillations, s'arrêta à une hauteur fixe, *fig.* 62. Pour Toricelli, le tube plein de mercure est, *fig.* 63, l'une des branches *a* d'un siphon, dont l'autre branche *b* est la colonne d'air atmosphérique, qui pèse sur la surface de la cuve; chacune des branches contient un fluide dont la densité est différente; leurs hauteurs sont en raison inverse de ces densités; c'est l'air fluide éminemment léger qui, par son poids, soutient la colonne de mercure. Si la comparaison est exacte, en remplaçant le mercure par de l'eau, l'air doit soutenir une colonne d'eau 14 fois plus haute; c'est précisément ce qui était arrivé dans l'observation des fontainiers de Florence; c'est ce qui arriva à Pascal, lorsqu'il répéta l'expérience de Toricelli, avec un tube rempli de vin.

Si l'air par son poids soutient le mercure dans le tube de Toricelli, à mesure qu'on s'élevera dans l'atmosphère, on se soustraira à l'action des couches d'air inférieures, la pression sur le mercure sera plus faible et le métal devra descendre dans le tube d'une quantité correspondante : sur l'invitation de Pascal, l'expérience fut faite par Perrier au

Puy-de-Dôme. Perrier vit le mercure baisser à mesure qu'il s'élevait sur la montagne, et revenir peu-à-peu à sa hauteur primitive lorsqu'il en descendit. Peu importe la forme ou la largeur que l'on donne au tube de Toricelli, *fig*. 64, ici, comme pour les liquides, c'est la hauteur des deux colonnes fluides qui établit seule la condition d'équilibre.

Le tube de Toricelli est devenu un moyen précieux pour mesurer la pesanteur de l'air, et celle des autres gaz ; il prend alors le nom de Baromètre.

Le tube de Toricelli, faisant fonction de baromètre, doit être rempli de mercure pur ; il faut chasser avec soin toutes les portions d'air ou d'humidité que le métal et le tube pourraient contenir ; à cet effet, après avoir mis une portion de mercure dans le tube, on tient celui-ci incliné sur un fourneau et l'on porte à l'ébullition ; on achève de remplir le tube avec de nouveau mercure chaud, que l'on ajoute par portion et que l'on fait bouillir à chaque fois ; quand le tube est entièrement rempli, on le renverse sur le mercure.

Le *Baromètre à cuvette*, *fig*. 65, se compose d'un tube de Toricelli, renversé sur une petite cuvette *c*, conténant du mercure. Pour graduer l'instrument, on l'applique contre une règle qui porte des divisions formées par des fractions de-mètre. Le zéro est pris au niveau du mercure dans la cuvette ; un petit curseur *e* sert à lire la hauteur de la colonne de mercure. Cet instrument n'est pas très exact, parce que le niveau du mercure dans la cuvette, qui est considéré comme fixe, s'abaisse ou s'élève suivant que le mercure monte ou descend dans le tube. On remédie en grande partie à cet inconvénient, en donnant à la cuvette beaucoup plus de largeur qu'au tube ; alors les changemens que la pesanteur amène dans la hauteur de la colonne de mercure se font peu sentir au zéro de l'instrument.

Baromètre de Fortin, *fig*. 66. La cuvette de ce baromètre se compose d'un fond en peau, qu'une vis *v* fait monter ou descendre à volonté. Dans la partie supérieure de la cuvette est une petite pointe en ivoire *p*, qui fournit le moyen d'avoir un zéro constant ; en faisant agir la vis *v*, on remonte ou on redescend le fond mobile de manière à ce que l'extrémité de la pointe d'ivoire vienne affleurer exactement la surface du mercure. Le baromètre de Fortin est portatif ; la cuvette est recouverte par une peau perméable à l'air, et non perméable au mercure ; veut-on transporter l'instrument, on relève le fond mobile jusqu'à ce qu'il atteigne l'extrémité du tube. Le baromètre de Fortin est enfermé dans un étui en métal, fendu sur les côtés et qui porte les divisions.

Baromètre à Siphon, *fig.* 67. Dans les baromètres précédens, l'action du verre sur le mercure déprime la colonne de ce métal dans le tube plus fortement que dans la cuvette ; c'est une cause d'erreur qui n'existe pas dans le baromètre à siphon. Celui-ci est formé par un tube recourbé, dont les deux branches ont le même diamètre ; la dépression est alors la même des deux côtés, et n'a plus besoin d'être corrigée (1). On gradue cet instrument au moyen d'une règle mobile, qui porte les divisions et qui fait mouvoir en

(1) Dans le baromètre de Fortin, on fait les corrections suivant la table suivante :

DIAMÈTRE DU TUBE.	DÉPRESSION.	DIAMÈTRE DU TUBE.	DÉPRESSION.
2 mm.	4,57 mm.	12 mm.	0,26 mm.
3	2,90	13	0,20
4	2,05	14	0,16
5	1,51	15	0,13
6	1,13	16	0,10
7	0,87	17	0,07
8	0,68	18	0,06
9	0,53	19	0,05
10	0,42	20	0,04
11	0,33		

même temps une petite tige d'ivoire que l'on amène avant chaque observation à affleurer la surface du mercure. Quelquefois on applique à l'instrument une règle fixe, dont le zéro est placé au-dessous ou au-dessus du point que le niveau du mercure peut atteindre dans la cuvette. Après avoir vu à quelle division arrive le sommet de la colonne de mercure dans le tube, on retranche du nombre observé la différence de hauteur entre le zéro fixe sur la tige et le niveau réel du mercure dans la cuvette, dans le cas où le premier est situé le plus bas ; on ajoute au contraire la différence si le zéro fixe a été placé le plus haut. Quand on veut rendre cet instrument portatif, on établit un robinet en fer qui permet d'interrompre la communication avec l'air extérieur ; mais l'instrument devient sujet à casser, à cause des différences de dilatation que le verre et le métal éprouvent par les changemens de température.

Baromètre de Gay-Lussac, *fig.* 68. C'est le baromètre à siphon, dont les deux branches sont séparées par une portion de tube capillaire *cc*, dont le diamètre est assez fin pour que l'air ne puisse y déplacer le mercure et le traverser. L'extrémité de la branche courte du tube, qui fait les fonctions de cuvette, est tout-à-fait fermée ; on y pratique sur le côté une petite ouverture, qui suffit pour établir la communication avec l'air extérieur, mais qui ne permet pas la sortie du mercure. Pour avoir une garantie de plus contre l'introduction de l'air Bunten a établi dans l'intérieur de l'instrument une petite cloison, contre laquelle viendrait nécessairement s'arrêter toute bulle d'air qui aurait pu pénétrer. Le baromètre de Gay-Lussac est portatif ; on y établit une graduation fixe, comme nous l'avons dit pour le baromètre à siphon ordinaire.

Baromètre à cadran, *fig.* 69. C'est un baromètre à siphon, disposé de manière à faire mouvoir une aiguille ; un petit poids *p* pose sur la surface du mercure, on y attache un fil qui s'enroule sur une poulie, et qui porte un contre-poids p' à son extrémité ; quand le mercure monte ou descend dans la cuvette, le petit poids suit son mouvement et fait marcher l'aiguille. Les adhérences et les frottemens rendent la marche de cet instrument très irrégulière ; il faut le secouer chaque fois qu'on le consulte, et encore ne donne-t-il que des indications peu exactes.

Le mercure, comme tous les corps, se dilatant par la chaleur, et devenant plus léger à mesure qu'il s'échauffe, il faut tenir compte de ce changement de densité, une colonne de mercure devant être plus haute, si elle est chaude, pour faire équilibre à une même pression de l'atmosphère. Pour les observations qui demandent une grande exactitude, on tient compte de cette dilatation du mercure : elle est de 1/5550 par chaque degré du thermomètre ; on ramène la colonne du mercure à la hauteur qu'elle aurait pour la température zéro.

A cet effet, on augmente ou l'on diminue par le calcul la hauteur de la colonne de mercure de 1/5550 de sa longueur totale par chaque degré de température au-dessous ou au-dessus de zéro. (1)

Le baromètre sert à mesurer la pesanteur de l'air. On conçoit qu'on puisse s'en servir pour mesurer les hauteurs, puisque la hauteur du mercure baisse à proportion qu'on s'élève. Un de ses usages habituels est de faire présager la pluie et le beau temps, mais ses indications sont peu sûres. Quand le baromètre est haut, le temps est généralement beau ; si le baromètre descend, c'est une indication de pluie ; de 0,766^{m} à 0,773 le temps est généralement beau, à 0,76 il est variable, au-dessous l'instrument annonce la pluie ou le vent ;

(1) On arrive plus exactement à l'aide de la formule suivante : h est la hauteur observée, t la température observée, 1 le volume à zéro, a le coefficient de la dilatation $(\frac{1}{5550})$. Le volume à $t = 1 + at'$; comme les volumes dans le tube barométrique sont entre eux comme les hauteurs, on a la proportion suivante ; $1 + at : 1 :: h : x$, d'où $x = \frac{h}{1 + at}$

à 0,730m il présage les tempêtes : c'est le point le plus bas qui ait été observé.

Équilibre des gaz.

Les gaz sont éminemment compressibles et expansibles. Ces deux propriétés sont mises en évidence dans l'expérience suivante : On place, sous le récipient de la machine pneumatique, une vessie qui contient un peu d'air et qui est fermée avec un tour de ficelle, *fig.* 70. En faisant le vide dans la cloche, on diminue la pression que l'air exerce à l'extérieur de la vessie ; l'air intérieur de celle-ci se dilate alors de manière à la gonfler de plus en plus ; si on laisse rentrer l'air peu-à-peu sous la cloche, l'air intérieur se comprime à mesure et la vessie finit par reprendre son premier volume. On peut répéter cette expérience un grand nombre de fois, car l'air, comme les autres gaz, a une élasticité parfaite.

Nous pouvons considérer une colonne de gaz comme formée de particules matérielles que la pesanteur tend à précipiter, et de calorique que l'on peut comparer à un ressort placé entre ces particules, et qui agit en sens inverse de la pesanteur. L'équilibre a lieu quand la force de ressort du calorique qui écarte les particules gazeuses fait équilibre à la tendance à la précipitation de ces particules gazeuses pesantes. Dans une haute colonne d'air, les particules inférieures qui supportent le poids des particules supérieures cèdent à cette pression et se rapprochent davantage, mais la force d'élasticité du calorique est surmontée et non vaincue, elle croît à mesure que les molécules se rapprochent, et bientôt elle fait de nouveau équilibre à leur pression. Dans une partie quelconque d'une colonne gazeuse, la pression des particules et la force de ressort du calorique sont toujours proportionnelles ; aussi exprime-t-on indifféremment l'état d'équilibre d'un gaz en considérant la pression des particules ou la force élastique du calorique interposé; de là les expressions suivantes qui énoncent un seul et même état des fluides aériformes : pression des gaz, force élastique des gaz, tension des gaz, tension élastique des gaz.

Si nous faisons l'application de ce qui précède à l'air atmosphérique, nous en conclurons que ses couches varient de pression et de densité avec la hauteur. La densité et la force élastique sont plus fortes dans les couches inférieures; l'une et l'autre diminuent graduellement dans les couches plus élevées. Si toute l'atmosphère terrestre avait une densité égale à celle de la surface, sa hauteur serait d'environ 8000 mètres, elle dépasse 80,000^{m}. On peut s'étonner que l'air qui se trouve dans un flacon que l'on tient fermé ait une pression semblable à celle de l'atmosphère; on s'explique facilement qu'il en soit ainsi, si l'on réfléchit que les parois du vase s'opposent à l'écartement des particules et maintiennent ainsi cette petite masse d'air dans les mêmes conditions d'équilibre que la grande masse où elle a été puisée.

L'air et les autres gaz exercent une pression en tous sens :

1° Les gaz pressent de haut en bas. Cette propriété est démontrée par le baromètre; on en trouve la preuve encore dans le crève-vessie, *fig.* 71. C'est une vessie *vv* tendue sur un cylindre de verre, que l'on met sur le plateau de la machine pneumatique; à mesure que l'on enlève l'air intérieur, l'atmosphère pèse de tout son poids, déprime la vessie comme l'indique la ligne de point *vvv'*. A ce moment, si on touche la vessie avec une baguette de verre, elle se brise aussitôt, et l'air qui se précipite dans le vide produit un bruit très fort.

2° Les gaz pressent latéralement. C'est pour cela qu'un tonneau plein et bouché, que l'on perce latéralement, ne laisse rien couler, malgré la pression latérale du liquide qui devrait déterminer sa chute; elle est empêchée par l'air qui presse latéralement au dehors et en sens inverse; c'est par cette pression latérale que les changemens survenus dans la pression atmosphérique se transmettent à un baromètre placé dans une chambre. La pression latérale dans une colonne de gaz est plus forte dans les couches plus profondes; mais à cause de la grande légèreté des gaz, les différences ne sont pas appréciables dans des couches voisines.

3° Les gaz pressent de bas en haut. On prend un verre, *fig.* 72, on le remplit exactement d'eau, on glisse sur la surface de l'eau une feuille de papier et l'on retourne le verre : l'eau ne tombe pas; c'est que la pression de l'air, qui s'exerce de bas en haut, la soutient contre l'effort de la pesanteur; le même effet est produit dans la chantepleure ou la pipette, lorsque le doigt ferme l'ouverture supérieure, *fig.* 73.

La pression que l'air exerce sur les corps est fort considérable. Sur une surface donnée, elle est égale au poids d'une colonne d'eau qui aurait une largeur égale à cette surface et une hauteur de trente-deux pieds. Cette pression est presque exactement de 1 kilogramme par centimètre de surface. Le petit appareil qui porte le nom d'hémisphères de Magdebourg met cette forte pression en évidence, *fig.* 74. Il se compose de deux hémisphères creux en cuivre qui se superposent; un cuir gras, placé au point de jonction, rend le contact plus intime. Lorsqu'on a accolé les deux hémisphères, il ne faut qu'un faible effort pour les séparer; mais si on fait le vide dans l'intérieur, ce qui devient facile au moyen du robinet *r* et du pas de vis *s* qui s'adapte à la machine pneumatique, deux hommes tirant de toutes leurs forces ne peuvent disjoindre les hémisphères. Avant que le vide ne soit fait, la pression intérieure est égale à la pression extérieure; elles se détruisent mutuellement; une fois le vide fait, la pression de l'air extérieur s'exerce seule : il faut la surmonter tout entière pour séparer les deux hémisphères.

Un homme de taille moyenne supporte ainsi une pression qui correspond à un poids de 12,000 kilog. environ. Un poisson, placé à 32 pieds de profondeur sous l'eau, supporte un poids égal à celui d'une colonne d'eau de 64 pieds. Si les corps ne se brisent pas sous un pareil poids, c'est que les fluides élastiques, placés à l'intérieur, font équilibre à cette pression. comme nous avons vu que cela arrivait avec les hémisphères de Magdebourg. L'effet de cette pression intérieure se fait sentir quand on vient à diminuer la pression extérieure ; c'est une des causes des accidens que l'on éprouve quand on s'élève à de grandes hauteurs ; c'est elle qui détermine le boursouflement de la peau en dehors, quand on applique une ventouse.

L'équilibre des gaz, dans des vases communiquans, se réduit à deux lois fort simples : 1° Les gaz de nature différente se mélangent avec une grande facilité. Berthollet a vu ce mélange se produire dans des gaz à l'état de repos parfait et qui ne communiquaient ensemble que par un tube d'un diamètre très fin ;

2° Lorsqu'on met en communication des gaz dont la tension élastique est différente, l'égalité de tension s'établit rapidement. Ouvre-t-on le robinet qui établit la communication entre l'air extérieur et de l'air comprimé renfermé dans un ballon, l'air comprimé sort avec sifflement jusqu'à ce que sa force élastique soit devenue la même que celle de l'atmosphère ; si au contraire le ballon est vide, ou contient un gaz à une faible tension, c'est l'air extérieur qui rentre en produisant un courant en sens inverse.

Les changemens de volume que les gaz subissent, par une augmentation ou une diminution de pression, suivent une loi générale, qui porte le nom de Mariotte, physicien français, qui l'a découverte. L'énoncé de la loi de Mariotte est le suivant : Le volume d'un gaz est en raison inverse de la pression qu'il supporte. Pour faire l'expérience, on se sert du tube recourbé, *fig.* 75 ; le gaz sec occupe l'extrémité *a* de ce tube, le mercure est de niveau dans les deux branches en *bb*. Le gaz supporte alors une pression égale à celle de l'atmosphère; si l'on verse du mercure dans la branche longue du tube, on voit le volume du gaz en *a* diminuer à mesure que la pression augmente, et l'on peut s'assurer aisément que les volumes sont en raison inverse des pressions. Si la pression est double, c'est-à-dire si la colonne de mercure dans la branche *b* est de 76 cent. plus haute que dans la branche *a*, le volume est réduit à moitié; il est réduit au quart, si la pression est de quatre atmosphères. M. Dulong a vérifié l'exactitude de cette loi pour l'air, jusqu'à 37 atmosphères. Elle est certainement applicable encore à 50 atmosphères.

La loi de Mariotte n'est pas cependant exacte pour tous les gaz dans des limites aussi étendues; l'inégalité se montre lorsque les gaz s'approchent du point où ils passeraient à l'état liquide, et par conséquent elle arrive plus tôt pour ceux qui se liquéfient avec le plus de facilité.

On se sert de la loi de Mariotte pour déterminer, un gaz étant donné à une certaine pression, ce que serait son volume sous une pression différente. On a pesé tous les gaz sous la pression de 0,76$^{m.}$; quand on les mesure et que de leurs volumes on veut conclure leurs poids, il faut ramener ce volume à ce qu'il serait sous cette pression 0,76$^{m.}$ Le volume observé et le volume calculé sont toujours en raison inverse des pressions (1).

(1) V étant le volume cherché, V' le volume connu; P la pression cherchée et P' la pression connue, on a la proportion suivante : $V : V' :: P' . P$ ou

$$V = \frac{P' \times V'}{P}$$

Soit 1 litre de gaz sous la pression de 0,38^{m}, quel sera son volume sous la pression 0,76^{m}; on a $V = \frac{,38 \times 1}{,76} = 0,5$ litre

Soit 1 litre de gaz sous la pression 0,76^{m}, quel sera son volume sous la pression ,38^{m} ; on a $V = \frac{76 \times 1}{38} = 2$ litres.

Quand on mesure un gaz, il est important que le niveau de l'eau ou du mercure dans la cloche, soit le même que le niveau de l'eau ou du mercure dans la cuve; si cette condition est remplie, on est assuré que les pressions intérieures et extérieures sont égales, et alors la force élastique du gaz intérieur est donnée par le baromètre, qui fait connaître la pression de l'air au moment de l'expérience. Si le niveau dans la cloche est plus bas, c'est que la pression du gaz est plus forte que celle de l'air; s'il est plus haut, c'est que la pression de l'air extérieur l'emporte. On pourrait, à la rigueur, rechercher quelle est la différence, mais il est beaucoup plus commode d'établir l'égalité de pression.

INSTRUMÈNS DE COMPRESSION.

Manomètres. Les manomètres sont des instrumens destinés à mesurer la force élastique des gaz. Le baromètre est un véritable manomètre, qui dénote habituellement la pression atmosphérique et que l'on applique aussi quelquefois à des appareils particuliers.

Baromètre tronqué. Il sert à mesurer des pressions faibles; c'est un tube barométrique recourbé, *fig.* 76, qui a peu de longueur; la branche *b* fermée à son extrémité est remplie de mercure, l'autre est ouverte. L'instrument ne commence à parler que lorsque la pression est assez faible pour que la colonne de mercure, qui occupe la branche *b*, ne puisse être soutenue tout entière; on juge de la pression par la hauteur de la colonne de mercure en *b*, au-dessus du niveau en *a*; si la pression était nulle, le mercure serait à la même hauteur des deux côtés.

Les manomètres pour les pressions fortes sont de plusieurs sortes; on distingue le manomètre ouvert, le manomètre fermé, la soupape de sûreté.

Manomètre ouvert, *fig.* 77. Il se compose d'un tube ouvert à ses deux extrémités, et qui plonge dans un godet *g* rempli de mercure. L'extrémité du tube est toujours en communication avec l'atmosphère ; le godet est plongé dans le milieu dont on veut connaître la force élastique ; on juge de celle-ci par la hauteur dont le mercure s'élève dans le tube.

Manomètre fermé, *fig*. 78. Il est fondé sur la loi de Mariotte ; il se compose d'un tube étroit fermé à son extrémité et qui plonge par l'autre bout dans l'eau ou dans le mercure. Quand la pression augmente sur la surface de l'eau ou du mercure, dans la cuvette *g*, le liquide s'élève dans le tube en comprimant l'air qui y est contenu. Comme le volume de l'air diminue en raison inverse de la pression qu'il supporte, on peut juger de la pression sur la cuvette par le volume que le gaz occupe dans le tube ; à un changement de volume dans le tube manométrique, correspond un changement survenu dans la pression sur la cuvette. Soit 100 le volume occupé par l'air sous la pression d'une atmosphère, les volumes et les pressions seront dans les rapports suivans :

PRESSION	1 ATMOSPHÈRE.	VOLUME	100
	2		50
	3		33
	4		25
	5		20
	10		10

Dans la figure 79, le tube manométrique fermé *a*, plonge dans un réservoir *g* qui communique au moyen du conduit *c* avec le vase dont on veut connaître la pression intérieure. On emploie souvent aussi la forme, *fig*. 80 ; la partie renflée du tube sert de réservoir au mercure ; l'extrémité *b* est mise en communication avec le vase dont on veut connaître la pression intérieure ; la branche *a* sert de tube manométrique.

La soupape de sûreté, *fig*. 81, se compose d'une pièce *P*, qui ferme une ouverture *aa*; un levier du second genre *ll* pèse sur la pièce *P*; l'on règle la résistance au moyen de poids *c*, que l'on fait plus ou moins pesant, et que l'on écarte plus ou moins vers l'extrémité de la branche du levier. On détermine par le tâtonnement quelle doit être la distance de ce poids pour que la soupape se soulève sous une pression déterminée.

Lampe à gaz hydrogène, *fig*. 234. Cette lampe se compose d'un réservoir *r*, dans lequel entre un vase supérieur *v*. Un cylindre de zinc *z* est suspendu en *r*. Un robinet latéral *i* porte le gaz sur un petit morceau d'éponge de platine qui l'enflamme; la flamme allume une petite bougie, placée en avant. On introduit de l'eau acidulée dans le vase; elle agit sur le zinc, dégage de l'hydrogène dont on laisse perdre une partie pour purger d'air l'appareil; on ferme toutes les ouvertures, et le gaz qui s'accumule en *r* refoule le liquide dans le vase *v*. Bientôt la quantité de liquide en *r* est assez diminuée pour que le zinc cesse de plonger; alors la production du gaz hydrogène est interrompue. A ce moment, si l'on ouvre le robinet, une partie du gaz s'échappe, la pression intérieure diminue, le liquide acide descend, le zinc plonge de nouveau, et il se forme du gaz qui remplace celui qui s'est dégagé.

Machines soufflantes, *fig*. 94. Les machines soufflantes sont des appareils de compression. Un large piston se meut dans un corps de pompe, qui communique par des tuyaux *tt'*, avec le foyer d'un fourneau. En *s's'''* sont deux soupapes, qui s'ouvrent du corps de pompe dans les tuyaux *tt'*; en *s* et *s''* se trouvent deux autres soupapes qui s'ouvrent dans le corps de pompe de dehors en dedans. Quand le piston descend, il comprime l'air en *p*, ferme la soupape *s''*, ouvre la soupape *s'''*; l'air refoulé pénètre en *t*; quand le piston remonte, l'air refoulé en *p'*, ferme la soupape *s*, ouvre la soupape s', et passe en t' : en même temps l'air extérieur rentre en p par la soupape s''. Avec un corps de pompe de 8 pieds carrés, une pareille machine souffle, par minute, 10,000 pieds cubes d'air.

Trompes, *fig*. 95. Une trompe est une espèce de machine soufflante; elle se compose d'un tuyau de 20 pieds de hauteur, percé d'ouvertures latérales *ee*; il vient aboutir dans une espèce de réservoir *r* placé sur l'eau, et qui communique avec un foyer, par un tuyau *t*. L'eau, qui arrive dans la trompe, se divise en tombant sur une pierre et laisse dégager une partie de l'air qu'elle contient; mais l'effet résulte surtout du courant d'air extérieur, qui s'introduit par les ouvertures latérales *ee* de la trompe, et que l'eau entraîne dans sa chute.

INSTRUMENS DE DILATATION.

Machine pneumatique, *fig*. 82 et 83. La machine pneumatique a été inventée en 1650, par Otto de Guérick. On s'en sert pour produire le vide. Le récipient en verre *r* est mis en communication avec le corps de pompe *C*; le piston *P* étant au bas du corps de pompe, on le soulève au moyen de la tige *t*; le vide se fait dans le corps de pompe, et l'air du récipient *r* y pénètre en partie; à ce moment, on abaisse le piston; la soupape *b* vient fermer la communication avec le récipient : l'air contenu en *c* se comprime de plus en plus à mesure que le piston descend; sa force élastique est bientôt assez grande pour soulever la soupape b'; il a été complètement expulsé, quand le piston arrive au bas de sa course. Une nouvelle ascension du piston prend une nouvelle quantité d'air en *r*, qui est expulsée à son tour; l'on arrive ainsi à faire un vide presque parfait sous le récipient de la machine pneumatique. On adapte ordinairement à cette machine deux corps de pompe, dont l'un soutire l'air du récipient, tandis que l'autre expulse la portion d'air dont il s'est rempli ; on met ces deux pistons en jeu au moyen d'un engrenage que fait mouvoir un levier à deux branches, *fig*. 83. Pour juger du vide intérieur de la machine pneumatique, on y adapte un baromètre tronqué, *fig*. 76, qui communique avec le récipient.

Pompes. Soit un corps de pompe *p*, *fig*. 84, dont on voit les détails, *fig*. 86 ; le piston est mis en mouvement par le levier *l*; un tuyau *t* va plonger dans une masse d'eau inférieure *a*. Quand on soulève le piston, le vide se fait dans le corps de pompe, l'air contenu dans le tube *t* soulève la soupape *s* et se partage par conséquent entre le tuyau et le corps de pompe. La soupape *s* retombe par son propre poids, et toute communication est interrompue ; en même temps l'air qui pèse à l'extérieur en *a* sur la surface de l'eau, la fait monter dans le tube ; elle s'arrête quand la pression extérieure est contrebalancée par le poids de cette colonne d'eau, et par la forme élastique qui reste à l'air contenu dans le tube. Le piston, en descendant dans le corps de pompe, refoule l'air qui s'y trouve renfermé ; celui-ci soulève la soupape *s'* et s'échappe au dehors. De nouveaux mouvemens du piston déterminent une nouvelle ascension de l'eau. Si le tube avait plus de 32 pieds, à partir de la surface de l'eau en *a*, elle ne pourrait pas s'élever plus haut ; car, à ce moment, elle ferait équilibre à la pression de l'air ; mais si la longueur du tube est telle que l'eau puisse arriver jusque dans le corps de pompe, elle soulèvera alternativement les soupapes *s* et *s'*. Chaque fois que le piston s'élèvera l'eau viendra remplir de nouveau la pompe, en même temps que celle qui aura dépassé *s'* sera soulevée mécaniquement par le piston et portée dans le tuyau *c*, à une hauteur qui n'aura d'autres limites que la résistance du piston et des parties qui le font mouvoir.

La pompe ainsi construite s'appelle *Pompe aspirante et élévatoire*.

La pompe *aspirante et foulante* diffère de la précédente en ce que le piston est plein, *fig.* 85, et en ce qu'elle porte sur le côté un tuyau latéral *t*, dans lequel se trouve une soupape *s'*. L'air et plus tard l'eau qui pénètrent dans le corps de pompe sont refoulés dans le tuyau latéral à une hauteur qui n'est limitée que par la force de résistance de l'instrument.

La pompe à incendie est la pompe foulante qui porte en un point, dans le tuyau latéral *t*, un réservoir disposé, comme on le voit, *fig.* 87. Quand l'eau arrive dans ce réservoir, à la base du tuyau *t'*, une portion d'air reste emprisonnée; cet air se comprime de plus en plus à mesure que le piston descendant refoule l'eau dans le réservoir par le tuyau latéral. Pendant que le piston remonte (temps pendant lequel la projection de l'eau est interrompue dans les pompes ordinaires), l'air comprimé dans le réservoir se distend à raison de sa force élastique et fait monter l'eau en *t'*; de cette manière le jet est continu, avantage que l'on recherche précisément dans ces sortes de pompes.

Lampe à huile, *fig.* 88. La lampe à huile se compose d'un vase qui, dans sa partie *a*, *fig.* 88, est disposé de manière à recevoir une mèche; l'huile dans la lampe doit arriver constamment au niveau de l'orifice *a* et doit y être, autant que possible, maintenue. A cet effet, on introduit en *b* un réservoir *r* plein d'huile; celle-ci y est soutenue par la pression de l'air; si le niveau de l'huile vient à baisser en *a* une portion d'air pénètre dans le réservoir, et une quantité correspondante d'huile s'écoule pour alimenter la lampe.

Bouteille à pigeons, *fig.* 89. Sa théorie est la même. L'eau du vase *V* diminue, parce que les pigeons l'ont bue ou que l'évaporation l'a enlevée; il arrive un moment où son niveau baisse au-dessous de l'orifice du goulot *e*; alors une partie de l'eau du vase supérieur *b* s'écoule en même temps qu'il rentre un peu d'air. La force élastique de l'air dans la bouteille *b*, joint au poids de l'eau, fait équilibre à la pression de l'atmosphère.

Siphons. Le siphon, *fig.* 90, est un tube recourbé sur lui-même, et dont une des branches a plus de longueur que l'autre. On plonge la branche la plus courte dans un liquide, on aspire par la branche la plus longue; le liquide s'élève dans le siphon, le remplit bientôt, et continue de s'écouler tant que son niveau n'est pas abaissé jusqu'à l'extrémité inférieure de la petite branche. Si l'on remplit de liquide un siphon d'un diamètre un peu fin, dont les deux branches soient égales, *fig.* 90, l'eau ne s'écoule pas quand on le tient renversé. Les forces agissantes sont la pesanteur *pp'*, qui tend à précipiter l'eau et la pression de l'air de bas en haut *a a'* qui est plus forte et qui soutient le liquide : l'effet est exactement le même sur les deux branches. Si l'on donne à l'une des branches plus de longueur, le poids *p''* de la colonne d'eau, devenu prépondérant de ce côté, déterminera sa chute, et l'effet continuera de se produire pendant tout le temps de l'écoulement du liquide : la condition essentielle de construction des siphons consiste dans cette inégalité de longueur des deux branches.

Pour amorcer un siphon, on peut plonger la branche courte dans le liquide et aspirer par la branche longue; la pression de l'atmosphère à l'extérieur, devenue prépondérante, fait monter le liquide dans le siphon; on peut encore remplir complètement le siphon de liquide avant de le plonger, alors il est tout naturellement amorcé.

Pour soutirer des liquides qu'on peut craindre d'introduire dans la bouche, on modifie la forme du siphon, *fig.* 91. Pour employer ce siphon à branche latérale, on bouche l'extrémité *e* du siphon avec le doigt au moment où l'on aspire, et on livre passage au liquide aussitôt qu'il est descendu jusqu'à cette extrémité.

Le siphon de Hempel, *fig.* 92, est employé pour les liquides âcres qui dégagent des vapeurs dangereuses; c'est le siphon ordinaire, dont la branche la plus courte est repliée sur elle-même en *a* et en dehors à son extrémité. On la plonge dans le liquide, et l'on y adapte un entonnoir *e*, dont le col est assez long pour s'élever au-dessus de la hauteur du siphon. On verse une portion du liquide à décanter dans l'entonnoir, et on retire celui-ci aussitôt que l'écoulement commence à se faire par la branche longue. Ici, c'est la pression exercée par le liquide dans l'entonnoir qui détermine l'ascension, et une fois que l'écoulement est établi, et que l'on a retiré le tube, on rentre dans les conditions du siphon ordinaire.

Quand les liqueurs sont renfermées dans des vases à ouverture étroite, on se sert avec avantage du siphon de Bunten, *fig*. 93. C'est un siphon ordinaire qui porte une boule vers le haut de la branche la plus longue. On remplit de liquide la branche longue et la boule, et l'on enfonce la petite branche dans le liquide. La boule en se vidant produit un vide qui détermine l'ascension du liquide en contact avec la branche courte, et, bien que la boule reste en partie vidée, le courant du liquide se maintient. On peut encore, dans les mêmes circonstances, se servir de l'appareil suivant : on ferme le col du vase avec un bouchon percé de deux trous, l'un destiné à livrer passage au siphon, et l'autre à un petit tube qui plonge dans le liquide. Le tout doit être disposé de manière à ce que l'air extérieur ne puisse pas pénétrer entre le bouchon et les parois du vase et ceux des tubes. On souffle par l'extrémité du petit tube pour augmenter la quantité d'air dans la capacité vide du vase, et, par conséquent, la pression qui est exercée à la surface du liquide. Quand celle-ci s'est suffisamment accrue, elle détermine l'ascension du liquide dans le siphon.

Quand on se sert d'un siphon d'un diamètre très étroit, la capillarité y fait souvent monter le liquide d'une quantité suffisante pour qu'il s'amorce tout seul. C'est par une action analogue qu'une mèche de coton fait les effets du siphon.

Les appareils que les chimistes emploient pour la production et la dissolution des gaz offrent de nombreux exemples des phénomènes de contraction et de dilatation qui appartiennent aux fluides aériformes (voir les ouvrages de chimie).

DENSITÉ.

La densité ou la pesanteur spécifique est le rapport de la masse au volume, c'est la quantité de matière pesante que les corps contiennent sous un volume donné.

Tous les corps n'ont pas la même densité, c'est-à-dire le même poids sous le même volume. Pour déterminer les relations de densité des corps, on prend l'eau pour terme de comparaison; l'on compare le poids des corps au poids d'un volume d'eau pareil au leur. L'eau prise au maximum de densité sert d'unité, et le problème consiste à peser des volumes égaux de l'eau et d'un corps. Le poids spécifique d'un corps exprime combien il pèse autant que l'eau à volume égal; et comme un centimètre cube d'eau pèse un gramme, le poids spécifique d'un corps exprime combien de grammes ou de fractions de grammes pèse un centimètre cube de ce corps.

Comme les liquides se moulent exactement dans les vases, la recherche de leur densité est une opération des plus simples : on prend un flacon bouché à l'émeril, on le sèche, on le pèse vide, puis on le pèse plein d'eau; on le sèche de nouveau, on le remplit avec le liquide dont on veut connaître la densité, et on le pèse de nouveau.

Exp. Vase vide pèse. . . . . . 56,916 gram.
— plein d'eau. . . . . . . 84,066 — 56,916 = 27,150 = 1
— plein d'acide sulfur. 107,142 — 56,916 = 50,504 = 1 85

La densité de l'acide sulfurique est donc 1,85, la densité de l'eau étant 1.

Les gaz sont dans le même cas que les liquides; ils se moulent dans les vases, et leur densité peut être prise en pesant successivement un vase vide, puis plein d'eau, puis plein de gaz; mais comme les gaz sont très légers, il faut opérer avec des vases d'une capacité de plusieurs litres; on se sert d'un ballon tubulé *b* garni d'une monture *m* qui puisse se visser sur la machine pneumatique, *fig*. 96.

On fait le vide dans le ballon, puis on en fait la tare; on le remplit alors d'un gaz que l'on sèche en le faisant passer à travers un tube *t*, plein de chlorure de calcium; en ouvrant le robinet du ballon, le gaz y pénètre et le remplit; on fait le vide de nouveau pour enlever ce premier gaz qui sert de lavage, on introduit de nouveau gaz, on ferme le robinet et l'on pèse; l'augmentation de poids donne le poids du gaz; on remplit ensuite le ballon avec de l'eau et on le pèse de nouveau. Ajoutons qu'il faut tenir compte avec soin de la température du gaz et de sa force élastique pour les ramener, par le calcul, à ce qu'ils seraient à zéro et sous la pression 76^m.

Exp. Ballon vide.	545 grammes.	
— plein d'eau. .	8,275 — 545 = 7,730 =	1
— — d'air. .	555 — 545 = 10 =	0,00129

Comme il y a une grande différence entre la densité des gaz et celle de l'eau, on préfère comparer la densité des gaz à celle de l'air : l'opération consiste alors à peser successivement le ballon vide, plein d'air sec, et enfin plein du gaz sec. (1)

(1) Comme on ne peut faire un vide parfait, le poids du ballon vide se compose réellement du poids du ballon et du poids de l'air restant. Soit le vide fait à 1 centimètre; on calculera d'après la loi de Mariotte quel serait le volume de cet air, et par suite son poids s'il revenait à la pression primitive, et

Il n'est pas nécessaire de s'occuper de la pression, pourvu que l'opération soit faite assez promptement pour qu'elle ne change pas, parce que les changemens qu'elle peut produire, s'exerçant d'une quantité proportionnelle sur l'air et sur le gaz, le rapport des poids n'est pas changé.

Exp. Ballon vide.	545	gram.	
— plein d'air.	555	— 545 = 10	= 1
— — d'acide carbon.	560,19	— 545 = 15,19	= 1,519

Quand on connaît la densité d'un gaz par rapport à l'air, il est aisé de savoir ce qu'elle est par rapport à l'eau; il suffit de diviser le nombre qui représente la densité par 773.

Densité de l'hydrogène. $\frac{0,0688}{773} = 0,00008903 8.$

Densité du chlore. . . $\frac{2,4216}{773} = 0,003132.$

Pour prendre la densité des solides, on ne peut arriver à peser des volumes de ces corps exactement semblables à celui de l'eau. Ne pouvant vaincre de front cette difficulté, on l'a évitée en s'appuyant sur le principe suivant :

Un corps plongé dans l'eau déplace un volume d'eau égal au sien.

Mesurer le volume d'eau déplacée, c'est donc mesurer un volume pareil à celui du corps qui l'a déplacée ; l'expérience se réduit ainsi à peser le corps dans l'air, à peser l'eau qu'il déplace et à comparer les poids. — L'opération se fait sans difficulté avec une bonne balance et un petit flacon bouché à l'émeril ; on prend le poids du corps dans l'air et l'on prend le poids du flacon plein d'eau ; introduisant alors le corps dans le flacon, on bouche celui-ci et l'on pèse de nouveau ;

l'on retranche ce poids de celui du ballon ; soit 5 litres la capacité du ballon 0,01^{m} la pression restante ; le volume de l'air ramené à 0,76^{m} est de 0 lit.065, qui pèse 0,085 gram. qu'il faudra retrancher de la tare du ballon.

on trouve que le poids est moindre que les poids réunis du flacon, de l'eau et du corps; la différence est le poids du volume d'eau déplacé.

Exp. Etain pèse.	12,25. . . .	7,29
Eau sortie.	1,68. . . .	1

On peut prendre de la sorte la densité des matières en poudre; seulement il faut porter l'eau à l'ébullition quand on a ajouté la poudre, pour détacher et chasser toutes les petites bulles d'air qui resteraient adhérentes à sa surface.

On arrive encore à prendre la densité d'un solide en se basant sur le principe suivant :

Un corps plongé dans un liquide perd une partie de son poids égale au poids du volume d'eau qu'il déplace. C'est à Archimède que l'on doit la découverte de cette loi.

Soit une masse d'eau *A*, *fig.* 97; isolons par la pensée, au milieu de cette masse, un cube d'eau *c*; il supporte latéralement des pressions en sens inverse qui se détruisent mutuellement; de plus il supporte en haut la pression de la couche d'eau supérieure *p* et en bas la pression de la couche d'eau inférieure *p'*. *p'* est plus fort que *p*, mais la différence se trouve compensée par le poids du cube *c*. La pression sur la face inférieure de *c* est donc égale à la pression *p* et au poids de *c*. L'action de la pesanteur, qui tend à précipiter *c*, ne se fait pas sentir, puisque *c* est soutenu de bas en haut autant qu'il pèse de haut en bas.

Si l'on remplace le cube d'eau par un autre corps dont la densité soit absolument la même, l'effet sera identique et le corps cessera de peser; si l'on remplace *c* par un corps plus pesant que lui, celui-ci perdra une partie de son poids égale à celui du cube *c*.

En lestant une boule de cire de manière à ce que sa densité soit absolument égale à celle de l'eau, l'accrochant par un fil à l'extrémité du fléau d'une balance et la plongeant dans l'eau, on verra qu'elle ne pèse pas.

En suspendant deux boules d'ivoire égales aux deux extrémités du fléau, elles se feront équilibre; plongeant l'une d'elles dans l'eau, la balance tombera du côté opposé; en ajoutant des poids pour rétablir l'équilibre, puis ôtant la boule plongée, les poids ne suffiront plus pour rétablir l'équilibre. Cette expérience prouve que la boule d'ivoire perd de son poids quand elle est plongée dans l'eau, mais qu'elle n'y perd qu'une partie de son poids.

Voici une autre expérience qui prouve que cette perte de poids est égale au poids de l'eau déplacée.

b, *fig.* 98, est un petit cylindre creux que peut remplir exactement un cylindre plein *a*. On pose ces deux cylindres sur le plateau d'une balance, et on établit l'équilibre en mettant des poids dans le plateau opposé; on plonge alors le cylindre *a* dans l'eau, l'équilibre est détruit, parce que ce cylindre a perdu une partie de son poids; alors que l'on remplisse d'eau le cylindre creux *b*, l'équilibre sera rétabli; or le volume d'eau contenu dans le cylindre *b* est absolument égal au volume du cylindre *a*; donc le cylindre *a* avait perdu une partie de son poids, qui est égale au poids d'un volume d'eau pareil au sien.

Cette belle observation nous explique comment les corps sont moins pesans dans l'eau que dans l'air; comment on éprouve peu de difficulté à les mouvoir dans l'eau; l'on a à agir que sur l'excédant de leur poids, tandis que la résistance est égale à tout leur poids une fois qu'ils sont sortis du liquide. Ainsi un pêcheur retire aisément ses filets pleins de poissons tant qu'ils sont dans l'eau; il ne risque de les voir se rompre qu'au moment où il les sort.

Quand on veut profiter du principe d'hydrostatique précédent pour prendre la densité d'un corps, on se sert d'une balance dont la forme est légèrement modifiée; l'un des plateaux, aussi pesant, mais souvent plus petit et plus court que l'autre, porte en dessous un crochet. On pèse le corps sur la balance à la manière ordinaire, on l'attache ensuite à un fil de soie que l'on suspend au crochet de la balance, on le plonge dans l'eau et on le pèse en cet état, pour déterminer la perte de poids qu'il a éprouvée et par suite le poids d'un volume d'eau égal au sien.

Exp. Étain pèse dans l'air. 15
Eau. 13,94
Eau déplacée pèse donc. . . 1,06
1 volume eau pèse. 2,06 = 1
1 — étain. . . 15 = 7,29.

Densité de quelques solides.

Platine.	forgé.	20,3366
	purifié	19,5000
Or.	forgé.	19,3617
	fondu.	19,2581
Mercure (à 0°).		13,598
Plomb fondu.		11,3523
Argent fondu.		10,4743
Cuivre en fil.		8,8785
Cuivre rouge fondu.		8,7880
Acier non écroui.		7,8163
Fer en barre.		7,7880
Etain fondu.		7,2914
Fer fondu.		7,2070
Zinc fondu.		6,861
Antimoine fondu.		6,712
Diamans les plus lourds (légèrement colorés en rose)		3,5310
—— les plus légers.		3,5010
Flint-glass (anglais).		3,3393

Chaux carbonatée cristallisée	2,7182
Cristal de roche pur	2,6530
Verre de Saint-Gobain	2,4882
Soufre natif	2,0332
Glace	0,930
Potassium	0,8651
Bois de hêtre	0,852
Liège	0,240

Densité de quelques liquides.

Mercure	13,6
Acide sulfurique	1,84
Acide nitrique	1,51
Acide hydrochlorique	1,21
Lait	1,03
Eau de mer	1,0263
Eau de Seine filtrée	1,00015
Eau distillée	1
Vin de Bourgogne	0,9915
Huile de lin	0,94
Huile de navette	0,9193
Huile d'olive	0,9153
Ammoniaque concentrée	0,875
Ether hydrochlorique	0,874
Essence de térébenthine	0,8697
Alcool absolu	0,792
Ether sulfurique	0,7155

Densité et poids spécifique des gaz.

Noms des gaz.	Poids d'un litre en gram.	Densité.
Hydrogène	0,09	0,0688
Gaz ammoniac	0,77	0,591

Azote.	1,27. . .	0,976
Hydrogène bicarboné.	1,27. . .	0,978
Air.	1,30. . .	1
Oxigène.	1,43. . .	1,1026
Hydrogène sulfuré.	1,55. . .	1,1192
Acide carbonique.	1,98. . .	1,5245
Chlore.	3,21. . .	2,426

Des Aréomètres.

Un solide plus léger que l'eau la surnage en partie et déplace un volume d'eau dont le poids est égal au sien.

C'est sur ce principe qu'est basée la construction des aréomètres. Etablissons-le d'abord par l'expérience.

Prenons dans l'eau un cube *c*, *fig.* 97, soutenu de bas en haut autant qu'il pèse de haut en bas : il y a équilibre ; remplaçons ce cube d'eau par un corps de même densité, l'effet sera le même ; mais remplaçons-le par un corps plus léger, moitié moins dense, par exemple, la pression de haut en bas *p*, sera moindre que la pression de bas en haut *p'* ; celle-ci soulèvera le corps et le repoussera jusqu'à ce que les deux pressions soient égales. Puisque le corps est moitié moins lourd que l'eau, l'équilibre aura lieu quand il ne tiendra plus que la place d'un volume d'eau moitié du sien ; alors la moitié de son volume sera hors de l'eau, *fig.* 99.

Voici comment on prouve que le corps nageant déplace un volume d'eau dont le poids est égal à son poids total. On met de l'eau jusqu'à la hauteur *a* dans le vase *V*, *fig.* 100, et au moyen de la virole *v*, on marque le niveau ; alors on place sur l'eau la boule creuse *b* ; elle déplace de l'eau et fait monter le niveau en *a'* et *v'* ; on retire cette eau par le robinet *r*, jusqu'à ce que le niveau soit revenu à ce qu'il était primitivement, ce qu'il est facile de reconnaître par la virole

v ; si alors on met dans les plateaux d'une balance, d'un côté la boule creuse et de l'autre l'eau retirée, on trouve que leurs poids sont égaux ; par conséquent la boule avait déplacé un volume d'eau égal au sien.

Il résulte de là que dans un corps qui surnage, il y a toujours une partie plongée ; que cette partie est plus grande, si le corps est plus lourd, et que dans des liquides différens, comme le corps surnageant déplace toujours un poids de liquide égal au sien, un même corps s'enfonce plus dans un liquide léger, moins dans un liquide dense.

La construction et l'emploi des bateaux, depuis la plus petite nacelle jusqu'au vaisseau de haut bord, sont basés sur ces lois. On ne peut dépasser, pour les uns et pour les autres, une quantité de charge qui immergerait assez le bateau pour que l'eau arrivât au-dessus de ses bords. Il est à remarquer que, dans les corps flottans, l'équilibre n'a lieu d'une manière stable qu'autant que le centre de gravité est placé le plus bas possible.

Le principe de construction des aréomètres est celui qui vient d'être développé, savoir qu'un corps nageant déplace un volume de liquide d'un poids égal au sien.

On distingue deux sortes d'aréomètres, les aréomètres à volume constant et à poids variable, et les aréomètres à volume variable et à poids constant. Les aréomètres de Fahreinheit et de Nicholson appartiennent à la première série ; les autres aréomètres se rangent dans la seconde.

L'aréomètre de Fahreinheit ou le gravimètre sert à prendre la densité des liquides ; sa forme est celle de la *fig.* 104. Il porte en r un renflement qui lui donne de la légèreté, et au-dessous une autre partie renflée r', dans laquelle on met un corps pesant (plomb ou mercure), pour descendre le centre de gravité et forcer l'instrument à conserver dans les liquides une position verticale. En haut se trouve une petite cuvette c, supportée par une tige en verre, sur laquelle est marqué un trait *t*, que l'on appelle le point d'affleurement. L'instrument doit être assez léger pour surnager dans la plupart des liquides.

Pour s'en servir on le plonge dans un liquide, et l'on ajoute des poids dans la cuvette jusqu'à ce que l'instrument soit plongé jusqu'au point d'affleurement. L'instrument est à volume constant, puisque à chaque expérience, on l'enfonce d'une égale quantité ; il est à poids variable, parce que le nombre des poids à ajouter pour l'affleurer varie avec chaque liquide.

Exemple : L'aréomètre pèse 70 g. ; pour le faire enfoncer dans l'eau distillée, il faut ajouter 30 g. ; le volume d'eau déplacée pèse donc 100 g.

On porte alors l'instrument dans l'acide sulfurique, et on trouve que, pour l'affleurer, il faut ajouter 115 g. — Le poids total est donc $70 + 115 = 185$. Le volume d'acide sulfurique déplacé pèse donc 185 ; mais ce volume est le même que celui de l'eau dans l'expérience précédente. Un volume d'acide sulfurique pèse donc 185, quand un pareil volume d'eau pèse 100. La densité de l'acide sulfurique est donc à celle de l'eau comme 1,85 est à 1.

L'aréomètre de Nicholson, *fig*. 103, est le même instrument ; seulement il est fait en métal, et il porte vers le bas un petit seau *s* mobile qui sert à peser les corps sous l'eau. L'instrument est employé pour prendre la densité des corps solides ; voici comme exemple, une détermination de la densité du soufre natif.

L'instrument étant placé dans l'eau, supposons qu'il faille pour l'affleurer mettre 8 gram. dans la cuvette *c* ; mettons un fragment de soufre natif dans la cuvette *c* ; puis ajoutons les poids nécessaires pour produire de nouveau l'affleurement ; supposons qu'il faille 6 gram. ; nous en concluons que le morceau de soufre pèse 2 gram.

Portons-le alors dans la cuvette inférieure *s*, nous trouverons que pour affleurer, il faut ajouter 1 gram. dans la cuvette supérieure ; le soufre plongé dans l'eau a donc perdu une partie de son poids, réprésentée par 1 gramme. C'est le poids d'un volume d'eau égal au sien. Le soufre dans l'air pesait 2 g. : il a perdu dans l'eau un poids égal à 1 ; par conséquent la densité du soufre est à celle de l'eau, comme 2 est à 1.

Si on faisait l'opération sur un corps plus léger que l'eau, non-seulement il y perdrait tout son poids, mais il faudrait encore compenser par des poids mis dans la cuvette supérieure les effets de la poussée de l'eau de haut en bas.

Les aréomètres à volume variable et à poids constant sont d'un usage plus habituel. On leur donne une des formes indiquées en la *fig.* 101 et 102. L'instrument ne se charge pas de poids ; son poids reste constant dans toutes les épreuves, mais il ne s'enfonce pas d'une quantité égale dans tous les liquides ; le volume de la partie plongée est donc variable. L'aéromètre s'enfonce jusqu'à ce qu'il ait déplacé un volume de liquide dont le poids soit égal au sien ; il s'enfonce par conséquent davantage dans un liquide léger, et moins dans un liquide dense.

L'aréomètre, étant plongé dans l'eau distillée à la température de 12,5, s'enfonce jusqu'à un certain point que l'on marque zéro, *fig.* 101. On le plonge ensuite dans une solution faite avec 10 parties de sel marin pur, et 90 parties d'eau distillée : il s'y enfonce moins, et l'on marque 10 degrés sur le point de la tige qui affleure le niveau de liquide ; on divise cet espace en 10 parties égales ou degrés, et l'on reporte des divisions semblables sur le haut et sur le bas de la tige. L'instrument ainsi construit donne des indications pour les liquides plus légers que l'eau et pour les liquides plus lourds. Mais on est obligé de donner une grande longueur à la tige de l'instrument, ce qui a l'inconvénient de le rendre plus cassant, et ce qui force à prendre beaucoup de liquide pour les observations ; on préfère fabriquer des aréomètres particuliers, suivant la nature des liquides que l'on veut examiner. Pour les liqueurs légères, on supprime tous les degrés au-dessous de zéro ; ce qui est facile en donnant à l'instrument un poids tel que le zéro se trouve à peu de distance du bas de la tige ; pour les liqueurs denses, le zéro se trouve placé, au contraire, en haut de la tige, et l'on supprime tous les degrés supérieurs.

L'aréomètre pour les acides ou le pèse-acide marque de zéro à 70° ; le pèse-sel, de zéro à 40° ; le pèse-sirop, de 20° à 36° ; le pèse-lait, de 1° à 10°. Il est important de remarquer que les degrés doivent être pris au bas de la courbe que fait le liquide, et non au point où le liquide s'élève le long de la tige de l'instrument.

L'aréomètre pour les liqueurs légères, gradué ainsi que nous venons de le dire, porte plus spécialement le nom d'aréomètre batave ; il est peu employé ; on se sert davantage de l'aréomètre de Baumé et de l'aréomètre de Cartier.

Baumé, pour graduer son aréomètre, marquait zéro au point d'affleurement de l'instrument dans une solution faite avec 90 parties d'eau distillée et 10 parties de sel marin, l'observation prise à la température de 12,5. Il marquait 10 degrés au point où l'instrument affleurait dans l'eau distillée ; puis il continuait à diviser, en prenant pour base la grandeur des premières divisions. Il résulte de cette construction que l'alcool, qui marque zéro à l'aréomètre batave, marque 10 degrés à l'aréomètre de Baumé, et que, par suite, la spirituosité accusée par ce dernier instrument, est toujours de 10 degrés supérieure à celle qui est indiquée par l'aréomètre batave.

L'aréomètre de Cartier ne s'emploie que pour les liqueurs légères. C'est une altération de l'aréomètre de Baumé ; il est généralement adopté par le commerce. Le zéro est le même pour les deux instrumens, mais l'aréomètre de Cartier s'enfoncé à 30 deg. quand celui de Baumé s'enfonce à 32. M. Gay-Lussac a admis, pour base de l'aréomètre de Cartier, que cet aréomètre marque 28 degrés à la température de + 15 dans de l'alcool d'une richesse de 74 cent. ; l'aréomètre de Baumé marque 29,655 là où cet aréomètre de Cartier marque 28 degrés.

On appelle pèse-eau-de-vie l'aréomètre pour les liqueurs légères, dont la tige ne porte que de 12 à 30 degrés ; pèse-esprit, celui qui marque de 25 à 45° ; pèse-éther, celui qui marque 40 à 70°.

M. Gay-Lussac a construit, pour l'alcool, un aréomètre qui porte le nom d'alcoomètre centésimal. C'est l'aréomètre légal ; ses indications servent de base pour les droits à percevoir sur les alcools. Il indique immédiatement la quantité d'alcool réel qui existe dans un esprit. Cet instrument a été gradué à la température de + 15. Il marque 0 dans l'eau distillée et 100 degrés dans l'alcool absolu. Les degrés intermédiaires ont été obtenus en plongeant successivement l'instrument dans des mélanges en proportions connues d'eau pure et d'alcool. On conçoit du reste que cette suite d'opérations n'est nécessaire que pour la construction d'un thermomètre étalon; qui sert ensuite de terme de comparaison pour en graduer d'autres.

Chaque division de l'alcoomètre s'appelle 1 degré centésimal et il exprime la quantité d'alcool absolu. Ainsi l'alcool, qui a 60 degrés centésimaux, contient 60 pour 100 d'alcool pur ; celui qui marque 90 degrés en contient 90 pour 100. On exprime les degrés centésimaux par la lettre *c*, mise à droite et au-dessus du chiffre qui exprime les degrés : Exemples, 10^c, 15^c, 50^c.

RAPPORTS DE LA DENSITÉ AVEC LES DEGRÉS ARÉOMÉTRIQUES.

Pour les liqueurs plus denses que l'eau.

DEGRÉS.	DENSITÉ.	DEGRÉS.	DENSITÉ.	DEGRÉS.	DENSITÉ.
0	1,000	25	1,210	50	1,532
1	1,007	26	1,221	51	1,549
2	1,014	27	1,231	52	1,566
3	1,022	28	1,242	53	1,583
4	1,029	29	1,252	54	1,601
5	1,036	30	1,261	55	1,618
6	1,044	31	1,275	56	1,637
7	1,052	32	1,286	57	1,656
8	1,060	33	1,298	58	1,676
9	1,067	34	1,309	59	1,695
10	1,075	35	1,321	60	1,715
11	1,083	36	1,334	61	1,736
12	1,091	37	1,346	62	1,758
13	1,100	38	1,359	63	1,779
14	1,108	39	1,372	64	1,801
15	1,116	40	1,384	65	1,823
16	1,125	41	1,398	66	1,847
17	1,134	42	1,412	67	1,872
18	1,143	43	1,426	68	1,897
19	1,152	44	1,440	69	1,921
20	1,161	45	1,454	70	1,946
21	1,171	46	1,470	71	1,974
22	1,180	47	1,485	72	2,000
23	1,190	48	1,501	73	2,031
24	1,199	49	1,516	74	2,059

RAPPORTS DE LA DENSITÉ AVEC LES DEGRÉS AÉROMÉTRIQUES

Pour les liqueurs moins denses que l'eau.

BAUMÉ.	CARTIER.	BATAVE.	DENSITÉ.	CENTÉSIMAL. (1)
10	10	0	1,000	0
11	10,92	1	0,993	5
12	11,84	2	0,987	10
13	12,76	3	0,979	17
14	13,67	4	0,973	23
15	14,59	5	0,966	29
16	15,51	6	0,960	34
17	16,43	7	0,953	39
18	17,35	8	0,947	43
19	18,26	9	0,941	47
20	19,18	10	0,935	50
21	20,10	11	0,929	53
22	21,02	12	0,923	56
23	21,94	13	0,917	59
24	22,85	14	0,911	61
25	23,77	15	0,905	64
26	24,69	16	0,900	66
27	25,61	17	0,894	69
28	26,53	18	0,888	71
29	27,44	19	0,883	73
30	28,38	20	0,878	75
31	29,29	21	0,872	77
32	30,31	22	6,867	79
33	31,13	23	0,862	81
34	32,04	24	0,857	83
35	32,96	25	0,852	84
36	33,88	26	0,847	86
37	34,80	27	0,842	88
38	35,72	28	0,837	89
39	36,63	29	0,832	91
40	37,65	30	0,827	92
41	38,46	31	0,823	93
42	39,40	32	0,818	94
43	40,31	33	0,813	96
44	41,22	34	0,809	97
45	42,14	35	0,804	98
46	43,06	36	0,800	99
47	43,19	37	0,795	100
48	44,90	38	0,791	

(1) Les degrés centésimaux ont été indiqués en nombre ronds, en négligeant les fractions.

Les variations de température augmentent ou diminuent le volume des liqueurs, et par suite leur densité. Les indications de l'alcoomètre ne sont donc exactes qu'autant qu'elles sont prises à la température de 15 degrés, à laquelle l'instrument a été gradué. L'alcool paraîtra plus fort qu'il ne l'est réellement si la température est supérieure à 15 degrés, et plus faible si elle est au-dessous de ce terme. Les variations peuvent s'élever jusqu'à 12 pour 100 de la valeur du liquide spiritueux de 0 à 30 degrés.

M. Gay-Lussac a construit des tables où les corrections à faire sont indiquées; elles apprennent, le degré d'un alcool ayant été pris à une température quelconque, quel serait ce degré si la température était 15°. Elles font connaître encore les changemens dans le volume que l'alcool à divers degrés a pu éprouver par une élévation ou un abaissement de température.

Dans le commerce, où l'on ne fait usage que de l'aréomètre de Cartier; on achète l'esprit-de-vin à la température de 12,5, et l'on compte 1 degré en plus ou en moins de spirituosité, par 5 degrés au-dessus ou au-dessous de cette température; mais on ne tient pas compte de la diminution ou de l'augmentation du volume de la masse. Pour l'eau-de-vie, on ne compte qu'un seul degré de spirituosité pour 10 degrés de température : ces indications sont peu exactes.

On construit encore des aréomètres, qui font connaître immédiatement la densité du liquide dans lesquels on les plonge; on fait aisément un aréomètre étalon de ce genre, en graduant l'instrument dans des liqueurs dont la densité est connue; on y arrive plus simplement en se basant sur ce qu'à chaque densité correspond un certain volume immergé; si, par exemple, l'instrument s'enfonce jusqu'au sommet de la tige dans l'eau distillée, dans un liquide dont la densité est 2 l'instrument ne s'enfonce que de la moitié de son volume; il ne s'enfonce que du quart, si la densité de la liqueur est 4, etc.

Perte de poids dans l'air; des Aérostats.

Un corps qui est plongé dans l'air y est pressé de toutes parts par le fluide qui l'environne, et y perd une partie de son poids égal à celui du volume d'air qu'il déplace.—Le fait est prouvé par l'expérience suivante; on a un petit fléau de balance, *fig.* 105, qui porte à l'une de ses extrémités une boule de petit diamètre, et à l'autre une boule beaucoup plus grosse. Le poids de ces boules est tel que dans l'air elles se font équilibre; l'une et l'autre éprouvent une perte de poids égale au poids de l'air qu'elles déplacent, plus forte, par conséquent pour la grosse boule que pour la petite; il a donc fallu ajouter à sa masse pour compenser cette perte plus grande. Si on place l'appareil dans le vide, l'effet de l'air est détruit, et la grosse boule, par son excès de poids, fait pencher le fléau de son côté.

Quand on pèse un corps dans l'air, on n'a donc pas son véritable poids; mais la différence ne vaut la peine d'être prise en considération qu'autant qu'il s'agit d'expériences délicates; dans les recherches sur la densité, on estime facilement cette perte; elle est égale à la 773e partie du poids d'un volume d'eau pareil, que l'on est obligé d'apprécier pour l'expérience.

Si un corps est plus léger que l'air, il ne remplace pas pour le poids le volume d'air qu'il déplace, et il est poussé de bas en haut jusqu'à ce qu'il se soit élevé dans des couches qui aient la même pesanteur que lui. Là est toute la théorie des aérostats ou ballons; un ballon étant un appareil construit de telle sorte, que sa densité totale, y compris les enveloppes le lest et l'aéronaute, soit moindre que cllee de l'air. Les frères Montgolfier, qui inventèrent les aérostats, employaient la flamme des corps légers pour tenir chaud et dilaté l'air retenu dans une vaste enveloppe de papier. Charles proposa de remplacer l'air chaud par du gaz hydrogène; dès-lors la légèreté propre au gaz suffit, et l'on vit disparaître toutes les chances d'incendie, c'est-à-dire le plus grand des dangers auxquels se trouvait exposée une aussi frêle machine.

Au départ, l'aéronaute ne remplit pas complètement le ballon de gaz ; le ballon, ayant ainsi une densité peu différente de celle de l'air, s'élève avec une vitesse modérée ; à mesure qu'il arrive dans une région plus élevée, il y rencontre un air plus léger ; mais le gaz hydrogène se met en équilibre avec celui-ci, car il se dilate et maintient le rapport de tension qui existait au départ entre les deux gaz; cet effet continue jusqu'à ce que le ballon se soit tout-à-fait rempli. S'il avait été plein au départ, la pression exercée par le gaz à l'intérieur n'étant plus contrebalancée par celle de l'air, aurait pu rompre les enveloppes. Si le gaz, en s'élevant, conserve ses rapports de densité avec l'air atmosphérique, il entre dans la construction de l'aérostat des matières pesantes qui conservent leur volume et leur densité, et qui tôt ou tard établissent l'égalité de poids entre la machine et l'atmosphère qui l'entoure.

Le ballon s'est rempli et contient le gaz hydrogène à une tension plus forte que celle de l'air extérieur : l'aéronaute veut-il monter, il ouvre une soupape, laisse échapper une partie de gaz, pas assez pour que le ballon cesse d'être plein ; celui-ci, ayant perdu une partie de sa matière pesante, s'élève de nouveau. L'aéronaute veut-il descendre, il fait sortir assez de gaz pour que le ballon cesse d'être plein ; la densité totale de l'instrument augmente et la chute commence à s'effectuer. Le lest, pendant la descente, est réservé surtout pour modérer la vitesse ; en s'en débarrassant avec intelligence, l'aéronaute compense l'excès de vitesse qui résulte de l'action de la pesanteur, et il arrive à toucher la terre sans secousse et sans accident.

Les aérostats parcourent l'espace avec une grande vitesse ;

M. Green a fait ainsi plus de 32 lieues à l'heure ; le courant d'air n'avertit pas l'aéronaute de cette course rapide, parce que le ballon est situé au milieu même du courant qui la produit. Dans sa frêle embarcation, l'aéronaute peut à volonté monter et descendre, mais toutes les tentatives qui ont été faites pour diriger les mouvemens horizontaux de la machine ont jusqu'à présent été infructueux.

HYDRODYNAMIQUE.

L'Hydrodynamique est la science des mouvemens des liquides ; l'Hydraulique est l'application de cette science à l'établissement des conduites d'eau et des machines à eau.

L'étude de l'hydrodynamique se complique à chaque instant des mouvemens qui naissent de l'extrême mobilité des liquides, et qui viennent ajouter leurs effets secondaires à l'action principale. On admet, comme hypothèse générale, qu'un liquide est formé de tranches minces horizontales qui descendent sans se quitter quand le liquide s'écoule par le bas, formant ainsi une tranche plus mince quand le vase est plus large, une tranche plus épaisse quand le vase est plus étroit.

Pour étudier les phénomènes de l'hydrodynamique, on a besoin de pouvoir faire écouler les liquides sous une pression constante ; trois moyens différens mènent à ce résultat, savoir : le trop-plein, le flotteur de Prony, le vase de Mariotte.

Trop-plein. Le trop-plein est représenté *fig.* 106 ; *R* est un réservoir d'eau, *V* une caisse dans laquelle le niveau du liquide doit rester toujours le même, *o* l'ouverture d'écoulement, *s* une soupape qui sert à régler l'arrivée de l'eau de manière à ce qu'il en entre autant par l'ouverture de la soupape qu'il en sort par l'ouverture latérale *o* ; on est arrivé à ce point quand le niveau ne change plus, *cc'* est une petite caisse dans laquelle plonge un tube *t;* l'utilité de ces deux pièces consiste à empêcher qu'il y ait agitation à mesure que le liquide pénètre dans le vase *V*.

Flotteur de Prony, fig. 108. Sa construction est fondée sur le principe d'Archimède. *VV* est un vase contenant de l'eau, *FF* est un vase vide flotteur qui porte les tringles *tt* à la partie inférieure desquelles est suspendu le vase *V'*; *e* est un tube de verre qui sert à juger du niveau de l'eau en *V*, *o* est un conduit pour faire écouler le liquide de *V*. Supposons l'appareil en repos, le flotteur *F* s'enfonce dans liquide jusqu'à ce qu'il en ait déplacé un poids égal à son propre poids, à celui des tringles et à celui du vase *V'*, car toutes ces pièces ne forment qu'un seul corps plongeant. Maintenant qu'on livre passage au liquide par l'ouverture *o*, son niveau baissera en *V*; mais comme en même temps le liquide tombera en *V'*, il augmentera la masse du système flotteur et précisément d'un poids égal à celui qui s'est écoulé; le flotteur s'enfoncera davantage et maintiendra ainsi le liquide en *V* à son niveau primitif.

Vase de Mariotte. Le vase de Mariotte sert à obtenir une chute d'eau ou un écoulement d'eau constant. Soit un flacon, *fig.* 109, contenant de l'eau et de l'air; un tube ouvert à ses extrémités pénètre par la tubulure *t* qui est exactement fermée. Ce tube descend dans l'eau de manière à ce que son extrémité *a* soit exactement à la même hauteur que l'ouverture latérale *o*, que l'on ouvre ou que l'on ferme à volonté. Les choses étant en cet état, l'air presse en *a* sur la surface de l'eau dans le tube et en *o* sur l'ouverture latérale; l'air intérieur presse d'une quantité égale sur la surface de l'eau dans le flacon. Livre-t-on passage à l'eau par l'ouverture latérale, elle s'écoule promptement dans le tube *a*, pressée qu'elle est par le poids de l'air, et son niveau se trouve bientôt amené au bas du tube. En *V*, à mesure que l'eau baisse, l'espace augmente, l'air se dilate et sa force élastique diminue; bientôt ce gaz intérieur et le poids de la colonne d'eau de *a* à *V* ne sont plus que suffisans pour faire équilibre à la pression atmosphérique; à ce moment tout écoulement cesse, car le vase de Mariotte est devenu un véritable baromètre dans lequel la pression de l'air qui s'exerce en *a* et *o* fait équilibre à la colonne d'eau et d'air dilaté, précisément comme elle fait équilibre au mercure dans le baromètre ordinaire. Si l'on remonte le tube *a*, *fig.* 110, au-dessus de l'ouverture latérale *o*, l'écoulement du liquide recommence et continue à se faire, avec une vitesse toujours égale, jusqu'à ce que le niveau de l'eau dans le flacon se soit abaissé au-dessous de l'extrémité du tube *a*. A mesure que l'eau baisse dans le flacon, on voit l'air rentrer bulle à bulle par l'extrémité du tube. En effet, dans cette disposition, le poids de l'eau et de l'air au-dessus de l'extrémité *a* est toujours soutenu par la pression atmosphérique qui s'exerce en *a*; l'écoulement de l'eau a-t-il diminué la pression intérieure, une portion d'air rentre qui s'ajoute à l'air intérieur, et compense par sa force élastique la perte qui est résulté de l'écoulement de l'eau; cet effet se continue jusqu'à ce que le liquide se soit abaissé au niveau de l'extrémité *a* du tube droit. Puisque pendant tout le temps que dure cet écoulement les couches d'eau supérieures sont soutenues par l'air atmosphérique, elles ne contribuent en rien à la vitesse d'écoulement par l'ouverture latérale; cette vitesse n'est déterminée que par l'épaisseur de la couche d'eau qui est comprise entre *a* et *o* et qui reste constante.

On peut remplacer l'ouverture latérale par un siphon, comme on le voit *fig.* 111.

Théorème de Toricelli. Les molécules liquides, en sortant d'un orifice, ont la même vitesse que si elles étaient tombées librement dans le vide d'une hauteur égale à la hauteur du niveau au-dessus du centre de l'orifice. Ce théorème se prouve avec facilité, si l'on se rappelle que la vitesse d'une molécule lancée verticalement est celle qu'elle pourrait acquérir en tombant d'une même hauteur; que l'on ouvre le robinet latéral du vase *V* plein de liquide, *fig.* 112, le liquide s'élancera à-peu-près à la hauteur du niveau en *V*. (1)

1° La vitesse de l'écoulement dépend de la profondeur de l'orifice et non de la nature du liquide. Ainsi, dans l'expérience, *fig.* 113, le mercure et l'eau s'écoulent avec la même rapidité.

2° Pour un même liquide, les vitesses d'écoulement sont entre elles comme les racines carrées de profondeur des orifices au-dessous du niveau; car, en effet, les vitesses des corps pesans sont entre elles comme les racines carrées des hauteurs d'où ils sont tombés.

3° Si la pression exercée au sommet de la colonne liquide est plus grande que la pression extérieure, cet excès de pression agit comme une colonne équivalente du même liquide; la vitesse est la même que si le liquide était tombé du sommet de cette seconde colonne. Le contraire aurait lieu si la pression extérieure était plus grande.

Contraction de la veine liquide. La veine liquide est le jet qui sort à parois minces; elle a la forme de l'orifice et ne se divise qu'à une certaine distance. Tant qu'elle ne se divise pas, sa surface paraît polie, et elle a l'apparence d'un morceau de cristal immobile.

(1) La vitesse d'un liquide qui s'écoule par un orifice percé à mince paroi est égale au produit de $9^m,8088$ par la racine carrée de la hauteur du niveau au-dessus du centre de l'orifice divisé par $\sqrt{4^m,9044}$. Soit v' la vitesse cherchée, h l'espace parcouru par un corps pendant la première seconde de sa chute ($4^m,9044$); v la vitesse acquise au bout de cette seconde, ($9^m,8088$), h' la hauteur quelconque du niveau au-dessus du centre de l'orifice, et aura $v' = \frac{v \times \sqrt{h'}}{\sqrt{h}}$

La quantité de liquide écoulée pendant une seconde est égale à la vitesse multipliée par la surface de l'orifice. Appelant d le liquide écoulé, v la vitesse et o l'orifice, on a l'équation $d = v \times o$.

Au sortir de l'orifice, la veine se rétrécit, puis s'élargit, puis se divise, *fig.* 114; la partie la plus étroite de la veine liquide s'appelle la section contractée. (1)

La contraction de la veine est due à la divergence des filets liquides qui de toutes les directions se précipitent vers l'ouverture. La division de la veine est due à la pesanteur, bien que l'air par sa résistance y contribue bien un peu pour quelque chose; mais de deux molécules qui partent l'une après l'autre, il résulte nécessairement, de l'accélération de vitesse que la pesanteur leur donne, que la première prendra à chaque instant un nouvel excédant de vitesse sur la seconde. Il arrivera donc, à une certaine distance, qu'elles seront visiblement séparées; la courbure de la veine liquide est un effet ordinaire de la pesanteur : la courbure forme une parabole dont l'amplitude augmente avec la vitesse initiale.

La distance de la veine contractée à l'orifice peut varier. Pour une ouverture de quelques centimètres seulement de côté, la distance est un peu plus grande que le rayon de l'orifice; elle diminue par de petites ouvertures et paraît augmenter par des ouvertures plus grandes. Si la pression est très petite, le liquide remplit l'orifice, puis glisse vers le centre et forme un petit filet, *fig.* 115, que Hachette nommait veine secondaire.

Ajutages. Les ajutages sont des tuyaux ou des plaques courbées diversement percées. Pour en étudier les effets, on les adapte à la paroi du trop-plein de Prony. Voici les principaux effets observés :

1° Un ajutage dont la forme intérieure est la même que celle de la veine ne produit aucun effet.

(1) La contraction de la veine liquide diminue la quantité de liquide qui doit s'écouler, parce que la partie rétrécie de la veine est le véritable orifice. Le résultat de l'expérience est au résultat théorique :: 5 : 8; ayant évalué le résultat par le calcul, le résultat réel n'en sera que les 5/8.

2° Une paroi courbe dont la concavité est tournée vers l'intérieur augmente la dépense d'écoulement ; elle la diminue, si elle est tournée en sens inverse.

3° Un ajutage cylindrique est sans effet quand la veine passe sans le toucher, ce qui arrive ordinairement quand le liquide s'écoule sous une forte pression. L'écoulement est au contraire augmenté si le liquide touche l'ajutage, ce qui arrive ordinairement quand l'écoulement se fait sous une faible charge. L'augmentation de dépense est dans le rapport de 133 à 100, quand le diamètre de l'ajutage est le quart de sa longueur. Il est à remarquer que, lorsque l'adhérence de la veine avec l'ajutage est établie, la veine se contracte à l'intérieur comme elle le ferait à l'air libre.

4° Un ajutage conique augmente encore plus la dépense ; elle augmente surtout par la juxta-position de deux cônes opposés, *fig.* 116. Si $v'v'$ ss' prennent la forme de la veine, que mn égale trois fois om, et que tt' soit les $\frac{17}{8}$ de ss', l'augmentation de dépense est dans le rapport de 150 à 100.

5° La pression latérale est moindre sur la paroi de l'ajutage, lorsque le liquide est en mouvement que lorsqu'il est en repos ; de là résulte, pendant le mouvement, une succion qui explique l'augmentation de dépense. On peut se servir de cette succion pour élever de l'eau, *fig.* 107. Si l'on adapte un tube *bc* qui communique avec l'ajutage, l'eau est élevée dans ce tube et coule avec l'autre.

6° Il y a des ajutages qui diminuent la dépense ; tout renflement, tout choc de molécules, et par conséquent tout remous, toute réflexion rend la dépense plus petite.

7° Les liquides s'écoulent avec une même vitesse que l'orifice soit plongé dans un liquide de même nature ou placé à l'air libre, bien entendu qu'il faut tenir compte de la pression qui résulte du liquide dans lequel se fait l'écoulement.

Unité de mesure pour la distribution de l'eau. Cette

unité est appelée pouce de fontainier ou pouce d'eau. C'est la quantité d'eau qui coule en une minute par une ouverture circulaire d'un pouce, percée dans une paroi verticale et chargée de 7 lignes d'eau sur son centre d'ouverture, ou d'une ligne sur la surface d'ouverture. On obtient quatorze pintes d'eau en une minute, ou 19,2 mètres cubes en vingt-quatre heures. Le demi-pouce a un orifice d'un diamètre moitié plus petit et ne fournit que le quart de l'eau donnée par le pouce; la ligne de fontainier ne donne que la 144e partie de l'eau qui est fournie par le pouce. Dans la distribution de l'eau, on définit avec soin la nature de l'ajutage, à cause de l'influence qu'il exerce sur la dépense.

Conduites d'eau. Il est important de leur donner assez de largeur pour qu'elles fournissent l'eau exigée, et, d'un autre côté, il faut économiser, autant que possible, sur le diamètre pour ne pas augmenter la dépense hors de toute proportion. On observe que, dans une conduite d'eau, il passe dans chaque section du tuyau la même quantité d'eau dans le même temps; si le tuyau s'élargit dans un bout, la vitesse y diminue; s'il se rétrécit dans un autre, la vitesse y augmente. Si un tuyau est très long, le frottement peut retarder l'écoulement au point d'empêcher le liquide de sortir du réservoir; on conçoit que la pression exercée par l'eau du tuyau devienne aussi un obstacle à l'écoulement. La pression sur le tuyau est moindre quand le liquide coule; si en effet on perce d'un petit trou la paroi d'un tuyau, le jet du liquide sera plus fort si l'eau est en repos dans le tuyau que si elle est en mouvement.

Courant des fleuves. Il est dû à la pente de leur lit et à la chute de l'eau qui en résulte; on peut jusqu'à un certain point les comparer à des tuyaux qui ne seraient remplis qu'en partie. La vitesse d'un fleuve est retardée par le frottement sur son lit; elle augmente quand l'eau monte, parce que les frottemens sur les parois n'augmentent pas dans la même proportion. Le cours d'un fleuve se ralentit partout où il peut s'étendre ; il augmente où il y a rétrécissement. C'est un effet qu'il est facile de reconnaître là où des ponts rétrécissent le passage. Toutes les parties d'un courant n'ont pas la même vitesse ; elle est moindre au fond et sur la rive où il y a frottement ; elle est la plus grande possible dans le filet de la superficie qui coule à égale distance des deux rives ; on trouve que si tous les filets avaient une vitesse commune, celle-ci serait 0,8 de la vitesse maximum, et le volume d'eau qui s'écoulerait serait celui qui passe réellement : on reconnaît, du reste, cette vitesse par l'espace que parcourent des corps légers que l'eau entraîne. La Seine, à Paris, a une vitesse moyenne de 0,80 mètres par seconde ; dans les eaux basses, cette vitesse est de 0,65 mètres ou deux lieues à l'heure.

Ondes. Une pierre que l'on jette dans l'eau y fait naître un mouvement d'ondulation qui se propage à une grande distance et qui peut durer assez long-temps. Sur le point où la pierre est tombée, l'eau a été abaissée à son contact et a relevé les couches voisines. Celles-ci s'élancent pour reprendre leur première position, la dépassent, y reviennent, la dépassent encore, et continuent pendant long-temps à se mouvoir à la manière des corps élastiques ; l'effet se communique aux couches voisines qui le propagent à leur tour, et de là résulte un mouvement oscillatoire, non de translation, qui s'exécute de haut en bas et de bas en haut, et toujours en sens inverse dans les couches qui sont en contact. Une onde de largeur moyenne met 8 secondes 1/2 à parcourir 4 mètres. On peut en profiter pour mesurer approximativement la largeur d'un canal.

Jets d'eau. Un jet d'eau exige un réservoir élevé et une ouverture percée à minces parois dans une plaque de métal. L'eau s'élève à-peu-près à la hauteur de son niveau dans le réservoir, conformément au théorème de Toricelli. Dans la construction d'un jet d'eau, on donne à l'ajutage une direction un peu oblique. Si le jet s'élevait exactement dans la verticale, les portions d'eau qui tombent mettraient obstacle à l'élévation de la colonne liquide; si l'élévation se fait un peu obliquement, l'eau ne retombe plus sur le jet lui-même, mais à une certaine distance. Un jet d'eau n'a jamais toute sa hauteur théorique, ce qui est dû à la résistance qui résulte du frottement et à l'obstacle que l'air apporte incessamment à son élévation.

Roues à augets, fig. 117. L'eau coule en dessus et détermine le mouvement et par son choc et par la pesanteur. Les roues à augets sont les plus puissantes de toutes; on leur donne d'énormes dimensions en longueur et en largeur. Elles doivent tourner lentement; la différence entre le canal d'arrivée de l'eau et le canal d'échappement doit être égale au diamètre de la roue.

Roues de côté, fig. 118. Elles tournent par le poids de l'eau et par le choc qui résulte de la vitesse acquise. Ces roues sont très communément répandues dans les moulins : elles ont une grande vitesse. M. Poncelet a augmenté leur puissance en les garnissant d'aubes courbes.

Roues pendantes. Elles diffèrent de la précédente en ce que les aubes plongent dans l'eau; c'est le courant qui les pousse et donne le mouvement. Ces roues ont cela d'avantageux que leur construction est fort simple et qu'on peut les établir sans chute d'eau.

Turbines. Ce sont des roues horizontales à aubes courbes. L'axe de la roue occupe le milieu d'une espèce de cuve qui est traversée par le courant d'eau; l'eau arrive par le haut et sort par le fond; l'intérieur est garni d'aubes courbes et de cloisons convenablement disposées qui dirigent l'eau dans la concavité de ces aubes.

MOUVEMENT DES GAZ.

Les gaz se comportent dans leur écoulement d'une manière peu différente des liquides. Pourvu que les pressions ne soient pas très fortes, on peut admettre qu'ils se conforment au théorème de Toricelli (1). Il y a contraction de la veine gazeuse comme de la veine liquide, et la quantité de cette contraction est peu différente de celle observée pour les liquides. La dépense varie aussi avec la forme des ajutages; elle diffère peu de la dépense théorique, quand on se sert d'un ajutage cylindrique un peu évasé.

Un gaz qui s'échappe par une ouverture produit un mouvement de recul, à la manière des liquides. Après avoir adapté une vessie pleine de gaz à l'appareil, *fig.* 119, dont la branche *a b* peut tourner sur elle-même, il s'établit un mouvement de rotation quand le gaz comprimé sort par les ouvertures *a b*.

Un gaz qui sort par une ouverture un peu large se dilate à sa sortie, et perd de sa force élastique. En approchant de la surface plane *a b*, *fig.* 120, de laquelle débouche un courant de gaz, un disque de carton *c*, celui-ci est soutenu à une petite distance de l'ouverture par la pression de l'air devenue plus forte que celle du gaz sortant. Ce phénomène

(1) La hauteur du niveau qui doit entrer comme élément dans le calcul n'est pas celle du gaz lui-même, mais celle d'une couche de liquide qui aurait la même densité que la couche gazeuse de l'orifice, et une hauteur telle qu'elle puisse exercer sur cette couche toute la pression que celle-ci supporte. Ainsi la pression étant $0{,}76^m$ de mercure ou $10^m{,}32$ d'eau, et la densité du mercure étant 13,59, et celle de l'air étant 0,0013, la colonne liquide qui correspondrait à la pression de l'air atmosphérique devrait avoir pour hauteur

$$\frac{0{,}76 \times 13{,}59}{0{,}0013} = 7945 \text{ mètres.}$$

Cet air rentrant dans le vide aura une vitesse de 379^m par seconde.

s'est montré dans les machines soufflantes et dans les ouvertures percées dans la paroi des machines à vapeur.

Pour avoir un courant constant de gaz, on fait arriver dans un vase, qui en est rempli, un courant constant de liquide obtenu avec le vase de Mariotte, ou par tout autre moyen. Dans le débit du gaz pour l'éclairage, la construction des gazomètres amène à-peu-près au même résultat. Le gazomètre pressant par son poids sur le gaz qu'il renferme, le tient à une pression plus grande que la pression extérieure ; il le maintient en cet état pendant aussi long-temps que dure l'écoulement, parce que la perte de poids que le gazomètre éprouve en s'enfonçant dans l'eau, est trop peu de chose pour causer un changement notable dans sa pression.

Les courans de gaz s'établissent facilement dans des lieux ouverts. Nous les voyons se produire à chaque instant dans l'atmosphère ; ils s'établissent dans les cheminées de nos appartemens, même quand on n'y fait pas de feu ; ils se forment aussitôt que nous établissons la communication entre deux chambres chaudes, l'un des courans, passant par le haut de la porte et l'autre par le bas.

Le vent n'est autre chose qu'un courant d'air continu. Il naît toutes les fois qu'un changement de pression ou de température vient à se produire en un lieu. On distingue deux sortes de vents, les vents d'impulsion et les vents d'inspiration. Les premiers se font sentir d'abord dans les lieux les plus rapprochés de leur point de départ ; les seconds sont aperçus d'abord dans les points qui, par leur position, sont les plus éloignés du lieu que la direction du vent pourrait faire regarder comme son point de départ.

Les vents soufflent dans toutes les directions, au nord, au sud, à l'est, à l'ouest, et dans tous les intermédiaires. On distingue ainsi trente-deux rumbs de vent. Souvent dans l'atmosphère il y a, à différentes hauteurs, des courans qui n'ont pas la même direction.

En général, à la surface du sol, le vent souffle presque horizontalement.

Il y a quelques vents réguliers, savoir : 1° les vents alisés, qui soufflént de l'est à l'ouest dans le tropique auquel répond le soleil ; — 2° les moussons qui, chacun règne pendant six mois les uns d'avril en octobre, les autres d'octobre en avril ; ils se font surtout sentir dans la mer des Indes ; — 3° la brise ; elle se fait sentir près des côtes. Vers huit heures du matin, la brise de mer s'élève, augmente jusqu'à trois heures et diminue jusqu'à six ; à six heures la brise de terre commence et dure toute la nuit. La terre s'échauffant plus que la mer, l'atmosphère terrestre s'élève à mesure qu'elle s'échauffe, et elle est remplacée par l'air de mer plus frais ; dans la nuit, c'est la mer qui se refroidit moins vite, et l'aspiration s'établit en sens contraire.

La vitesse du vent est très variable ; un vent à peine sensible parcourt 0,5 mètres en une seconde, un vent modéré 2 mètres, un vent fort 10 mètres, le vent de tempête 22 mètres, l'ouragan 36 mètres, l'ouragan qui renverse les édifices 45 mètres.

La pression que le vent exerce sur les objets dépend de sa vitesse ; la pression exercée sur une surface de un pied carré est pour un vent à peine sensible de 2 grammes, pour un vent frais de 35 à 60 grammes, pour une forte brise, de 1400 gr. et plus, pour une forte tempête, de près de 6000 gr. Elle dépasse quelquefois 22000 gram. pour les ouragans.

Les mouvemens que les vents impriment à l'atmosphère ont l'avantage de mélanger ses diverses couches, de purifier l'air, en apportant l'oxigène dans les points qui en ont perdu, en entraînant les miasmes et les vapeurs ; ils amènent les nuages d'un point sur un autre, et favorisent ainsi l'arrosement. On sait que la force du vent est utilisée pour la marche des navires, et qu'en le recevant sur les voiles disposées d'une certaine façon, on peut en profiter pour marcher dans presque toutes les directions. C'est le vent qui, par sa pression, fait tourner les ailes de moulin. Le plan de rotation des ailes est directement opposé au vent, mais comme chaque aile est située obliquement, l'axe est obligé de tourner. Celui-ci est toujours un peu incliné à l'horizon, parce que la direction du vent l'est également.

Les mouvemens des gaz dans les conduites n'ont pas été soumis encore à une étude suffisante. Les observations suivantes rendent cependant de bons services dans la pratique.

1° Les résistances que les gaz éprouvent à se mouvoir dans les tuyaux de conduite, sont proportionnelles aux carrés de leur vitesse moyenne ; 2° la vitesse dans les tuyaux diminue à mesure qu'ils sont plus longs ; 3° la dépense de gaz dans une conduite uniforme est en raison directe de la pression dans le réservoir à gaz, et en raison inverse de la racine carrée de la longueur de la conduite par laquelle elle s'opère ; 4° les coudes, les inégalités, diminuent la vitesse.

Nos cheminées peuvent être assimilées à un siphon, dont une des branches (la cheminée) est pleine d'air rendu léger par la chaleur, et dont l'autre branche (la colonne d'air extérieure) est remplie d'air froid. L'air chaud monte comme plus léger, et soulevé par l'air froid qui presse à l'orifice extérieur.

La force qui pousse l'air chaud étant sans cesse agissante, le mouvement est accéléré.

Le tirage dépend de la vitesse de l'air chaud; l'expérience dit de ne jamais lui donner moins d'un mètre par seconde. Une vitesse trop grande augmenterait sans nécessité la quantité de chaleur employée.

Diverses circonstances ont une influence marquée sur le tirage. La longueur de la cheminée augmente la vitesse de l'air. Il y a cependant une limite où le frottement finit pour compenser cette augmentation Dans les fourneaux où l'on veut établir une combustion forte, on donne jusqu'à 100 pieds de hauteur à la cheminée pour activer le tirage. Il faut se laisser guider un peu par les circonstances : ainsi dans nos cheminées d'appartement, trop de tirage renouvellerait l'air avec trop de vitesse et produirait du froid ; une vitesse trop faible ferait fumer. En général, il ne faut pas faire des tuyaux de cheminée au-dessous de 10 mèt. ; une cheminée de 5 mèt. fume presque immanquablement.

Le tirage augmente avec la largeur du tuyau de la cheminée, pourvu que l'air soit suffisamment échauffé ; mais il y a alors une forte dépense de combustible. Des tuyaux de trois à quatre décimètres de section sont suffisans même pour les grandes cheminées. Dans les tuyaux larges, l'air qui monte n'est souvent pas assez chaud, le tirage languit et la chemi-née fume. Cela arrive souvent dans les cheminées d'appartement.

Le tirage est augmenté quand le canal qui forme la cheminée est rétréci inférieurement ; la vitesse de l'air augmente sous un plus grand rapport que la grandeur de l'orifice ne diminue. Le rétrécissement de la cheminée à la partie supérieure produit un même effet. Peu importe qu'une cheminée soit large, l'aspiration se fera également bien, pourvu qu'il y ait rétrécissement en haut et en bas. Une telle construction établirait une trop grande ventilation dans nos cheminées d'appartement ; mais, dans la construction de plusieurs d'entre elles, on se réserve de régler l'orifice inférieur au moyen d'une plaque mobile.

La forme des conduits des cheminées influe aussi sur le tirage ; il est plus grand dans les tuyaux circulaires, parce qu'à égalité de section, la surface est moindre, et par suite le frottement plus faible. Il importe fort peu d'ailleurs que le conduit s'élève d'abord verticalement ou qu'une portion de la cheminée soit horizontale, pourvu que dans la cheminée verticale l'air soit suffisamment chaud. On a reconnu que la vitesse est plus grande dans les cheminées de fonte, moindre dans les tuyaux de tôle, moindre encore dans les conduites en brique.

Un point important est de fournir en suffisance l'air qui doit alimenter la cheminée. A cet effet, dans la construction des fourneaux on donne une large ouverture au cendrier. Dans les chambres, l'air froid rentre par les fissures des portes et des fenêtres. Si la chambre était trop bien close, le tirage ne pouvant s'établir, la cheminée fumerait. Il y a avantage à ne pas laisser pénétrer l'air froid; une des meilleurs dispositions consiste à établir dans la cheminée des tuyaux montans qui traversent une caisse dans laquelle de l'air pris à l'extérieur vient s'échauffer, et est ensuite versé dans la chambre vers le plafond.

L'action qu'exerce l'un sur l'autre deux courans d'air qui se rencontrent vaut la peine d'être étudiée avec quelques détails. L'effet est nul si deux courans ayant la même vitesse se portent librement l'un sur l'autre, ou si, ayant une vitesse différente, ils se trouvent séparés par un diaphragme à leur point de jonction, *fig.* 121.

Un courant plus rapide refoulerait l'autre et marcherait seul par le canal central. Que le courant *a b*, *fig.* 122, ait son maximum de vitesse, le courant *c d* sera interrompu; mais si *a b* n'a pas sa vitesse maximum, il s'établira une vitesse moyenne, et les deux courans parcourront le canal central. Ainsi, lorsque l'on veut établir une cheminée d'appel sans faire passer l'air froid dans le foyer, on donne à la cheminée un diamètre plus grand que celui qui produirait la vitesse maximum de l'air chaud. On pourrait bien encore ne pas augmenter ce diamètre, mais il faudrait alors établir un diaphragme à l'orifice du canal d'air froid, *fig.* 123.

Si le courant d'air chaud est dirigé horizontalement dans la cheminée d'appel, et, s'il est rapide, il traverse la cheminée dans sa largeur, et s'oppose au passage de la colonne d'air froid. On y remédie en établissant un diaphragme qui change la direction du courant chaud, *fig.* 124.

Le vent qui souffle sur l'extrémité d'une cheminée produit l'effet d'un courant sur un courant ; un vent horizontal courbe la fumée et ne change rien à la vitesse d'écoulement ; un vent vertical choque directement le courant d'air chaud, le ralentit ou l'arrête. Un vent oblique fait surtout fumer ; il se produit fréquemment par la réflexion du vent quand un édifice domine une cheminée. L'observation a appris qu'il faut deux mètres de vitesse par seconde pour que la fumée ne soit pas refoulée par un vent ordinaire. On donne cette vitesse en rétrécissant l'ouverture supérieure de la cheminée au moyen d'une mître. Divers appareils sont employés au même but avec plus ou moins d'avantage.

Il arrive souvent que des cheminées se commandent et que l'une fait fumer l'autre. Quand l'air d'une chambre sert à alimenter la cheminée d'une chambre voisine, l'aspiration s'établit dans deux directions différentes qui se contrarient et nuisent au tirage. Le remède est d'établir des ventouses qui aillent puiser de l'air au-dehors et alimentent chaque cheminée. Il arrive quelquefois aussi, quand plusieurs cheminées se commandent, que l'ascension de l'air chaud s'établit dans la plus forte, et qu'un courant d'aspiration du haut en bas se fait dans les cheminées voisines.

PHÉNOMÈNES MOLÉCULAIRES.

Les phénomènes moléculaires résultent de l'action que les molécules exercent les unes sur les autres pour s'attirer ou se repousser. L'attraction des molécules s'appelle cohésion; elle est démontrée par l'adhérence que des surfaces planes contractent par le seul effet de leur contact, et qui n'est influencé en rien par l'épaisseur des corps que l'on met ainsi en présence; l'effet a lieu sur une surface infiniment mince, et il est permis d'en déduire que l'état de solidité d'un corps n'a pas d'autre cause.

La force répulsive des molécules se manifeste dans une foule de circonstances; c'est par elle que des corps comprimés reviennent à leur volume primitif.

La force attractive des molécules varie avec la distance, la force répulsive avec la distance et la chaleur; c'est le rapport de ces deux forces qui produit l'état des corps.

SOLIDES.

Dans les corps solides, les forces répulsives et attractives se font équilibre. Les molécules adhèrent de manière à ne pouvoir changer de disposition que d'une petite quantité. Le caractère essentiel des solides, c'est l'orientation des axes des particules; si on les écarte de cette position, elles y reviennent en oscillant. Dans les solides, des différences dans la position ou la direction des molécules amènent des modifications dans les propriétés.

Dureté. La dureté des corps est relative : de deux corps, le plus dur est celui qui raie l'autre. Le diamant est le plus dur des corps connus; le rubis, le saphir ont beaucoup de dureté; les cristaux de silice sont aussi fort durs; quelquefois la masse a peu de consistance et les molécules seules ont beaucoup de dureté; c'est ainsi que la poudre de charbon peut servir à polir des glaces et la craie à décaper les métaux.

Ténacité. C'est la résistance des corps à la rupture; elle mesure la cohésion. La ténacité des corps peut consister dans leur résistance à la pression ou dans leur résistance à la traction : la première a été observée surtout dans les pierres. Toutes n'ont pas la même solidité; on a remarqué qu'elles résistent mieux à la pression quand elles sont posées dans la position qu'elles occupaient dans la carrière; qu'elles résistent mieux quand elles ont la forme d'un cylindre circulaire que lorsqu'elles constituent un prisme à base carrée, et surtout un prisme parallélogrammique.

Galilée a observé qu'un cylindre creux résiste mieux qu'un cylindre plein; les os longs et creux des membres doivent à cette forme une plus grande solidité.

La résistance à la traction est moindre que la résistance à la pression; dans un métal, elle change avec la largeur de la section; elle change dans un même corps suivant son état moléculaire : ainsi les métaux forgés ont plus de ténacité que les métaux fondus, le fer en fil plus que le fer en barre. Voici l'ordre de ténacité des métaux :

Fer, tôle, fonte, métal des canons, cuivre battu, cuivre laminé, platine, argent, or, étain, zinc, plomb.

Dans les cordes, la résistance à la traction est proportionnelle au carré du diamètre. Si une corde de 1 centimètre de diamètre rompt par une charge de 400 kilogrammes, une corde de 2 centimètres ne se brisera que par 1600 kilo-

7.

grammes. La torsion des cordes diminue leur force parce qu'en changeant la longueur des fils elle fait qu'ils ne sont pas tous également tirés ; les plus courts le sont davantage et cassent les premiers, la corde s'affaiblit d'autant et les autres fils cassent successivement.

Ductilité, malléabilité, écrouissage. Ces trois propriétés dépendent de ce que les molécules des corps peuvent glisser les unes sur les autres sans se séparer. La ductilité s'entend surtout de l'action de la filière, la malléabilité de celle du laminoir, l'écrouissage du choc du marteau.

Ordre de ductilité des métaux à la filière : platine, argent, fer, cuivre, or, zinc, étain, plomb.

Ordre de ductilité des métaux au laminoir : or, argent, cuivre, étain, plomb, zinc, platine, fer.

Ordre de ductilité des métaux au marteau : plomb, étain, or, zinc, argent, cuivre, platine, fer.

Trempe. Elle consiste à plonger un corps chaud dans un liquide froid ; son mode d'action est inconnu ; quant à ses effets, ils consistent tantôt à durcir les corps et à les rendre plus consistans, tantôt, au contraire, à leur donner plus de malléabilité. L'acier, le verre deviennent durs par la trempe ; le métal des tamtams et des cymbales devient ductile. Les effets de la trempe sont d'autant plus prononcés, que les corps ont été plus chauffés et refroidis plus brusquement ; comme il serait fort difficile d'apprécier exactement ces hautes températures, on commence (pour l'acier au moins) par tremper très dur, puis on les réchauffe d'une certaine quantité pour détruire une partie de l'effet produit.

Cristallisation. Les corps solides qui se forment dans des conditions favorables prennent une forme symétrique ; leurs particules se déposent suivant un ordre régulier, et donnent naissance à des corps à surfaces planes, à angles bien déterminés, qui prennent le nom de cristaux. La propriété de cristalliser paraît appartenir essentiellement à tous les solides, bien que la cristallisation ne se montre pas toujours avec évidence; il arrive que les cristaux agglomérés en une masse uniforme ne deviennent visibles que dans des circonstances particulières. On reconnaît leur présence à la structure cristalline que présente la cassure de certains corps; d'autres fois la cristallisation apparaît lorsque l'on enlève la surface de matière extérieure qui cachait les cristaux; ainsi dans le moiré métallique, la cristallisation de l'étain se montre sous des formes très variées, lorsque après avoir chauffé le fer-blanc, on le traite par une eau acidulée; dans l'acier damassé, les dessins que l'on observe sont dus à une cristallisation.

Un cristal est formé par la réunion symétrique de petits cristaux. Ceci se voit très bien lorsqu'on casse un morceau de spath d'Islande; chacune des petites parties qui se séparent est elle-même un petit cristal rhomboïdal. Il arrive souvent que ces petits cristaux ont une forme différente de celle du cristal principal qui les a fournis. Un cristal peut être divisé en différens sens par la séparation de lames que l'on enlève quelquefois avec une grande facilité : cette opération prend le nom de clivage. En taillant le cristal dans les divers sens où le clivage peut s'exécuter, on arrive à obtenir un cristal de forme particulière que les minéralogistes appellent forme primitive; ils la regardent comme la forme des dernières molécules : celles-ci, en s'associant d'une manière variable, donnent naissance à toutes les formes secondaires qu'un corps peut présenter, et qui peuvent toutes être rapportées à la forme primitive. Il est un grand nombre de corps dont les formes appartiennent toutes à un même système cristallin; il en est d'autres en assez grand nombre qui ont un système commun de cristallisation; enfin, il en est quelques-uns en petit nombre dont les formes appartiennent à deux systèmes différens de cristallisation : tels sont le soufre, la chaux carbonatée. Les corps qui sont dans ce cas sont appelés dimorphes : on nomme dimorphisme la propriété d'avoir deux systèmes de cristallisation.

On fait cristalliser les corps par fusion, volatilisation, solution. Pour obtenir une cristallisation par fusion, on fait fondre le corps au feu, puis on le laisse refroidir jusqu'à ce qu'une croûte solide se soit formée à la surface; on brise cette croûte, et l'on fait couler la portion de matière qui est encore liquide : les cristaux qui se sont formés sont ainsi débarrassés des portions de matière qui les auraient empâtés en prenant l'état solide. Ce procédé réussit aisément pour le soufre et les métaux très fusibles. Lorsque les vapeurs d'un corps se solidifient par le refroidissement, elles se réunissent souvent de manière à former des cristaux symétriques; l'arsenic, l'acide arsénieux, le sulfure, l'iodure de mercure et bien d'autres corps en fournissent des exemples.

La solubilité d'un corps dans un liquide donne un moyen facile de l'obtenir cristallisé; s'il est plus soluble à chaud qu'à froid, les cristaux se déposent quand la solution vient à se refroidir : en tout cas, ils se forment à mesure que l'évaporation concentre la liqueur.

Isomorphisme. L'isomorphisme est une propriété singulièrement remarquable des corps, qui consiste en ce qu'une molécule peut en remplacer une autre d'une nature différente, sans que la forme cristalline soit changée; tout au plus observe-t-on quelque différence dans la mesure des angles. Les matières qui se remplacent ainsi sont dites isomorphes; elles ont toujours une constitution chimique semblable. La chaux, la magnésie, les protoxides de fer, de cobalt, de nickel, de plomb, etc., sont isomorphes; tous ces corps ont cela de commun qu'ils sont formés d'un atome de métal et d'un atome d'oxigène. Le peroxide de fer, l'oxide de chrôme, l'alumine, contiennent deux atomes de métal et trois atomes d'oxigène et sont isomorphes entre eux.

Changement de forme. Un des phénomènes les plus remarquables qui nous soit présenté par les solides est le changement de forme que l'on a remarqué dans plusieurs d'entre eux ; il consiste dans un mouvement moléculaire par lequel les molécules prennent un nouvel ordre symétrique, sans qu'il ait été nécessaire qu'elles passent par l'état de liquidité. Un grand nombre de transformations de ce genre ont été observées par M. Mitscherlich. En voici quelques exemples : la chaux sulfatée que l'on chauffe change de structure intérieure ; les cristaux prismatiques de sulfate de zinc, de nickel, se changent en une agglomération d'octaèdres ; le sulfate de magnésie exposé au soleil et le sulfate de zinc chauffé dans l'alcool jusqu'à l'ébullition perdent de leur transparence, et sont alors formés d'agglomérations cristallines de formes toutes différentes de celles des cristaux dont elles tirent leur origine.

LIQUIDES.

Les liquides contiennent plus de chaleur que les solides, et les effets de la force répulsive y sont plus prononcés. S'il y a orientation des particules, l'effet au moins en est très faible, et celles-ci cèdent facilement au moindre effort en changeant de position et de direction.

La répulsion entre les particules liquides est démontrée par la propriété qu'on leur connaît de former des vapeurs, et plus directement par celle de reprendre leur volume aussitôt qu'on cesse de les comprimer ; la résistance énorme que les liquides opposent à la compression indique assez que cette répulsion est fort grande.

L'attraction entre les particules liquides se montre très faible ; aussi peut-on les séparer sans grand effort : toutefois cette attraction existe ; elle nous est montrée par la propriété qu'ont les liquides de se réunir en gouttes, par l'action réciproque de deux gouttes voisines qui n'en forment plus qu'une seule. Il suffit de voir une goutte d'eau rester suspendue à l'extrémité d'une baguette de verre pour en conclure à bon droit l'attraction mutuelle des particules liquides; car si l'affinité du liquide et du verre explique leur adhérence au point de contact, les portions de liquide plus éloignées, qui restent suspendues malgré la pesanteur, ne peuvent devoir leur résistance qu'à leur attraction pour les particules voisines. Une expérience très curieuse démontre cette adhérence : un disque de verre ou de toute autre matière est suspendu en équilibre au fléau d'une balance; on met la surface inférieure de ce disque en contact avec de l'eau; il faut alors un poids considérable pour l'enlever; la séparation a lieu, non au contact du métal avec le liquide, car celui-ci reste mouillé, mais sur la tranche d'eau inférieure : aussi peut-on changer la nature du disque, les effets restent les mêmes si le liquide n'est pas changé. Cette expérience prouve en même temps l'attraction des liquides pour les solides.

GAZ.

Dans les corps à l'état de gaz, la quantité de chaleur est augmentée, ainsi que le volume; la force répulsive est prédominante; aussi ne peut-on maintenir les molécules gazeuses dans des limites déterminées qu'en exerçant une pression sur elles. Les forces attractives sont insensibles; elles disparaissent devant la force répulsive. Dans un gaz, la répulsion, suivant M. Poisson, est la différence entre l'attraction et la répulsion; celle-ci prédomine à la température et dans les circonstances ordinaires; mais il est telle autre circonstance où elle pourrait être surpassée. Suivant M. Poisson, dans les régions élevées de l'atmosphère, la force répulsive ne prédomine plus, et l'air constitue un véritable liquide, bien que la distance entre ses molécules soit infiniment plus grande qu'à la surface du sol.

Les gaz ont pour les solides une attraction en vertu de laquelle ils adhèrent à leur surface. En effet, sur tous les solides on trouve adhérente une couche d'air dont la présence se montre avec évidence si, après avoir plongé le corps solide dans un liquide, on porte le tout sous le récipient de la machine pneumatique. Les bulles d'air adhérentes grossissent et deviennent plus manifestes à mesure que la pression superficielle diminue. C'est à l'attraction des gaz et des solides qu'est due l'absorption des substances gazeuses par les corps poreux; cette absorption est extrêmement remarquable pour quelques-uns d'entre eux; M. de Saussure a vu une mesure de charbon de bois absorber 90 mesures de gaz ammoniac, 85 mesures de gaz chlorhydrique, 55 mesures d'hydrogène sulfuré, 35 mesures d'acide carbonique, 9,25 mesure d'oxigène, 7,5 d'azote, 1,75 d'hydrogène, etc.

L'attraction des gaz pour les liquides est prouvée par la dissolution des gaz. Cette solubilité est différente pour chacun d'eux; elle présente quelques phénomènes généraux qu'il est bon d'énoncer. Le volume d'un gaz en dissolution dans un liquide étant ramené à la pression sous laquelle il a été absorbé, représente toujours une certaine fraction du volume du liquide; cette fraction reste la même pour chaque liquide et chaque gaz à différentes pressions. S'il y a plusieurs gaz dans l'atmosphère qui recouvre un liquide, chaque gaz se comporte comme s'il était seul.

Quand une dissolution d'un gaz est en contact avec une atmosphère qui contient des gaz différens, une portion du gaz dissous passe dans l'atmosphère, une portion des gaz de l'atmosphère entre en dissolution. Ainsi, de l'hydrogène et de l'acide carbonique conservés sur l'eau se dissoudront pour une petite partie, tandis que la portion restante restera mêlée d'oxigène et d'azote.

ÉLASTICITÉ.

Un corps comprimé revient à son volume quand la compression cesse ; c'est l'élasticité. Si l'on dépasse certaines limites, le corps ne revient plus à son volume primitif. Le point où un corps cesse de revenir sur lui-même est la limite de son élasticité.

Quand un corps est comprimé, la position d'équilibre de ses particules change, son volume diminue, mais en même temps la force répulsive augmente ; c'est elle qui ramène les corps à leur premier état.

Mais les molécules ne reviennent à leur position première qu'à la suite de nombreuses oscillations ; elles dépassent leur point d'équilibre, reviennent en arrière, le dépassent encore jusqu'à ce qu'enfin elles aient usé tout leur mouvement. Cet effet se voit avec facilité sur une tige ou sur une corde tendue que l'on a écartée de sa direction.

Tous les corps ont une élasticité parfaite, pourvu que l'on ne dépasse pas la limite d'élasticité qui leur est propre ; celle-ci est très différente pour chacun d'eux ; un corps est d'autant plus élastique que cette limite est plus éloignée.

L'élasticité est une propriété qui est variable même dans un même corps ; ainsi les métaux sont plus élastiques quand ils ont été écrouis, laminés, passés à la filière ; l'acier, après qu'il a été trempé, a aussi plus d'élasticité.

L'élasticité des corps se montre quand on les comprime, qu'on les tire, qu'on les fléchit, qu'on les tord sur eux-mêmes.

L'élasticité par compression est parfaite dans les liquides et les gaz ; ils reviennent exactement à leur volume quand on cesse de les comprimer. Les gaz sont très compressibles, et ils suivent dans leur diminution de volume une loi régulière (voyez p. 54).

Les liquides ne sont compressibles que d'une petite quantité ; ils ont été étudiés sous ce rapport par Œrsted et par

Colladon et Sturm. Voici, d'après ces derniers observateurs, la compressibilité de quelques liquides exprimée en millionième du volume primitif et pour une pression d'une atmosphère: mercure, 3,38; —eau, 49,65; —essence de térébenthine, 71,35; — alcool, 94,95; — éther, 131, 35.

L'élasticité des solides par la pression est fort variable; on s'assure aisément que leur volume éprouve une moindre diminution pour chaque nouvelle pression qui s'ajoute. L'élasticité des solides est loin d'avoir la perfection que l'on observe dans les liquides et dans les gaz. Sans cette différence, une médaille que l'on vient de frapper s'effacerait aussitôt par le retour des molécules à leur position première.

L'élasticité par traction se mesure par les allongemens que les corps peuvent éprouver, sans atteindre les limites de leur élasticité. Un corps que l'on soumet à la traction augmente de longueur et diminue de volume; s'il a été trop fortement tiré, il ne revient pas à son volume primitif; s'il est tiré plus fortement encore, il se rompt. La résistance des corps à la rupture constitue leur ténacité. Les fils qui ont été forcés, c'est-à-dire qui ont été tirés au-delà de la limite de leur élasticité, ont pris un nouvel état d'équilibre dans lequel ils sont encore élastiques, et auquel ils reviennent si on ne les tire pas au-delà de certaines limites.

La limite d'élasticité des corps varie avec la durée de la traction; il arrive qu'une tige qui a supporté un certain poids sans se rompre cède au même poids, si son action est continuée plus long-temps; on voit des corps qui ont été essayés par une certaine force, ne pouvoir résister, plus tard, à une épreuve plus faible; ainsi, un canon qui a été essayé à triple charge, éclate parfois sous une charge ordinaire; de là, dans la pratique, on ne compte que sur le tiers ou tout au plus sur la moitié de la résistance que l'expérience a donnée.

Lorsqu'on fléchit un corps élastique, une partie des filets de molécules, sur la surface convexe, sont allongés; une partie des filets de molécules sur la surface concave sont raccourcis, tandis que les filets du centre gardent leur longueur. La tige se redresse par deux effets contraires, l'élasticité de tension des filets allongés, l'élasticité de compression des filets raccourcis. Après des oscillations nombreuses à droite et à gauche, la tige revient à l'état de repos. Les oscillations sont isochrones, c'est-à-dire que, grandes ou petites, elles se font toutes dans le même temps. On a des exemples de ce genre d'élasticité dans les cordes d'arc ou d'arbalète, dans les ressorts droits ou en spirale; c'est sur elle qu'est fondée la construction du dynamomètre et du peson.

Le Dynamomètre se compose d'un ressort *a b c d*, *fig*. 125, qui, par l'intermédiaire d'un levier *l*, fait mouvoir une aiguille *i*, qui marque sur un cadran la quantité dont le ressort a été tendu; on applique à celui-ci deux forces parallèles *ff*, qui agissent en sens opposé; on règle l'instrument en déterminant la valeur de l'effet au moyen de poids connus.

Le peson, *fig*. 126, se compose d'un ressort plié *a b c*. Il porte une pièce *p*, sur laquelle sont marquées les divisions; elle est fixée en *c*, et on la suspend au moyen d'un anneau *f*, une autre pièce arquée, *e*, est fixée à la partie supérieure du levier; c'est à elle que l'on suspend les poids. Ces deux pièces *e* et *p*, fixées chacune en un point du levier, peuvent glisser facilement sur lui. On juge du poids des corps par la quantité dont le levier a fléchi.

L'élasticité de torsion se mesure par la quantité dont un fil peut être tordu sur lui-même, sans que l'on dépasse la limite d'élasticité. Coulomb, qui s'est beaucoup occupé de ce sujet, a inventé un instrument très propre à mesurer l'élasticité de torsion des fils : c'est la balance de torsion, *fig*. 127. Elle se compose d'une cage en verre, qui porte un cercle gradué, divisé en 360°. Un fil métallique, que l'on veut étudier porte une aiguille assez peu pesante pour ne pas le tirailler; on mesure la quantité dont le fil est tordu au moyen de la petite pièce supérieure p, qui permet de lire sur un cadran le nombre de tours dont le fil a été tordu.

Coulomb est arrivé avec cet instrument aux résultats suivans :

1° Les oscillations du fil sont isochrones;

2° Les durées des oscillations sont entre elles comme les racines carrées des poids qui tendent le fil; ainsi les poids étant 1, 4, 9, 16, 25, les durées des oscillations sont entre elles comme 1, 2, 3, 4, 5;

3° Les durées des oscillations sont entre elles comme les racines carrées des longueurs des fils.

4° Les durées des oscillations sont en raison inverse des carrés des diamètres des fils. Les diamètres étant 1, 2, 3, 4, 5, les durées des oscillations sont entre elles en raison inverse des nombres 1, 4, 9, 16, 25.

CAPILLARITÉ.

La capillarité est un résultat de l'affinité des liquides pour les solides; elle se manifeste par l'élévation du liquide au-dessus de son niveau, ou par son abaissement au-dessous au contact d'un corps solide, *fig.* 128; comme le phénomène a été observé d'abord dans des tubes d'un diamètre très fin, on lui a appliqué l'expression de capillarité.

La capillarité résulte réellement de la propriété qu'ont les liquides de mouiller ou de ne pas mouiller les solides. C'est ainsi que l'eau mouille à peine la faïence, et que l'eau alcoolisée ne la mouille pas du tout; que le mercure ne mouille pas le verre, au moins quand il est à l'état de pureté.

L'ascension des liquides qui résulte de la capillarité est un phénomène fort connu : c'est par elle qu'un morceau de sucre qui touche l'eau par l'un de ses points se mouille bientôt dans son entier; que l'huile monte le long de la mèche d'une lampe pour venir brûler à son sommet; que la cire s'élève dans la mèche d'une bougie ; que certains sels grimpent le long des parois des vases qui contiennent leur dissolution.

La longueur de la colonne de liquide, soulevée ou déprimée par la capillarité, est pour les tubes étroits en sens inverse du diamètre de ces tubes. La nature des tubes n'y fait rien, pourvu qu'ils soient mouillés par le liquide. Si le liquide s'élève au-dessus de son niveau, sa surface à la forme d'un ménisque concave ; s'il s'abaisse, la surface forme un ménisque convexe, *fig.* 128 : l'effet n'est franchement produit qu'autant que le tube est parfaitement propre.

En retirant un tube d'un petit diamètre qui a été plongé dans un liquide, la hauteur du liquide qui y reste suspendu est plus grande que celle qui résulterait du seul effet de la capillarité, *fig.* 129 ; c'est que la goutte qui reste à la partie inférieure y forme un ménisque plus ou moins convexe ; plus la paroi est épaisse, plus la goutte s'élargit ; sur un tube à parois minces, le ménisque convexe est à-peu-près égal à celui du sommet.

Dans un tube en siphon, *fig.* 130, l'élévation du liquide par l'effet de la capillarité est la même dans chaque branche ; mais si une fois le liquide atteint l'extrémité de la branche la plus courte, *fig.* 131, on peut verser de nouveau liquide dans la branche longue, sans qu'il déborde. D'abord, le ménisque de la branche courte s'aplatit, puis la surface devient convexe en dehors, et le niveau de la haute branche peut devenir deux fois plus élevé que par l'effet de la simple capillarité : à ce moment, le liquide versé dans la grande branche déborderait par la petite. Dans un espace annulaire comme serait celui que laisserait entre eux deux tubes concentriques, l'ascension ou la dépression du liquide serait la même que dans un tube dont le diamètre serait double de celui de l'espace annulaire.

Entre des lames parallèles, la loi est la même : c'est qu'en effet, l'espace compris entre deux points des lames peut être assimilé à une portion d'espace annulaire.

Entre deux lames inclinées l'une à l'autre et verticales, *fig.* 132, l'eau s'élève d'une quantité différente en chaque point, suivant l'écartement des lames. Le sommet de la colonne liquide forme une hyperbole équilatère, dont les asymptotes sont la commune intersection des lames et le niveau du liquide.

Si les deux lames inclinées l'une à l'autre se coupent suivant une ligne horizontale, *fig.* 133, une goutte d'eau qui les touche l'une et l'autre s'arrondit en un cercle et se précipite vers le sommet de l'angle.

Les solides et les liquides ne peuvent se toucher sans que la surface du liquide éprouve une déformation. En général, il y a ascension de liquide quand il mouille la surface solide, et dépression quand il ne la mouille pas. On s'en assure facilement en mettant une boule de bois *b* et une boule de cire *c* sur l'eau, *fig.* 134, une boule de fer et une boule d'étain sur le mercure. Deux boules de même nature, placées sur un liquide qui les mouille, s'attirent mutuellement lorsqu'elles sont assez rapprochées pour que les deux courbures du liquide se croisent. Au contraire, deux boules de même nature se repoussent, lorsque, étant placées sur un liquide qui ne les mouille pas, elles se trouvent à une distance capillaire l'une de l'autre. L'attraction exercée dans ces circonstances par les corps flottans se montre dans les cylindres qui, placés sur l'eau, s'attirent, se rangent parallèlement, et reviennent d'eux-mêmes à cette position si on les en a écartés.

Les phénomènes de la capillarité nous donnent l'explication de plusieurs faits connus. Ainsi, l'eau qui passe à travers un filtre y pénètre par un effet capillaire, et se précipite ensuite du côté opposé, en obéissant à l'action de la pesanteur. Si un liquide tient en dissolution un corps dont les propriétés capillaires soient différentes des siennes, il pourra se produire une séparation : c'est ainsi que les gaz tenus en dissolution par un liquide se dégagent en partie au moment de la filtration, et que l'eau contient moins d'air après qu'elle a été filtrée. L'ascension des liquides par la capillarité entre certainement pour beaucoup dans la marche de la sève dans les plantes et dans celle des diverses humeurs dans les vaisseaux des animaux.

Endosmose. L'endosmose est un phénomène observé par M. Dutrochet, et qui consiste dans le transport des liquides au travers de certains corps poreux. Pour l'observer, on se sert d'un instrument qui a pris le nom d'endosmomètre ; il se compose d'un tube *t*, fixé à un réservoir *r*, *fig.* 135 : ce réservoir est fermé par une cloison en vessie *vv*. On place ce tube dans un vase de verre, puis on met de l'eau dans le vase, et un autre liquide, soit de l'alcool, dans le tube. Après un quart d'heure, on voit que le niveau *n* s'est élevé de plusieurs millimètres, et continue à s'élever de plus en plus, en *n'* par exemple. L'effet va bien au-delà de ce qui pourrait être produit par la capillarité ; et, si l'on examine ce qui s'est passé, on trouvera que l'eau s'est infiltrée du vase *v* dans le tube à travers la vessie, malgré la pression du liquide qui tendait à la repousser. Si l'expérience était faite d'une manière inverse, c'est-à-dire si l'eau était placée dans le tube et l'alcool dans le vase, c'est dans celui-ci que l'ascension aurait lieu. On n'a pas encore d'explication satisfaisante de ce phénomène ; mais deux liquides étant donnés, on peut prévoir celui qui traversera le diaphragme : ce sera toujours celui qui le mouillera le mieux. Ainsi, l'eau passera de préférence à l'alcool à travers une vessie ; il en sera de même de l'eau par égard à l'eau salée : on peut, du reste, varier beaucoup dans ces expériences et la nature du liquide et la nature du diaphragme.

Pour exprimer l'endosmose, on dit qu'elle se fait d'un liquide à un autre. Il y a endosmose de l'eau à l'eau gommée, aux acides acétique, nitrique, hydrochlorique, et non sulfurique; il n'y a jamais endosmose d'un liquide à lui-même. Parmi les matières animales, c'est l'albumine qui a la propriété d'endosmose au plus haut degré; parmi les matières végétales, c'est le sucre; il le cède à l'albumine, mais de bien peu; puis, à une grande distance, vient la gomme, puis la gélatine, etc.

Dans les fonctions vitales des animaux et des plantes, l'endosmose joue certainement un rôle important et qui a été peu étudié jusqu'à ce jour; dans les animaux de l'ordre le plus inférieur, c'est par endosmose seulement que la nutrition semble se faire.

FROTTEMENT.

Le frottement est la résistance que les corps opposent au mouvement, lorsqu'étant en contact, on les fait glisser l'un sur l'autre. Cette résistance est due, pour une partie, à l'action moléculaire, car on la retrouve encore dans les corps les mieux polis.

On est dans l'usage, pour évaluer le frottement, de le comparer à la pression. Ainsi, par exemple, une pierre de 100 kilogr., étant posée sur un plan horizontal, exige-t-elle pour être mise en mouvement un poids de 70 kilogr., on dit que le frottement équivaut aux $\frac{7}{10}$ de la pression. On peut juger avec facilité de la résistance due au frottement; une masse, étant posée sur un plan, si l'on relève peu-à-peu celui-ci, la masse se mettra en mouvement quand la résistance due au frottement sera équilibrée par la force qui tend à faire glisser la masse. Les conséquences auxquelles on a été conduit par l'expérience sont les suivantes : 1° Le frottement augmente d'une quantité égale à la pression; si la pression devient double, le frottement double aussi : on le démontre par une expérience fort simple. On pose sur un plan une masse polyédrique à faces inégales; la pression sera la même par quelque face que cette masse soit posée ; mais le frottement sera plus grand à mesure que la face en contact avec le plan aura plus de surface. Or, l'expérience prouve qu'il faut toujours la même inclinaison de plan pour que la masse se mette en mouvement. Il faut admettre, d'après ces résultats, qu'un corps de même nature et de poids différent aura toujours le même frottement ; car la pression augmentant avec le poids, le frottement à son tour augmentera d'une quantité semblable.

2° Dans un corps en mouvement, le frottement reste encore proportionnel à la pression.

3° Le frottement n'est ni plus grand ni plus petit avec un mouvement lent ou rapide.

4° Pour le bois, non pour les métaux, le frottement est plus grand quand le contact a duré pendant quelques instans ; un léger choc suffit cependant pour détacher les deux surfaces.

5° Le frottement est plus grand entre des surfaces de même nature : aussi, pour les mouvemens délicats, met-on de préférence en contact des métaux différens.

6° Le poli des surfaces diminue le frottement ; les corps gras dont on enduit les surfaces frottantes rendent les mouvemens plus faciles en baignant les aspérités et en augmentant le poli.

Quand le frottement a lieu entre des surfaces animées d'un mouvement de rotation, il est infiniment moindre ; une pierre que l'on traînerait sur le sol ou que l'on ferait glisser sur des rouleaux demanderait quarante fois plus de force dans le premier cas que dans le second. Sur une route unie et solide, la résistance occasionée par le frottement des roues est réduite à un 30e ; sur un chemin de fer, elle n'est plus que d'un $\frac{2}{100}$. Sur la glace, le frottement est très petit ; aussi les traîneaux sans roues y marchent-ils avec autant de facilité que les voitures à roues sur les routes ordinaires.

Le frottement est nuisible, parce qu'il emploie une partie de la force dont on peut disposer, et parce qu'il use les parties frottantes. Il est utile en d'autres cas, par exemple quand on veut détruire une partie du mouvement : c'est là l'effet que produit le sabot d'une voiture ou la portion de cercle qu'on serre contre les roues. On profite aussi de la propriété qu'a le frottement d'user les corps, pour réduire ceux-ci en poudre ou pour polir leur surface.

CHOC DES CORPS.

Il est bon de se rappeler, pour étudier le choc des corps, que l'on appelle mouvement ou quantité de mouvement la force dont un corps est animé ; et en vertu de laquelle il se meut ; que l'on appelle vitesse l'espace qu'un corps parcourt dans un temps donné ; que l'on mesure la quantité de mouvement d'un corps en multipliant sa masse par sa vitesse ; et qu'enfin le mouvement et la masse étant connus, on obtient la vitesse en divisant le mouvement par la masse (*voy.* p. 6).

Comme l'élasticité des corps a une influence très grande sur les effets du choc, il est nécessaire de distinguer le choc des corps élastiques et celui des corps non élastiques.

Corps non élastiques.

Les expériences relatives au choc des corps non élastiques se font au moyen de l'appareil, *fig.* 136 ; des billes de glaise molle suspendues librement à des fils tombent le long d'un arc de cercle *cc* divisé en degrés. La vitesse est donnée par la longueur des arcs de cercle qui ont été parcourus ;

1° *Une bille est en repos, l'autre est en mouvement ;* la quantité de mouvement se partage entre les masses ; la vitesse restante après le choc est moindre que la vitesse primitive.

Bille fixe . . .	Masse. .	1	Vitesse. .	0	Vitesse restante. . . 3
— mobile. .	—	1	—	6	

Bille fixe . . .	Masse. . 1	Vitesse. . 0	Vitesse restante. . . 4
— mobile. .	— 2	— 6	
Bille fixe . . .	— 2	— 0	Vitesse restante. . . 2
— mobile. .	— 1	— 6	

2° *Les deux billes sont en mouvement en sens opposés.* Si les billes ont la même masse et le même mouvement, tout mouvement est détruit après le choc; elles s'arrêtent. En tout autre cas, les billes continuent à se mouvoir toutes deux dans le même sens, en se partageant proportionnellement à leurs masses l'excédant de mouvement qui n'a pas été détruit.

Bille A.	Masse 2	Vitesse 6	= Mouvement 12	Excès de mouvement dans le sens de B 12
— B.	— 2	— 12	= Mouvement 24	Vitesse restante 3
Bille A.	— 2	— 6	= Mouvement 12	Excès de mouvement dans le sens de B 12
— B.	— 4	— 6	= Mouvement 24	Vitesse restante 2

3° *Deux billes marchent en même sens.* Pour qu'elles se choquent, il faut nécessairement que l'une ait plus de vitesse que l'autre; après le choc, les deux billes continuent à se mouvoir ensemble dans la même direction; la vitesse est moins grande que celle de la bille choquante; elle est plus grande que celle de la bille choquée.

Les quantités de mouvement des deux billes se sont ajoutées et se sont partagées suivant les masses.

Bille A.	Masse 1	Vitesse 3	Mouvement total.	$3 + 6 = 9$
— B.	— 1	— 6	Vitesse	$\frac{9}{2} = 4,5$
Bille A.	— 4	— 3	Mouvement total.	$12 + 12 = 24$
— B.	— 2	— 6	Vitesse	$\frac{24}{6} = 4$
Bille A.	— 2	— 3	Mouvement total.	$6 + 24 = 30$
— B.	— 4	— 6	Vitesse	$\frac{30}{6} = 5$

4° Un corps non élastique vient frapper un obstacle fixe. Si la masse de l'obstacle est grande, il partage à proportion de cette masse le mouvement du mobile, et ce qui reste à celui-ci est à-peu-près nul ; c'est pourquoi on voit tomber un boulet auprès de la muraille qu'il a frappée.

La vitesse du corps choquant a une grande influence sur les effets du choc. Un corps animé d'une grande vitesse emporte souvent les parties voisines du point choqué, sans toucher les autres. Ainsi, une balle traverse une porte entre-ouverte sans la faire tourner sur ses gonds ; un boulet coupe le fusil d'un fantassin, sans que celui-ci éprouve de secousse.

Avec la même quantité de mouvement, il y a souvent plus d'avantage à agir avec plus de vitesse et avec des masses moindres. Autrefois, quand on voulait battre une muraille, on la frappait avec une grosse pièce de bois mue par des hommes, et terminée par une tête de bélier en bronze, qui lui avait fait donner le nom de bélier. Le bélier avait beaucoup de mouvement, mais peu de vitesse ; il produisait peu d'effet tandis que le boulet, qui l'a remplacé, avec une masse beaucoup plus petite, mais une vitesse incomparablement plus grande, a une action infiniment plus puissante.

Corps élastiques.

Après le choc de deux corps élastiques, la vitesse n'est plus commune ; tous les effets peuvent se réduire à un principe très simple : il y a échange de vitesse après le choc. Pour analyser cet effet, il faut examiner d'abord ce que deviendrait les billes qui se choquent, si les corps n'avaient pas d'élasticité, et ajouter à ce premier effet celui qui résulte de la réaction élastique. On doit se rappeler qu'un corps élastique, qui tombe sur un obstacle, se déforme, et qu'à mesure sa vitesse est diminuée, puis détruite ; que l'instant d'après le corps reprend sa forme, et qu'en même temps naît une vitesse en sens contraire, qui entraîne ce corps dans une direction opposée.

L'effet de cette réaction est égal à celui de la compression.

Après le choc des corps élastiques, le corps choqué a reçu une certaine quantité de mouvement; elle est doublée par la réaction élastique. Le corps choquant a perdu une partie de son mouvement; la réaction élastique lui en fait perdre encore autant. Ce que gagne le corps choqué est toujours d'une quantité égale à ce que perd le corps choquant.

Les expériences se font avec l'appareil, *fig.* 136, en remplaçant les boules de glaise par des boules d'ivoire.

1° *Une bille est en repos, l'autre en mouvement.*

Bille A.	Masse	1	Vitesse	0	}	= vitesse commune 3 dans le sens de B.
— B.	—	1	—	6	}	

A. a gagné 3; la réaction élastique lui donne 3; sa vitesse est 6 dans le sens de B.

B. a perdu 3; la réaction élastique lui ôte encore 3 dans le sens contraire; la perte est 6; le mouvement est annulé. Après le choc, il y a donc eu échange de vitesse entre les deux boules.

2° *Les deux billes sont en mouvement en sens contraire.*

Bille A.	Masse	1	Vitesse	6	}	= vitesse commune 0.
— B.	—	1	—	6	}	

A. a perdu 6; l'élasticité lui rend 6 en sens contraire; elle retourne à sa place. B. est dans le même cas.

Bille A.	Masse	1	Vitesse	6	}	Il reste commun mouvement 6 dans le sens de B ou 3 de vitesse.
— B.	—	1	—	12	}	

A. a perdu 6 et a gagné 3 en sens contraire; la réaction lui rend 9, auxquels il faut ajouter 3 de vitesse commune = 12, vitesse de A.

B. a perdu 9. La réaction lui donne 9 de vitesse en sens contraire; mais comme il en a conservé 3 dans sa première direction, il recule de 6.

3° *Les billes élastiques se meuvent dans le même sens.*

Bille A.	Masse 1	Vitesse 6	= Mouvement commun 10 sur 2 masse = 5 vitesse commune;
— B.	— 1	— 4	

A. a perdu 1 ; la réaction lui ôte 1 ; sa vitesse est 4.

B. a gagné 1 ; la réaction lui donne 1 ; sa vitesse est 6.

4° *Une série de billes est suspendue à des fils, fig.* 137. On écarte la bille placée à l'extrémité, elle vient choquer la suivante : la dernière bille opposée se met seule en mouvement ; si les deux dernières billes, une de chaque côté, viennent à tomber, chacune d'elles remonte à son point de départ. Ce qu'il y a de remarquable dans cette expérience, c'est la rapidité de communication du choc. En admettant qu'il y ait un petit intervalle entre le mouvement où une bille reçoit le choc et le transmet, les effets s'expliquent d'une bille à l'autre, comme si elles n'appartenaient pas à une série étendue.

Si l'on interposait un anneau élastique entre les deux billes qui tombent, les effets deviendraient fort appréciables ; l'anneau serait d'abord comprimé ; puis, au moment de la réaction, il repousserait chacune des billes dans sa direction première. En prenant un anneau en acier élastique, et en le maintenant comprimé au moyen d'un fil, *fig.* 138; si on vient à couper ou brûler le fil, l'anneau saute en l'air : par l'effet de la réaction, la moitié inférieure de l'anneau presse sur le sol, mais la résistance de celui-ci neutralise cette pression, tandis que la moitié supérieure de l'anneau l'entraîne en se redressant. Si l'expérience était faite sur le plateau d'une balance, le choc en bas deviendrait sensible, le plateau qui porte l'anneau tomberait. Une sphère peut être considérée comme formée par une réunion d'anneaux ; on comprend parfaitement alors comment elle se comporte de la même manière qu'un anneau lorsqu'elle vient à éprouver le choc.

Les effets du choc entre les corps élastiques nous donnent l'explication de quelques phénomènes importans ; une arme à feu éprouve un mouvement de recul, au moment où le coup est tiré; il est le résultat de l'effet que les gaz élastiques exercent sur le fond du fusil ou du canon ; si la vitesse en ce sens est plus faible que celle acquise par le projectile, c'est que la masse de l'arme qui reçoit le choc est plus considérable. L'effet de la poudre est augmenté par cette circonstance, qu'elle ne s'enflamme pas dans le même temps. L'impulsion donnée par le premier gaz s'augmente de toute celle qui résulte du gaz qui se forme successivement. Plus le canon a de longueur, plus la vitesse des projectiles est grande, pourvu toutefois qu'on ne dépasse pas certaines limites, où le frottement viendrait détruire une grande partie de l'effet. Une fusée s'élève en l'air par l'effet du recul sur le fond de la fusée, et parce que l'air, ne cédant pas aussitôt qu'il est frappé, est comme un point d'appui pour les gaz qui sortent ; ces effets se reproduisent autant de temps que la fusée en met à brûler. Le saut est aussi un effet de choc et d'élasticité. Quand on veut sauter, on serre les genoux, et on les redresse brusquement; l'effet de la réaction en bas est annulé par la résistance du sol, le corps est poussé par la réaction en haut; si l'on saute en partant d'un sol mobile, les effets de la réaction en bas se laissent apercevoir, le sol est repoussé.

Pour sauter, on plie encore les articulations des pieds et du bassin; il en résulte une suite d'arcs en sens inverses, le saut est plus direct et plus fort. Plus l'arc est long, pourvu qu'il se redresse dans le même temps, plus le saut est fort; aussi, les animaux sauteurs ont-ils les membres postérieurs très allongés; les poissons sautent en fléchissant subitement leur corps; quelques mollusques à coquilles, en ouvrant brusquement les valves de leurs coquilles; de cette manière, d'un côté ils s'appuient sur le sol et de l'autre ils s'élancent.

Lorsque le choc a lieu entre des corps élastiques qui ne se meuvent pas suivant la droite qui passe par leur centre, il se produit alors des phénomènes de réflexion. Ils se présentent à chaque instant sur le billard, où ils sont modifiés par la rotation des billes et le frottement sur le tapis.

Lorsqu'un corps élastique vient frapper un obstacle, il est réfléchi ; le choc et la réflexion se font dans un même plan, et l'angle de réflexion est toujours égal à l'angle d'incidence. Il est bon de remarquer que, si le corps qui choque avait un mouvement de rotation sur lui-même, le frottement qui se ferait au contact modifierait les effets.

Quand le choc des corps élastiques se fait dans une direction qui ne passe pas par leur centre de gravité, le corps choqué prend en général en même temps un mouvement de translation et un mouvement de rotation sur lui-même. Il en résulte des effets curieux qui se montrent dans les mouvemens des billes sur le billard. Quand les bandes du billard sont solides et unies, la bille, qui a pris un mouvement de rotation sur elle-même, décrit, après avoir touché la bande, des courbes qui résultent de la combinaison des effets dus au mouvement de rotation de la bille sur elle-même avec la réaction qui s'est produite sur la bande. Sur les billards, on les évite, parce que les bandes sont couvertes de drap, et parce que la bande a une certaine mollesse : la bille qui la frappe y produit une cavité dans laquelle le frottement détruit le mouvement de rotation.

La bille qui est lancée contre une autre bille devrait rester sur place ; ce qui n'arrive pas, parce qu'elle a pris en roulant sur le drap un mouvement de rotation sur elle-même qui se conserve après le choc, et qui, combiné au frottement, produit un mouvement de translation. Mais si les billes sont voisines et que l'impulsion soit forte, la bille lancée peut être soustraite à la rotation sur elle-même, et alors elle déplace la bille frappée et s'arrête fixe après le choc. On peut aussi modifier singulièrement les effets du choc en se servant de la queue à procédé. Elle a le bout arrondi, garni de peau et frotté de craie. Avec une semblable queue, on peut frapper la bille autre part qu'au centre, sans craindre que la queue ne glisse sur sa surface, et alors on imprime à la bille des mouvemens variés de rotation sur elle-même qui peuvent singulièrement modifier les effets du choc : ainsi la bille est-elle frappée au-dessus de son centre de gravité, elle tourne sur elle-même dans le même sens qui lui est imprimé par le frottement du tapis, et elle peut, après le choc, se mouvoir plus long-temps. Est-elle frappée plus bas, le mouvement est en sens contraire ; il peut aller jusqu'à ramener la bille en arrière après le choc. Enfin, la bille frappée sur les côtés prend des mouvemens de rotation obliques qui modifient les effets de réflexion sur les autres billes.

Quand un corps solide tombe dans un liquide, sa direction peut se trouver changée : une pierre tombe-t-elle dans l'eau perpendiculairement à la surface de celle-ci, elle continue à suivre la même direction ; tombe-t-elle obliquement, elle s'éloigne de la perpendiculaire. Ainsi, *fig.* 139, au lieu de suivre la direction *abc*, elle prendra la direction *abd*, en s'écartant de la ligne verticale *vv*.

Quand un corps est tombé dans une eau tranquille, on le retrouve dans le point où aboutissait la verticale suivant laquelle il est tombé ; une eau courante le dévierait d'une quantité plus ou moins grande dans la direction du courant. Veut-on tirer un poisson dans l'eau, on le visera ordinairement trop bas, parce que la balle sera déviée de sa route par la résistance du liquide ; les chances d'insuccès sont d'autant plus grandes, que les effets de la lumière augmentent les erreurs dans le même sens.

La réfraction ou l'écart produit par la résistance du liquide augmente avec l'obliquité de l'angle. Si l'incidence est très oblique, il y a réflexion ; c'est ce qui arrive aux pierres plates qu'on lance très obliquement sur l'eau pour faire des ricochets. Dans les combats sur mer, on voit souvent les boulets se relever par un semblable effet de réflexion.

ACOUSTIQUE.

L'acoustique est la science du son. Le son est un mouvement vibratoire que l'air transmet et que l'oreille perçoit.

Dans un corps sonore qui vibre, les molécules, ébranlées par le choc, s'éloignent de la position de repos, y reviennent, la dépassent, et oscillent jusqu'à ce que l'effet du choc soit éteint. L'air environnant reçoit le choc des molécules vibrantes et le transmet, de même que dans une file de billes d'ivoire, *fig.* 137, le mouvement donné à la première se propage dans toutes. L'ensemble des oscillations moléculaires peut produire un changement dans la forme du corps qui vibre. L'air reçoit un choc plus intense que celui qui serait produit par une seule molécule ; de là résulte un son plus fort.

La molécule d'air qui reçoit un ébranlement le transmet à la molécule suivante et revient au repos. La vibration se propage de molécule en molécule, et l'oreille, placée à distance, reçoit la sensation, puis elle n'entend plus rien ; le mouvement vibratoire est passé plus loin.

Onde sonore. L'onde sonore est formée par une file de molécules auxquelles s'est communiqué le mouvement vibratoire. Soit une lame vibrante, *fig.* 148, $a\,b$ est le centre des oscillations ; $a'\,b'$, $a''\,b''$ marquent la limite de l'oscillation. En ces deux points, le mouvement est zéro. Supposons le mouvement partant de $a''\,b''$, sa vitesse augmente jusqu'en $a\,b$, où elle est à son maximum ; elle décroît jusqu'à *a' b'*, où il est nul. Au retour, les effets semblables se produisent, mais en sens inverse. La vitesse à chaque moment est représentée, *fig*. 140, par les lignes perpendiculaires qui vont de la file sonore aux courbes. La vibration est le chemin de *a'' b''* à *a' b'*, plus le chemin de *a' b'* à *a'' b''*. La lame vibrante étant en *a'' b''*, *fig*. 148, au premier moment la molécule d'air voisine reçoit le choc, le transmet, entre en repos ; au deuxième moment, elle reçoit un choc plus vif, le transmet encore, jusqu'à ce que, cette lame étant en *a b*, le choc soit le plus fort possible. A partir de ce moment, il diminue de plus en plus, jusqu'à ce que la lame soit parvenue en *a' b'*, où le choc est zéro. L'effet de tous ces chocs est de refouler les molécules d'air les unes sur les autres ; il se fait une onde *condensée*. Quand la lame vibrante revient de *a' b'* en *a'' b''*, l'air vient occuper le vide qu'elle laisse derrière elle ; il prend une vitesse en sens inverse, et tend à se rapprocher du centre d'oscillation. Les molécules sont en retard de tout le temps que le son met à se propager ; il en résulte une dilatation de l'air ; il se fait une *onde dilatée*. Une ondulation se compose de l'onde condensée et de l'onde dilatée. La longueur de l'ondulation est l'espace parcouru par le son pendant une vibration complète du corps sonore. A chaque vibration correspond une ondulation aérienne qui s'ajoute à celles déjà existantes ; chaque ondulation est de même longueur et composée d'une partie condensée et d'une partie dilatée.

Lorsqu'un corps sonore vibre au milieu d'une masse d'air, le son se transmet en tous sens ; son intensité diminue avec le carré de la distance. Au moment du départ, l'onde qui se forme n'est pas toujours sphérique, mais elle le devient bientôt, puisqu'on entend également le son tout à l'entour du point où il s'est produit.

Plusieurs sons qui se produisent à-la-fois font naître plusieurs ondes sonores, qui se propagent sans se confondre :

de ces ondulations, les unes s'accordent et se renforcent, les autres s'interposent et se détruisent plus ou moins; mais de la propriété que possède le son de se transmettre latéralement, résulte bientôt un mouvement vibratoire commun.

Vitesse du son. Le son se propage dans l'air avec une grande vitesse; les expériences faites en 1822, par les commissaires du bureau des longitudes, ont établi qu'il parcourt 340,39 mèt. par seconde, à la température + 16; c'est 331 m. à la température 0.

L'humidité de l'air, le vent, ont à peine de l'influence sur les résultats. La densité de l'air, la force ou l'acuité du son sont sans influence.

Le son ne se propage pas dans le vide. On le démontre au moyen d'une petite sonnette, suspendue dans un ballon de verre, *fig.* 141. On entend fort bien ses vibrations quand le ballon est plein d'air. On ne les entend plus quand on a fait le vide; on les entend de plus en plus distinctement à mesure qu'on laisse rentrer de l'air dans le ballon.

Le son ne se propage pas avec la même vitesse dans tous les gaz; il marche plus vite dans les plus légers. Dans l'hydrogène, il parcourt 1270 mèt. par seconde; il n'en parcourt que 262 dans l'acide carbonique.

Réflexion du son. Le son qui arrive contre un obstacle est en partie réfléchi et en partie transmis par l'obstacle.

Le son réfléchi et le son incident sont situés sur un même plan, et font avec la normale deux angles égaux. Il y a telles surfaces courbes qui font concourir en un même point tous les rayons sonores qu'elles réfléchissent; il y a, au Conservatoire des arts et métiers, une voûte où les paroles prononcées à voix basse contre un des angles de la voûte, s'entendent distinctement à l'angle opposé.

Ordinairement le son réfléchi est peu distinct, mais si l'obstacle a une configuration favorable, le son conserve sa netteté: il y a écho.

L'écho n'est perceptible qu'autant que l'allée et le retour du son sont exécutés en un dixième de seconde au moins. Le son parcourt alors 17 mèt. pour aller et 17 mèt. pour revenir. Si la distance est moindre, les sons restent confondus. On juge de la distance de l'écho par le temps que le son met à revenir. S'il faut une seconde, le son a parcouru 170 mètres pour aller, et 170 mètres pour revenir. Il y a des échos qui peuvent répéter plusieurs syllabes; on en trouve un près de Nancy, qui répète un vers alexandrin tout entier. L'écho de Woodstoch redit vingt syllabes. C'est à l'écho qu'il faut attribuer le roulement qui suit l'explosion d'un canon et celle du tonnerre; la réflexion du son se fait sur les nuages.

Timbre, intensité du son, ton. On distingue trois qualités dans le son, le timbre, l'intensité, le ton.

Le *timbre* varie suivant le corps qui a produit le son, l'oreille le distingue parfaitement; aussi jugeons-nous par le timbre de la nature du corps sonore, qui a donné naissance au son. Le son que rend un tonneau nous fait savoir s'il est vide ou s'il est rempli; c'est par le timbre rendu par la percussion que le médecin juge de l'état des cavités pectorales ou abdominales.

L'intensité du son consiste dans sa force ou sa faiblesse. Elle diminue avec la distance en suivant la loi inverse du carré. Elle augmente avec la densité de l'air; c'est ainsi qu'aux pôles la voix porte très loin, tandis que sur le Mont-Blanc un coup de pistolet ne fait pas plus de bruit qu'un pétard. L'intensité du son se conserve très bien dans les tuyaux fermés. M. Biot a expérimenté sur une conduite en fonte de 951$^{m.}$; un air de flûte était transmis sans que rien se perdît; on pouvait causer à voix basse des deux extrémités. Les contournemens des tuyaux n'empêchent pas le son de s'y conserver. Il y a des maisons où des conduits mènent la voix de différens points dans une chambre.

Le porte-voix est un tuyau dans lequel le son se conserve

et augmente beaucoup d'intensité. La théorie de cet instrument est encore mal connue; mais on sait que le son s'y conserve et s'y renforce. Un porte-voix de 4 pieds de longueur porte la voix à 500 pas géométriques. Un porte-voix de 24 la porte à 2500 pas. Le cornet acoustique, dont se servent les personnes qui ont l'ouïe dure, admet un grand nombre d'ondes sonores et les transmet à l'oreille.

Le *ton* ou *son musical* est formé par une série de sons qui se succèdent assez rapidement pour que l'oreille n'en entende qu'un. Quand les sons produits sont éloignés, l'oreille les perçoit séparément; s'il se fait plus de 20 sons par seconde, l'oreille n'en perçoit qu'un. Le son musical est grave quand le nombre des vibrations est peu considérable, il devient plus aigu à mesure que le nombre des vibrations augmente. La formation des notes de la musique, plus ou moins graves, plus ou moins aiguës, dépend du nombre des vibrations qui se font dans un temps donné; on les mesure au moyen d'une roue dentée. On lui donne un mouvement de rotation et l'on tient en avant une carte contre laquelle chaque dent vient successivement frapper et produire un son. L'acuité du son produit dépend du nombre de chocs dans un temps donné. Veut-on juger du nombre de vibrations dans un son musical on tourne la roue plus ou moins vite pour amener le son qu'elle rend à l'unisson de celui que l'on veut juger. On compte alors le nombre de dents qui passent dans une seconde; mais l'oreille a un moyen plus commode et aussi sûr de juger du nombre de vibrations, une fois que l'expérience a déterminé le nombre de vibrations qui produit chaque note.

L'*ut* le plus grave du violoncelle résulte de 64 vibrations, le *ré* de 72, le *mi* de 80, le *fa* de 86, etc. L'octave d'une note est toujours produit par un nombre double de vibrations (Voy. *Théorie physico-musicale*, p. 140).

Les vibrations des corps sonores sont transversales, longitudinales ou tournantes. Les premières s'observent facilement dans une corde qui a été écartée de la position de repos, *fig.* 142. Les vibrations transversales se font dans le sens de la longueur des corps vibrans; elles consistent également dans un mouvement de va et vient des molécules; enfin les vibrations tournantes se propagent de manière à suivre un véritable mouvement de rotation. Toutes ces oscillations peuvent exister en même temps dans un corps.

Dans un corps qui vibre, il y a des points qui ne participent pas au mouvement vibratoire. On les appelle des *Nœuds*.

Vibrations des cordes. Il faut dist nguer les vibrations transversales et les vibrations longitudinales. Les premières se distinguent facilement sur une corde que l'on a pincée, *fig.* 142. Les pointes fixes *a b* sont les *nœuds;* le milieu de la corde *c d* est le *ventre; l'amplitude* est la distance *c* dont la corde s'est écartée; le *fuseau* ou *trochoïde* est la courbe formée en un instant par la corde vibrante.

L'amplitude des oscillations va en diminuant jusqu'à ce qu'elles s'éteignent tout-à-fait par la résistance de l'air et des supports, et par l'élasticité imparfaite de la corde. Les oscillations sont isochrones, c'est-à-dire qu'elles durent le même temps; elles rendent toutes la même note.

L'intensité du son dépend de la vitesse de chaque vibration, c'est-à-dire de l'espace que la corde parcourt pendant une vibration; sa gravité et son acuité dépendent non de la vitesse de chaque vibration, mais du nombre de vibrations qui se font dans un temps donné.

Les vibrations sont en raison inverse de la longueur de la corde. Par exemple, une corde d'une certaine longueur, qui fait 64 vibrations et rend l'*ut* en fera le double et donnera l'*ut* 2 de l'octave si elle est réduite à moitié, et les octaves suivans, *ut* 3, *ut* 4 si elle est réduite au tiers et au quart.

Le nombre de vibrations est proportionnel à la racine carrée du poids qui tend la corde. Un poids 1 donne 50 vibrations, un poids 4 en donne 100; un poids 9 en donne 150; voilà comment, en tendant plus ou moins une corde, on arrive à en élever ou à en abaisser le ton.

Le nombre des vibrations est en raison inverse de la racine carrée du poids de la corde. Il en résulte qu'à conditions égales les cordes les plus légères vibrent plus vite, et rendent des sons plus aigus. Ceci est applicable à des cordes de même matière et de grosseur différente, aussi bien qu'à des cordes de matière différente. Une corde d'argent rend un son plus grave qu'une corde de cuivre, celle-ci un son plus grave qu'une corde à boyaux; les cordes filées, c'est-à-dire entourées d'un fil métallique qui leur donne du poids, ont acquis la propriété de rendre des sons plus graves.

Une corde vibrante peut facilement se partager en plusieurs parties qui sont séparées par des nœuds. Un fil de cuivre ou tout autre, *ac*, *fig.* 143, est attaché à deux points fixes. On place un chevalet en *b*, on appuie légèrement la corde avec le doigt pour qu'elle le touche; si alors on passe l'archet sur *a b*, *b c* vibre comme si *d* était fixe; il s'est par conséquent formé deux nœuds que l'on peut distinguer à l'œil, et la corde vibre en trois parties. Les nœuds deviennent plus sensibles, si l'on met de petits chevrons de papier sur la corde; ceux qui occupent les ventres sont projetés par le mouvement vibratoire; ceux qui se trouvent sur les nœuds restent en repos. On augmente ainsi à volonté le nombre des parties vibrantes d'une corde en changeant la place du chevalet : le son est d'autant plus aigu que chaque trochoïde est plus court. C'est une conséquence de la loi qui règle le nombre des vibrations sur la longueur des cordes vibrantes. On n'entend qu'un son, parce que tous les trochoïdes vibrent à-la-fois. Il est facile de s'expliquer comment avec quelques cordes on peut obtenir tous les tons, puisqu'il suffit en appuyant la corde sur des points différens, de la diviser en trochoïdes de diverses longueurs.

Les vibrations longitudinales des cordes s'obtiennent en frottant la corde dans le sens de sa longueur, avec un morceau de drap ou avec les doigts couverts de résine. Les molécules écartées de leur position se mettent en vibration. Les oscillations sont isochrones, et toutes les molécules exécutent un mouvement de même durée, qui est rendu sensible à l'œil, si on pose sur la corde quelques petits chevrons de papier. La corde s'allonge et se raccourcit alternativement dans des sens opposés. Considérons une tranche de molécules *a*, *fig.* 144; dans les vibrations longitudinales, lorsque *a* ira de *a* en *a'*, il refoulera les autres molécules de *a* en *a'*, à cause de l'inégalité de vitesse dans les tranches ; au même moment les molécules marcheront en sens inverse de *b''* en *a*, et éprouveront au contraire une dilatation ; le mouvement en sens inverse se fera quand *a* reviendra de *a'* vers *a''*; de sorte que de chaque côté de la tranche *a*, il y aura alternativement une dilatation et une condensation. La tranche *a*, la seule qui ne sera jamais ni dilatée, ni condensée, formera le *ventre*; les points fixes *a'* et *a''* seront les *nœuds*.

Dans les vibrations longitudinales des cordes, il se forme également des nœuds ; on peut les rendre sensibles en chargeant la corde vibrante de petits chevrons de papier ; ils restent en repos sur les points où les nœuds se sont formés.

Vibration des tiges. Une tige pincée à l'une de ses extrémités vibre si on l'écarte de sa position de repos, et produit un son pourvu que le mouvement soit assez rapide; on peut souvent aussi y déterminer les vibrations au moyen d'un archet.

Le nombre des vibrations est en raison inverse du carré des longueurs ; on le reconnaît au son plus aigu que donne la tige vibrante. L'accroissement se fait dans une proportion plus rapide que dans les cordes; la largeur des tiges est sans influence. En effet, si l'on fait vibrer deux tiges semblables et qui ne diffèrent entre elles que par la largeur, elles rendent exactement le même son.

Le nombre des vibrations est en raison directe des épaisseurs ; c'est précisément le contraire de ce qui arrive pour les cordes.

Il se fait des nœuds dans les tiges qui vibrent ; leur position est facilement reconnue, parce que le sable y reste en repos, tandis qu'il est projeté sur les parties de la tige qui sont occupées par les ventres. La disposition des nœuds peut varier à l'infini : on observe toujours que les lignes nodales des deux faces ne se correspondent pas.

Les vibrations transversales des tiges sont mises en œuvre dans le cochléon ou violon de fer, et dans les boîtes à musique.

Dans une tige métallique, encastrée par les deux bouts, les vibrations se font comme dans les cordes : l'on y fait naître aussi des nœuds à volonté.

Dans les tiges libres par les deux bouts, les vibrations peuvent être excitées comme dans les tiges pincées ; elles suivent les mêmes lois. On construit des instrumens de musique en suspendant sur des fils des lames de longueur différente ; on les dispose de manière que les lames posent par leurs nœuds. On frappe au milieu pour déterminer le mouvement vibratoire. Le glasschord, *fig*. 145, est un instrument de ce genre, fait avec des lames de verre ; le claquebois ou xylocordéon est fait avec des lames de bois.

Le diapason est une tige d'acier, courbée en pincette et fixée par le milieu, *fig*. 146. Pour le faire vibrer, on fait passer par force un petit cylindre *b* entre les pincettes; le son est d'autant plus élevé, que les branches sont plus courtes.

Le triangle, *fig*. 147, est encore une tige libre par les deux bouts.

Les tiges peuvent exécuter des vibrations longitudinales ; on fait l'expérience sur des tiges de bois ou de métal, en les saisissant par le milieu et les frottant dans le sens de leur longueur avec les doigts, ou avec un morceau de drap couvert de résine. Pour le verre, on réussit mieux en le frottant avec un drap mouillé.

Les vibrations longitudinales des tiges sont soumises à la loi suivante: le nombre des vibrations est en raison inverse des longueurs, quels que soient le diamètre et la forme. On peut d'ailleurs, en touchant la tige sur quelques points, y faire naître des nœuds à volonté.

Vibrations des plaques. Les plaques sont de véritables tiges avec plus de largeur; on les fait vibrer en les frappant ou au moyen d'un archet. Dans les plaques de même nature et de même forme, le nombre des vibrations est en raison directe des épaisseurs; par exemple : de deux plaques dont l'épaisseur est comme 1 à 2, la seconde donne l'octave de la première ou fait le double de vibrations dans le même temps.

Le nombre des vibrations des plaques est en raison inverse des surfaces; une plaque dont la surface est 1 donne l'octave d'une plaque dont la surface est 2.

Le son rendu par une plaque peut varier en quelque sorte à l'infini; il change avec le mode de soutien de la plaque, avec la direction et la rapidité de l'archet; mais c'est surtout en touchant la plaque sur des points différens, pendant qu'on la fait vibrer, qu'on la partage en parties vibrantes séparées les unes des autres par des nœuds. Ces divisions sont accusées par le son; mais elles se dessinent nettement à l'œil, si l'on saupoudre la plaque avec du sable coloré : on obtient ainsi les figures les plus variées.

Si les plaques sont formées d'une substance dont l'élasticité ne soit pas la même dans toutes les directions, il en résulte une nouvelle cause de division. On observe, en outre, que, dans les circonstances de vibration les plus simples, la position des nœuds est encore changée si l'archet est promené dans une direction ou dans une autre.

Les vibrations tournantes se montrent bien dans les plaques. On les détermine par des coups d'archet détachés ; on les rend sensibles à l'œil en saupoudrant la plaque avec du lycopode, qui prend bientôt un mouvement de rotation.

Vibrations des membranes. Les membranes tendues vibrent quand on les frappe ; le son est plus grave à mesure que les membranes sont plus grandes et plus tendues ; le son est intense, parce qu'une grande surface met en vibration une plus grande quantité d'air.

Vibrations des cloches. Une cloche ou un timbre que l'on met en vibration s'aplatit dans un sens et s'allonge dans l'autre ; il reprend sa figure, la dépasse, et ne revient à l'état de repos qu'après de nombreuses oscillations. Ce changement de forme devient évident si on approche de la cloche *c* une vis *v* terminée en pointe, comme on le voit *fig.* 149 et 150. La cloche vient successivement battre contre la vis, s'en écarte et fait entendre une suite de chocs très distincts.

Les nœuds dans les cloches et dans les timbres se montrent distinctement si on les a saupoudrés intérieurement avec du lycopode ; on peut encore les rendre sensibles avec de l'eau. Si, en effet, on met de l'eau dans un verre à pied, et qu'on fasse vibrer celui-ci avec un archet, on voit l'eau en repos vis-à-vis des nœuds et très agitée vis-à-vis des ventres.

Vibrations des liquides. Les liquides sont capables d'entrer en vibration ; le plus ordinairement, le mouvement vibratoire leur est communiqué par la paroi des vases. Par exemple, si on fait vibrer avec l'archet une tige placée au-dessous d'un vase contenant un liquide, *fig.* 151, les gouttes de liquide sont lancées à plusieurs pouces.

M. Cagnard-Latour a basé sur ces vibrations des liquides la construction de la syrène, *fig.* 152, petit instrument dans lequel l'eau est mise en vibration. Il se compose d'un tambour *t* dans lequel on fait arriver un courant d'eau ; elle sort par des ouvertures circulaires pratiquées au fond supérieur *ff*. Au-dessus de ce fond est un disque métallique très mobile *f*. *fig*. 153, dont l'axe vertical *a*, peut venir mettre en mouvement deux cadrans sur lesquels se marque le nombre de tours que le disque a fait. Ce disque mobile est percé de trous placés en regard de ceux du fond *f*. Mais ces trous sont à parois obliques, de manière que l'eau, en sortant, fait tourner le disque. De cette disposition résulte une intermittence d'écoulement et une suite de chocs produits par l'eau, d'où résultent des sons. Les petits cadrans donnent le moyen de compter ces chocs et par suite le nombre de vibrations produites dans un temps donné.

La syrène est un des instrumens dont on se sert pour compter le nombre de vibrations qui produisent un son donné; mais alors on la fait vibrer par un courant d'air : on règle celui-ci de manière à ce que la syrène soit à l'unisson avec le son que l'on veut juger, et l'on détermine le nombre de vibrations qu'elle donne par seconde.

Transmission du son. Le son se transmet dans les solides et les liquides mieux encore que dans les gaz. Quand on frappe un coup contre un mur, on l'entend de l'autre côté; si l'on frappe avec une épingle sur le bout d'une longue poutre, l'oreille, placée à l'autre bout, entend distinctement le son. La terre elle-même le transmet aisément; l'on sait avec quelle sagacité les sauvages, en plaçant l'oreille contre terre, distinguent la nature des bruits qui se font à une grande distance. Le son se transmet plus vite dans les solides que dans les gaz. En faisant tirer un coup de pistolet à l'extrémité d'une conduite de fonte de 951 mètres, M. Biot entendait immédiatement le son transmis par le solide, et plus tard un nouveau son qui était amené par l'air.

Les liquides transmettent le son plus vite que les solides. Les plongeurs, les poissons entendent fort bien ce qui se passe autour d'eux. MM. Colladon et Sturm ont reconnu que, dans l'eau, la vitesse du son était de 1435 mètres par seconde.

Les vibrations d'un corps sonore se communiquent à tout corps qui est susceptible de vibrer. M. Savart a reconnu que la direction du mouvement primitif est conservé. En répandant du sable sur un papier tendu sur un cadre, le sable se dispose en lignes nodales quand on a produit dans le voisinage un son intense. Dans un violon, comme dans beaucoup d'autres instrumens, le son produit par les cordes est renforcé, parce que toutes les parties vibrent à l'unisson. On sait qu'après avoir mis en vibration les tiges du diapazon, le son est de beaucoup renforcé si l'on pose l'instrument sur un corps qui puisse vibrer aussi.

Instrumens à vent. Les vibrations des corps sonores peuvent se transmettre à l'air et le faire vibrer; il devient alors lui-même un véritable corps sonore. C'est sur cette propriété qu'est basée la construction des instrumens à vent. Les sons qu'ils rendent résultent de la vibration de l'air et non de celle du tuyau, comme on peut le montrer en faisant résonner des flutes semblables, mais faites avec une matière différente.

Il y a deux manières de faire entrer en vibration l'air d'un tuyau, savoir : l'embouchure de flûte et l'anche.

L'embouchure de flûte se compose d'une ouverture à bords fixes, contre lesquels le courant d'air vient se briser. Il faut que l'air entre difficilement et par saccades. On le dirige avec les lèvres dans la flûte et le chalumeau de Pan; il vient se briser tout naturellement contre l'ouverture dans le flageolet et le tuyau d'orgue simple.

L'anche est une languette mobile qui ouvre et ferme alternativement le passage; elle est formée d'une lame élastique qui ferme l'orifice; l'air pour sortir la déplace et la fait vibrer; à son tour elle met en vibration la colonne d'air du tuyau.

Lorsque l'anche frappe sur une surface métallique, elle rend un son criard et prend le nom d'anche battante : si elle ne fait que boucher l'ouverture elle frappe l'air seulement, et rend un son infiniment plus agréable : c'est l'anche libre.

Dans quelques intrumens, le basson, le hautbois, l'anche ne ferme pas complètement l'ouverture; dans d'autres, la trompette, le trombone, l'anche est formée par le rétrécissement des lèvres du musicien.

Ce qu'il faut pour amener en vibration l'air d'un tuyau, c'est d'exciter à l'une de ses extrémités une succession rapide de condensations et de dilatations qui font osciller la colonne d'air suivant sa longueur. On détermine par le tâtonnement la bonne direction du courant d'air, l'instrument ne parle bien qu'autant qu'elle a été réalisée. Il est à remarquer que, tandis qu'une embouchure de flûte peut faire vibrer un volume d'air quelconque, l'anche, au contraire, doit être appropriée spécialement à son tuyau ; sans cet accord le tuyau parle mal ou ne parle pas. Il faut tenir compte encore de la quantité d'air qui doit être ébranlée ; si le souffle de la bouche suffit pour de petits tuyaux, il faut une soufflerie mécanique pour les tuyaux d'une grande dimension.

Le mode de vibration de l'air dans les tuyaux est le même que celui des tiges qui vibrent longitudinalement ; il se partage en une partie condensée et une partie dilatée qui portent chacune un nœud à leur extrémité et qui sont séparées par un ventre. Celui-ci est le point où les molécules exécutent les plus grands mouvemens, mais où elles ne sont ni condensées ni dilatées (voir page 130). La loi est celle qui préside aux vibrations longitudinales des tiges : le nombre des vibrations est en raison inverse de la longueur des tuyaux. Mais en changeant la quantité de vent on amène un changement dans le son produit. Ce changement est lié à des lois très simples qu'il s'agit d'étudier. Nous le ferons d'abord pour un tuyau fermé, parce que tous les cas peuvent être amenés à un seul, celui d'un tuyau fermé à un bout et ouvert à l'autre bout qui sert d'embouchure.

Tuyaux fermés. Pour qu'un tuyau fermé rende un son, il faut deux conditions; 1° que le fond du tuyau soit un nœud de vibration où les particules d'air soient immobiles ; 2° que l'orifice ouvert soit un ventre où, par conséquent, il ne se fasse pas de changement de densité. Ces deux conditions peuvent être remplies de plusieurs manières; aussi le tuyau peut-il rendre différens sons; mais ceux-ci ne sont possibles qu'à la condition qu'ils réaliseront l'existence d'un nœud au fond du tuyau, celle d'un ventre à l'embouchure. En représentant par l'unité les vibrations du premier son, les autres sont représentés par la série 3, 5, 7, 9, 11, 13, etc... Le premier son ou le son fondamental étant l'*ut* qui résulte de 64 vibrations par seconde, on aura, par exemple, la série suivante :

1	*ut*	64	vibrations.
3	*sol*³	192	
5	*mi*³	320	
7	*la* ♯ ³	438	
9	*ré*⁴	576	
11	*fa* ♯ ⁴	704	
13	*sol* ♯ ⁴	832	
15	*si*⁴	960	

Dans le tuyau fermé qui rend le son fondamental, la longueur de l'onde est double de la longueur du tuyau, car de *n* à *v*, *fig.* 154, il n'y a que la distance d'un nœud *n* à un ventre *v*, qui ne forme qu'une demi-ondulation. La longueur du tuyau étant donnée, le nombre de vibrations pour ce son fondamental est trouvé en divisant la vitesse du son, savoir : 333 mètres, par le double de la longueur du tuyau.

Quand le tuyau rend le deuxième son, *fig.* 155, l'air y est divisé en trois colonnes *n v*, *v n*, *n v* qui vibrent à l'unisson chacune comme un tuyau ayant le tiers de la longueur du tuyau primitif et produisant, par conséquent, trois fois plus de vibrations.

Pour le troisième son, l'air est divisé en cinq colonnes vibrantes, *fig*. 156; il le serait en 7, 9, 11, etc... dans les séries suivantes :

Tuyaux ouverts. Le tuyau débouché donne le double de vibrations du tuyau bouché de même longueur; le son fondamental est l'octave du son du tuyau bouché. La condition pour que le tuyau débouché rende un son net, est qu'il y ait un ventre à chaque extrémité. La série des sons que l'on obtient en forçant le vent est : 1, 2, 3, 4, 5, etc.; voici un exemple en partant de l'*ut* :

1	*ut*	64
2	*ut*[2]	128
3	*sol*[2]	192
4	*ut*[3]	256
5	*mi*[3]	320
6	*sol*[3]	384
7	*la* ♮[3]	441
8	*ut*[4]	512

Dans le tuyau qui rend le son fondamental, *fig*. 157, il y a un nœud au milieu et un ventre à chaque extrémité. Le son est fourni par une ondulation entière, car la distance de deux ventres mesure la longueur d'une ondulation. Si un pareil tuyau donne l'octave d'un tuyau fermé de même longueur, c'est qu'en effet, le nœud central le partage en deux tuyaux fermés qui ont chacun une longueur de moitié et qui vibrent à l'unisson.

Le son deuxième est rendu quand la colonne d'air est divisée comme on le voit, *fig*. 158. Il y a deux ondulations entières dans la longueur du tuyau.

Le son troisième se produit quand l'air forme trois ondulations, *fig.* 159, et ainsi de suite.

Dans les tuyaux ouverts, on trouve facilement la position des nœuds en introduisant dans l'intérieur du tuyau une membrane tendue sur un petit cadre et saupoudrée de sable. La membrane vibre, et le sable s'agite dans les ventres; tout vient au repos quand on atteint un nœud.

La plupart des instrumens à vent sont des tuyaux ouverts par les deux bouts. On change la longueur de la colonne vibrante en débouchant les unes ou les autres des ouvertures latérales; dans le trombone, on allonge et on raccourcit réellement le tuyau. Pour un grand nombre de notes, il suffit d'augmenter le vent pour faire octavier la colonne vibrante.

Il est quelques influences qu'il est bon de connaître.

1° Le ton baisse quand le tuyau s'évase;

2° Le ton baisse quand on diminue l'orifice;

3° On peut diminuer indéfiniment la largeur d'un tuyau sans modifier le son si on diminue la bouche proportionnellement;

4° Les parois n'ont pas d'influence sensible sur la nature du son, si elles sont suffisamment résistantes; si les parois sont flexibles, le son s'abaisse à mesure que leur résistance diminue;

5° La nature des parois a une influence sur le timbre;

6° Pour les colonnes d'air d'une grande longueur, par rapport à la largeur, le son est indépendant de la forme du tuyau:

7° Pour les tuyaux courts, la forme des tuyaux a une grande influence sur le son. Des masses d'air cubique, sphérique, tétraédrique donnent des sons différens;

8° Pour des tuyaux courts de même forme, le nombre des vibrations est en raison inverse des vibrations homologues;

9° Des tuyaux rectangulaires rendent le même son, quelle que soit d'ailleurs leur longueur quand le produit de la hauteur par la profondeur est le même;

10° Les contournemens du tuyaux n'ont aucune influence, car l'air est également élastique dans tous les sens.

Théorie physico-musicale.

Chaque ton ou son musical est produit par un certain nombre de vibrations qui se font dans un temps donné. La gamme est une succession de sons musicaux produits chacun par des nombres différens de vibrations.

ut —	64 vibrations.	*ut* —	128 vibrations.
re —	72	*ré* —	144
mi —	80	. . . . . .	
fa —	86	*ut* —	256
sol —	96	. . . . . .	
la —	106	*ut* —	512
si —	120		

Le premier *ut* est l'*ut* le plus grave du violoncelle. L'octave d'une note correspond toujours à un nombre double de vibrations.

Le rapport des vibrations pour la gamme est :

ut	24	*sol*	36
ré	27	*la*	40
mi	30	*si*	45
fa	32	*ut*	48

Les intervalles compris entre l'*ut* et les autres sons de la gamme sont :

ut —	1 —		*sol*	1,5 ou	$\frac{3}{2}$
ré —	1,125 ou	$\frac{9}{8}$	*la*	1,66	$\frac{5}{3}$
mi —	1,25	$\frac{5}{4}$	*si*	1,875	$\frac{15}{8}$
fa —	1,33	$\frac{4}{3}$	*ut*	2,000	

Les longueurs de cordes qui les fournissent sont :

ut longueur.	1	*sol*	$\frac{2}{3}$
ré	$\frac{8}{9}$	*la*	$\frac{3}{5}$
mi	$\frac{4}{5}$	*si*	$\frac{8}{15}$
fa	$\frac{3}{4}$	*ut*	$\frac{1}{2}$

Cette série de la gamme paraît tenir à notre organisation; elle est formée par trois accords parfaits renversés, qui sont les sons les plus agréables à l'oreille, savoir : *fa la ut, ut mi sol, sol si ré.*

Les besoins de la musique ont obligé d'intercaler des sons entre les notes de la gamme, non pas tous les sons possibles, mais des sons qui présentent un intervalle assez grand pour qu'on ne puisse les négliger dans la pratique. Ces sons intermédiaires s'obtiennent au moyen des dièzes et bémols. Le dièze ♯ élève la valeur de la note, le bémol, ♭, l'abaisse. On dièze une note, en multipliant sa valeur primitive par $\frac{25}{24}$; on la bémolise, en multipliant par $\frac{24}{25}$. Voici la valeur des dièzes et des bémols.

Ut 1 — *ut* ♯ $\frac{25}{24}$	ou 1,0416		*sol* ♯ $\frac{25}{16}$	ou 1,5625
— *ré* ♭ $\frac{27}{25}$	— 1,0800		*la* ♭ $\frac{8}{5}$	— 1,6000
— *ré* ♯ $\frac{75}{64}$	— 1,1718		*la* ♯ $\frac{125}{72}$	— 1,7361
— *mi* ♭ $\frac{6}{5}$	— 1,2000		*si* ♭ $\frac{9}{5}$	— 1,8000
— *mi* ♯ $\frac{125}{96}$	— 1,3020		*si* ♯ $\frac{125}{64}$	— 1,9531
— *fa* ♭ $\frac{32}{25}$	— 1,2800		*ut* ♭ $\frac{48}{25}$	— 1,9200
— *fa* ♯ $\frac{25}{18}$	— 1,3888		*ut* ♭ 2	— 2,000
— *sol* ♭ $\frac{36}{25}$	— 1,4400			

L'utilité de ces notes, diézées et bémolisées, se fait encore sentir quand on veut transporter un morceau de musique d'une gamme sur une autre; car, en changeant la tonique, c'est-à-dire la note qui commence la gamme, les rapports entre les notes qui se succèdent ne sont plus les mêmes.

C'est ainsi qu'en prenant *sol* pour tonique, et 1 pour l'unité de vibration, les vibrations de la septième note sont représentées par $\frac{1}{76}$, au lieu de l'être par $\frac{1}{87}$.

Quand on écoute le son rendu par une corde, en outre du son principal qui domine, on en perçoit d'autres qui sont différens et qui sont plus aigus, on les appelle *sons harmoniques;* ils proviennent de ce qu'en outre du mouvement général de vibration, la corde exécute des vibrations partielles qui produisent des sons plus aigus.

Les accords ou dissonances résultent de la sensation que produisent les intervalles qui existent entre deux ou plusieurs sons, simultanés ou successifs. Le caractère général des accords est d'affecter de même l'oreille par des sôns simultanés, qui conservent entre eux le même intervalle musical, malgré la différence des nombres absolus de vibrations qui les ont produits ; c'est donc le rapport des nombres qui produit la sensation des accords ; ainsi *ut mi* affectent l'oreille comme *ut*^{2} *mi*^{2}, ou comme *ut*^{3} *mi*^{3}.

Les sons qui plaisent le plus à l'oreille résultent des sons qui proviennent de vibrations en rapport simple, exemple : *ut* à *ut*, 1 : 2 ; *ut* à *sol*, 2 : 3 ; *ut* à *mi*, 4 : 5. Dans les accords parfaits, qui sont les plus agréables à l'oreille, on retrouve ces rapports simples ; *ut*—*mi*—*sol*—*ut*, = 4 : 5 : 6 : 8; *ut*—*fa*—*la*—*ut*, = 3 : 4 : 5 : 6.

Deux notes sont à l'unisson quand, avec un timbre différent, elles ont une même hauteur.

L'*intervalle musical* — est la distance qu'il y a entre un ton et un ton. De *ut* à *ré*, il y a une seconde ; de *ut* à *mi*, une tierce ; de *ut* à *fa*, une quarte ; de *ut* à *sol*, une quinte ; de *ut* à *la*, une sexte ; de *ut* à *si*, une septième ; de *ut* à *ut*, une octave. Ces désignations indiquent le rang qu'une note occupe dans la gamme naturelle. Il y a un intervalle d'un ton entre *ut* et *ré*, entre *la* et *si;* le rapport des vibrations est de 24 à 27, de 40 à 45, ou pour tous deux, de 8 à 9.

Il y a un intervalle d'un demi-ton, entre *mi* et *fa*, entre *si* et *ut;* les rapports des vibrations sont 80 à 86, 128 à 120, et pour tous deux, de 15 à 16.

La différence de *ré* à *ut*, $\frac{9}{8}$, est nommée *ton majeur.*

— *mi* à *ré*,	$\frac{10}{9}$,	—	*ton mineur.*
— *fa* à *mi*,	$\frac{16}{15}$,	—	*semi-ton majeur.*
— *sol* à *fa*,	$\frac{9}{8}$,	—	*ton majeur.*
— *la* à *sol*,	$\frac{10}{9}$,	—	*ton mineur.*
— *si* à *la*,	$\frac{9}{8}$,	—	*ton majeur.*
— *ut* à *si*,	$\frac{16}{15}$,	—	*semi-ton majeur.*

La différence entre $\frac{9}{8}$ et $\frac{10}{9}$ est très petite ; on l'appelle un *comma :* elle peut être négligée.

La différence entre le ton majeur et le semi-majeur est, au contraire, très appréciable, et l'on est obligé d'intercaler une note diézée ou bémolisée, et quelquefois les deux.

Dans la gamme de *sol*, le *la* ne correspond pas au véritable *la*. Sacrifiant un peu de la justesse à la simplicité, on prend un *la* moyen qui sert pour toutes les gammes ; c'est ce qu'on appelle le *tempérament.* On se sert souvent du tempérament égal, qui consiste à composer l'octave de 13 notes, y compris les dièzes et les bémols, et à établir exactement entre chaque note, un intervalle d'un demi-ton, ou de $\frac{1}{12}$ d'octave. Avec une gamme ainsi tempérée, on peut commencer la gamme par une note quelconque ; les intervalles restent toujours les mêmes.

Pour construire une gamme tempérée, il faut prendre une corde dont la longueur pour, chaque note, soit une fraction toujours la même de la note précédente. Cette fraction est 0,943874.

Notes.	Long. de corde.	Notes.	Long. de corde.
ut	1000	*ré* #	841
ut #	944	*mi*	794
ré	891	*fa*	749

Notes.	Long. de corde.	Notes.	Long. de corde.
fa ♯	707	*la* ♯	561
sol	630	*si*	530
la	595	*ut*	500

On se sert de la gamme tempérée pour les instrumens à sons fixes, le piano, la harpe, l'orgue : on s'en sert encore pour la guitare, où les divisions des cordes sont marquées d'une manière fixe sur le manche. Sur le violon, le violoncelle, l'artiste obtient des sons beaucoup plus sentis; mais, quand il accompagne le piano ou la harpe, il est obligé de se servir de la gamme tempérée pour qu'il y ait accord.

ORGANE DE LA VOIX.

Le larynx est l'organe essentiel de la voix; mais, en outre de sa disposition physique qui le rend propre à cet usage, il faut encore une certaine contraction des muscles, car la voix ne se rétablit pas en faisant passer de l'air à travers le larynx d'un cadavre.

Les parois du larynx, *fig.* 160, se rapprochent pour former une fente de 8 à 10 lignes. Au-dessus se trouvent deux cavités *cc*, que l'on appelle les ventricules; le larynx se rétrécit de nouveau, et forme une deuxième fente à 6 lignes au-dessus de la première. Tout l'appareil porte le nom de glotte, et les bords des fentes sont les lèvres de la glotte. Vers le gosier, le larynx est terminé par l'épiglotte, lame cartilagineuse fixée par une de ses extrémités : c'est une porte qui s'ouvre pour le passage de l'air et qui se ferme pour les alimens.

Le larynx est un véritable instrument à vent : la poitrine est le soufflet, le larynx est le conduit, la glotte est l'anche, et la bouche, ainsi que les fosses nasales, sont le tuyau d'écoulement. Le son se modifie et avec la vitesse de l'air et avec les changemens de dimension de la glotte. L'intensité dépend de la force du courant ; elle est toujours augmentée par la résonnance de l'air de la bouche et des fosses nasales.

Les chasseurs appellent appeau ou réclame, *fig*. 161, un petit instrument formé par deux embouchures de flûte *ff* entre lesquelles se trouve enfermée une masse d'air. Cette masse d'air, en vibrant, peut donner les sons les plus variés et peut communiquer les vibrations à une masse d'air beaucoup plus grande, *fig*. 162. Or, comme M. Savart l'a bien fait remarquer, il est impossible de ne pas saisir l'analogie de l'appeau avec la glotte.

Dans les oiseaux, le larynx est situé dans la poitrine et le tuyau vocal est très long ; les deux bronches aboutissent directement au larynx et constituent deux embouchures, ce qui donne toujours une intonation plus assurée. Dans les oiseaux chantans, il y a au-dessus du larynx une petite cloison incomplète (membrane semi-lunaire), dont la fonction est de donner au chant plus de variété et plus d'étendue.

ORGANE DE L'OUÏE.

L'oreille, *fig*. 163, se compose du pavillon extérieur, du conduit auditif *c* ; du tympan *t*, membrane mince et transparente ; de la caisse du tympan *t'*, des deux fenêtres ronde et ovale *mn*, et du labyrinthe *vl*. La caisse du tympan porte deux prolongemens : l'un, *p*, est une espèce de cul-de-sac creusé dans la cavité de l'os apophyse mastoïde ; l'autre, *p'*, est un conduit qui va à la gorge, et que l'on appelle trompe d'Eustache. Le labyrinthe se compose du vestibule *v*, des canaux demi circulaires *ccc* et du limaçon *l*. Les fenêtres ronde et ovale, qui établissent la communication entre la caisse du tympan et le vestibule, sont fermées par des membranes. Dans la caisse du tympan est une chaîne d'osselets, *fig.* 164, qui va de la membrane du tympan à la fenêtre ovale; *m* est le marteau, dont le manche adhère à la membrane du tympan; *e* est l'enclume; *o* est l'os lenticulaire; *t* est l'étrier, il est enchâssé dans la membrane de la fenêtre ovale. Des muscles servent à ouvrir et à fermer les angles que les osselets font entre eux, de manière à tendre plus ou moins la membrane du tympan.

Le pavillon extérieur remplit les fonctions de cornet acoustique. Les vibrations de l'air qui pénètre jusqu'à la membrane du tympan la font vibrer à l'unisson; les vibrations sont transmises au labyrinthe et par l'air de la caisse et par la chaîne des osselets. La forme compliquée de la caisse du tympan et surtout du labyrinthe donne à l'oreille la propriété de percevoir une plus grande variété de sons. Les vibrations parvenues dans la masse liquide qui remplit le labyrinthe sont perçues par le nerf auditif qui s'y épanouit.

Le labyrinthe paraît être la partie essentielle de l'oreille. Quand le pavillon a été rasé, le tympan déchiré, les osselets rompus, on entend encore, pourvu que les fenêtres soient restées intactes et que le labyrinthe ait conservé son liquide. Chez les crustacés, l'oreille ne se compose même que de cette partie : c'est une cavité osseuse fermée par une membrane, et qui contient un liquide dans lequel flotte l'extrémité du nerf auditif. Les parties externes de l'oreille dans les animaux supérieurs leur permettent de saisir toutes les nuances du son.

La trompe d'Eustache sert au renouvellement de l'air dans la caisse du tympan; si elle se bouche, l'ouïe devient plus dure. Il arrive quelquefois que la membrane du tympan s'épaissit et qu'il en résulte la surdité : on y remédie en la perforant.

CHALEUR.

Les physiciens expliquent les phénomènes de la chaleur par deux théories qui ont l'une et l'autre leurs partisans : dans l'une, qui porte le nom de théorie des ondulations, on admet qu'un fluide impondérable est répandu dans l'espace ainsi que dans le vide que les particules des corps laissent entre elles. Ce fluide que l'on nomme l'éther est si peu dense qu'il est tout-à-fait impondérable, et que depuis des siècles l'obstacle qu'il oppose aux mouvemens des astres n'a pu retarder leur vitesse d'une quantité appréciable. Dans la théorie des ondulations les phénomènes de la chaleur sont attribués aux vibrations que l'éther et les molécules des corps viennent à éprouver ; la température d'un corps dépend de la vitesse de ces vibrations, et la chaleur se communique à distance, parce que le mouvement vibratoire se propage dans l'éther environnant et va ébranler les corps voisins.

Dans la seconde théorie de la chaleur, que l'on appelle théorie de l'émission, la chaleur est due à un fluide particulier, qui prend le nom de calorique ; il est sans pesanteur, incoercible, en s'accumulant dans les corps il en élève la température.

Les particules du calorique se repoussent avec une force qui décroît rapidement à mesure que la distance augmente. Chaque molécule des corps est formée de matière pondérable et de chaleur : deux molécules voisines s'attirent par la matière pesante et se repoussent par le calorique; il y a équilibre de température quand les distances des molécules sont telles que les deux actions se détruisent. Mais ce n'est pas là un état de repos absolu : une molécule placée dans la sphère d'activité des molécules voisines perd à chaque instant, par le fait de leur force répulsive, une portion de calorique qui est lancé dans tous les sens et absorbé bientôt par les molécules pesantes qu'il rencontre; de là une émission continuelle de chaleur. A mesure que la quantité de chaleur augmente, la répulsion calorifique augmente aussi et en même temps l'émission de chaleur. Le contraire a lieu quand un corps se refroidit. Pour élever d'une même quantité la température de deux corps, il faut des quantités différentes de calorique, ce qui dépend de ce que les particules sont plus ou moins séparées; ou de ce que l'affinité propre de chacune d'elles pour la chaleur est plus grande.

Nous emploierons de préférence cette théorie de l'émission comme plus commode pour l'explication des phénomènes.

DU THERMOMÈTRE.

Quand nous touchons un corps nous le disons chaud ou froid, suivant la sensation qu'il nous fait éprouver : nos sens deviennent ainsi pour nous un moyen de mesurer la chaleur, mais ils sont fort sujets à nous tromper, car l'effet que nous éprouvons est relatif. Si, en effet, ayant une main froide et une main chaude nous les plongeons toutes deux dans l'eau, il nous arrivera de la trouver chaude pour la main froide et froide pour la main chaude. L'air d'une cave un peu profonde a la même température en été et en hiver; quand nous y descendons, dans cette dernière saison, nous la trouvons chaude, parce que nous sortons d'un air plus froid ; en été nous la trouvons froide, parce que nous sortons d'un air plus chaud. Nos sens sont donc de mauvais moyens de mesurer la chaleur.

Le thermomètre est l'instrument dont on se sert le plus ordinairement pour mesurer la chaleur des corps; il est basé sur la propriété qu'ont les liquides d'augmenter de volume par la chaleur et de diminuer de volume par le froid. Le thermomètre, *fig.* 165, se compose d'un tube d'un diamètre très petit, qui porte à son extrémité un renflement en forme de boule ou de cylindre qui sert de réservoir au liquide. Vient-on à chauffer un pareil instrument le liquide augmente de volume, ne peut plus être contenu dans son réservoir et s'élève dans le tube. La capacité de celui-ci étant fort petite, par rapport à la masse du liquide, une dilatation très faible s'y aperçoit avec facilité.

Après avoir construit le tube en verre, on chauffe le réservoir pour dilater l'air, *fig.* 166, et en faire sortir une partie; on plonge alors l'extrémité ouverte du tube dans du mercure très pur, *fig.* 167; le métal s'élève à mesure que le tube se refroidit et pénètre dans le réservoir qu'il remplit en partie; on place alors l'instrument sur une grille inclinée et l'on porte le mercure à l'ébullition. Sa vapeur chasse l'air et le tube se remplit de métal quand on plonge de nouveau son extrémité dans le mercure. On répète, s'il est nécessaire, cette manipulation jusqu'à ce que l'instrument soit complètement plein. Alors on chauffe pour faire sortir une partie du mercure, on ferme l'extrémité du tube à la lampe et l'instrument n'a plus besoin que d'être gradué.

La graduation d'un thermomètre consiste à y établir deux points fixes et à diviser l'espace compris entre eux en parties d'égales longueurs qu'on appelle degrés. Pour que les degrés soient comparables entre eux, il est nécessaire que le tube dont on s'est servi, soit bien calibré; on s'en assure en y promenant à l'avance une petite colonne de mercure qui conserve partout la même longueur, si le diamètre du tube est égal dans toutes ses parties.

Le thermomètre étant plongé dans de la glace fondante, la colonne de mercure s'arrête dans le tube en un certain point que l'on marque zéro. On plonge ensuite l'instrument dans l'eau bouillante et l'on marque 100 degrés au point où le mercure s'est élevé, mais la détermination de ce point est plus difficile à obtenir que celle du zéro. Il faut se servir d'eau pure, car l'eau chargée de matières étrangères, a besoin d'une chaleur plus forte pour bouillir; il faut se servir d'un vase de métal, l'eau dans un vase de verre ou de terre n'entrant en ébullition que plus tard; le tube du thermomètre doit être chauffé dans toute sa longueur, et cependant la couche du liquide doit être peu profonde, autrement, la chaleur ne serait pas la même dans toutes ses parties; enfin l'ébullition doit avoir lieu à ciel ouvert sous une pression de 76°, sans quoi elle est retardée, et le liquide exige plus de chaleur pour bouillir. Toutes ces conditions se trouvent remplies dans le petit appareil, *fig.* 168. On y met assez d'eau pour recouvrir la boule de l'instrument; quand elle est en ébullition, sa vapeur a la même température; elle échauffe le tube et sort librement par les côtés. En faisant glisser le thermomètre dans le bouchon qui le soutient, on peut facilement reconnaître la hauteur du mercure; on y marque 100 degrés. On divise l'espace compris entre 100 et zéro en cent parties égales qui prennent le nom de degrés. En reportant au-dessous de zéro, des divisions de même grandeur, on a des degrés pour le froid; on fait des divisions semblables au-dessus du centième degré, pour les températures élevées. Avec le thermomètre à mercure, on peut aller jusqu'à 360°. On distingue les degrés au-dessus de zéro par le signe + et les degrés au-dessous par le signe —. Le thermomètre que nous venons de décrire est appelé thermomètre centigrade; le thermomètre de Réaumur n'en diffère qu'en ce qu'il marque 80 degrés dans l'eau bouillante. Les Anglais se servent du thermomètre de Fahrenheit, le zéro est pris dans un mélange de glace et de sel ; l'instrument marque 212° dans l'eau bouillante et 32° dans la glace fondante.

Thermomètre.

	Centigrade.	Réaumur.	Fahrenheit.
Glace et sel.	17,7	14,	0
Glace fondante.	0	0	32
Eau bouillante.	100	80	212

1d centigr. = { . . . . . . 0,8 Réaumur.
. . . . . . 1,8 Fahr. + 32.

1d Réaumur = { . . . . . . 1,25 cent.
. . . . . . 2,25 Fahr. + 32.

1d Fahr. = 32 { . . . . . + 0,555 cent.
. . . . . + 0,444 Réaumur.

On transforme les degrés d'un thermomètre en ceux d'un autre en multipliant ses degrés par le nombre qui établit leur rapport : ainsi 10d centigrades = 10 multipliés par 0,8 ou 8d Réaumur. Ils valent 10 multipliés par 1,8 + 32 = 50 Fahr.

Le zéro du thermomètre est sujet à se déranger ; l'instrument étant plongé dans la glace fondante, le mercure ne s'arrête plus exactement à la même hauteur que lorsque le thermomètre a été construit. Cet effet résulte surtout de ce que le verre alternativement dilaté et contracté par la chaleur, ne revient jamais exactement à son volume primitif. Dans les expériences de précision, il est important de constater la véritable position du zéro.

Dans un grand nombre de circonstances, en même temps que le thermomètre reçoit la chaleur du corps auquel on l'expose, il est sous l'influence de tous les corps environnans qui peuvent venir modifier les résultats. Pour parer à cet inconvénient, on se sert quelquefois de thermomètres d'une construction particulière qui sont appelés du nom de leurs inventeurs, thermomètre différentiel de Leslie et thermoscope de Rumfort. Le thermomètre différentiel a la forme indiquée par la *fig.* 169 ; c'est un tube recourbé portant deux boules à ses extrémités : l'instrument contient de l'air et une colonne d'acide sulfurique colorée avec un peu de carmin. La boule *A* s'appelle boule focale ; si on l'expose à la chaleur, l'air qu'elle contient se dilate, prend une force élastique plus grande et refoule la couche de liquide vers la boule opposée ; un abaissement de température produit l'effet inverse.

C'est la différence de température des deux boules qui détermine la marche du liquide dans l'instrument ; il importe fort peu alors qu'elles reçoivent de la chaleur du milieu environnant, puisque, cette chaleur étant égale pour les deux boules, l'effet se trouve compensé.

Le thermoscope de Rumfort, *fig.* 170, diffère surtout des précédens, en ce que les boules sont plus écartées, ce qui permet d'agir facilement et séparément sur chacune d'elles. La colonne de liquide y est remplacée par un index *i* d'alcool coloré.

CALORIQUE RAYONNANT.

Le calorique sort des corps échauffés sous la forme de rayons qui ont beaucoup de propriétés communes avec les rayons de lumière ; comme eux, ils marchent en ligne droite avec une vitesse extrême, peuvent être réfléchis à la surface des corps, ils sont réfractés, décomposés, polarisés comme la lumière.

Le calorique rayonnant a trois propriétés principales qui le distinguent du calorique des corps ; il marche en ligne droite, se propage avec une grande vitesse, et n'est pas dérangé dans sa marche par le mouvement des molécules matérielles.

Les rayons calorifiques qui partent d'un point échauffé divergent en tous sens et s'écartent de plus en plus. Un corps qui s'y trouve exposé en reçoit un plus petit nombre à mesure qu'il est plus éloigné. On observe ici la loi ordinaire des émanations, le nombre des rayons est en raison inverse du carré des distances. A une distance double, il arrive quatre fois moins de rayons; il en arrive neuf fois moins à une distance triple, etc.

On prouve que le calorique marche comme la lumière et qu'il est réfléchi comme elle, au moyen de l'expérience suivante, *fig.* 171.

Au foyer f d'un miroir concave en cuivre poli, on met une bougie allumée, et à l'autre foyer f', on met une glace dépolie. L'image de la bougie vient se reproduire sur la glace; les rayons de lumière ont suivi la route indiquée sur la figure par des lignes. On remplace la bougie par un corps chaud et la glace par un thermomètre; on ne voit point marcher les rayons de chaleur, mais la température du thermomètre s'élève aussitôt : on en conclut que les rayons calorifiques, comme les rayons de lumière, sont venus frapper le premier miroir, se sont réfléchis, et sont venus tomber sur le second, qui les a réfléchis à son tour; ils sont venus tous passer au foyer, occupé par le thermomètre. Si le corps chaud est un boulet de fer rougi au feu, on peut aisément enflammer un morceau d'amadou au foyer du second miroir. L'agitation de l'air est sans influence sur les résultats; elle ne gêne en rien la marche des rayons de chaleur. On en aura une autre preuve convaincante si l'on se place devant la porte d'un poêle qui tire bien; on recevra les rayons de chaleur qui en sortent, bien qu'un fort courant d'air en sens inverse se précipite dans l'ouverture du poêle.

L'émission de chaleur est en raison inverse de l'inclinaison des rayons. Pour cette raison, la surface hémisphérique du soleil qui est tournée vers nous ne nous envoie pas plus de chaleur que si elle était réduite à un disque plat, que sa surface ait beaucoup plus d'étendue.

Les rayons de chaleur qui tombent sur un écran le traversent ou s'y éteignent. M. Melloni, à qui l'on doit les plus belles observations à ce sujet, appelle diathermanes les corps qui laissent passer la chaleur comme les corps diaphanes laissent passer la lumière; il appelle athermanes ceux qui éteignent les rayons calorifiques.

Les corps diathermanes ne le sont pas tous au même degré. L'air est un excellent diathermane; aussi le calorique rayonnant le traverse sans l'échauffer. Les autres gaz sont sans doute dans le même cas : le sel marin cristallisé naturel est encore un fort bon diathermane; l'huile l'est plus que l'eau, l'alun moins que le verre coloré.

Il n'existe pas peut-être de corps parfaitement athermane; mais, en en réunissant plusieurs, on peut arrêter tous les rayons calorifiques. M. Melloni est arrivé à priver tout-à-fait de chaleur les rayons solaires en les faisant passer à travers une couche d'eau et un écran de verre vert.

Tous les rayons qui partent d'une source échauffée ne sont pas pareils : si on leur oppose un écran, les uns sont arrêtés, les autres ne le sont pas; si à ceux-ci on oppose un écran semblable, des rayons seront encore arrêtés, mais en plus petit nombre. Le même phénomène se reproduirait si l'on forçait ces rayons à passer à travers de nouveaux écrans; de sorte que, sur les rayons qui partent d'une source, les uns ont plus que les autres la propriété de traverser les écrans, et dans chaque écran interposé il s'établit une sorte de tamisage qui ne laisse passer que les rayons les plus forts; les rayons qui ont passé ont par cela même acquis la propriété de passer de nouveau sans s'éteindre en aussi grande quantité.

La nature des rayons varie avec la nature de la source; plus celle-ci est chaude, plus les rayons ont d'intensité : voilà pourquoi les rayons du soleil traversent le verre sans être aucunement éteints. Bien plus, la nature des rayons n'est pas la même lorsqu'ils sortent de sources qui ont une même température, mais qui sont différentes. Ainsi, par exemple, les rayons qui sortent de l'alun sont absorbés presque entièrement par un écran opaque et le sont peu par un écran diaphane et incolore; les rayons qui sortent du verre noir ou vert ont des propriétés en sens inverse.

En résumé, les rayons calorifiques ne sont pas tous de même nature; ils diffèrent suivant les sources qui les ont fournis : la propriété qu'ils ont de traverser des écrans se trouve différente. Un seul corps laisse passer toujours la même quantité de rayons, quelle que soit la source dont ils émanent, c'est le sel gemme : sur 100 rayons incidens, il y en a 8 absorbés.

Tout corps a en même temps la propriété d'émettre, d'absorber et de réfléchir du calorique.

Le pouvoir émissif ou rayonnant n'est pas le même dans tous les corps. On le démontre aisément par l'expérience suivante. Un cube en fer-blanc poli, *fig.* 172, a l'une de ses faces dans l'état naturel; les autres sont recouvertes avec des matières différentes, du noir de fumée, du papier, de la baudruche, etc. Après avoir rempli ce cube avec de l'eau chaude, si on le porte dans une chambre fermée, à une distance fixe d'un thermomètre différentiel, qui a été placé à l'avance pour que sa température soit la même que celle de la chambre, on observe que l'action sur le thermomètre n'est pas la même, suivant que l'on a tourné vers lui l'une ou l'autre face du cube; d'où il faut conclure que toutes les surfaces n'ont pas envoyé les mêmes quantités de chaleur; ces quantités de chaleur sont exprimées par l'effet produit sur la boule focale.

On a dressé des tables du pouvoir émissif de quelques corps.

Noir de fumée.	100
Eau.	100
Papier à écrire.	98
Crown-glass.	90
Encre de Chine.	88
Eau glacée	90
Mercure.	20
Plomb brillant.	19
Fer poli	15
Etain, argent, cuivre, or. . . .	12

C'est la surface seulement qui détermine la quantité de calorique émis ; si l'on couvre la surface polie du miroir avec une couche excessivement mince de colle, le pouvoir émissif se trouve aussitôt augmenté ; il s'accroît encore par de nouvelles couches, mais il a bientôt atteint sa limite ; de sorte que l'effet est réduit à une couche très mince ; il suffit en effet de barbouiller un corps avec du noir de fumée, pour lui donner un pouvoir rayonnant égal à 100.

Le pouvoir absorbant est en raison directe du pouvoir émissif ; les mêmes tables servent à le faire connaître. La propriété d'absorber le calorique rayonnant appartient à tous les corps ; on le prouve par une expérience bien simple, qui consiste à couvrir la boule focale du thermoscope, avec des substances de natures différentes ; l'instrument indique toujours une absorption de calorique.

Sur la chaleur qui tombe à la surface d'un corps, une partie seulement est absorbée, une autre est réfléchie ; la chaleur absorbée est la seule qui échauffe le corps.

Le pouvoir réfléchissant est toujours en raison inverse des pouvoirs absorbant et rayonnant ; et cela doit être, puisque des rayons qui tombent sur une surface, il y en a nécessairement d'autant plus de réfléchis, qu'il y en a eu moins d'absorbés. Les rayons réfléchis ne contribuent en rien à l'échauffement des corps; c'est ainsi que dans l'expérience avec les miroirs, ceux-ci qui ont à un haut degré le pouvoir de réfléchir, s'échauffent à peine.

M. Melloni a prouvé que la quantité des rayons qui sont réfléchis sur une surface varie avec l'obliquité de ces rayons; la réflexion est la plus faible possible quand les rayons tombent perpendiculairement à la surface réfléchissante; le nombre des rayons réfléchis augmente à mesure qu'ils tombent plus inclinés; la différence est peu sensible, cependant, tant que l'angle d'incidence compté de la normale ne dépasse pas 25 à 30 degrés.

Les pouvoirs absorbant et émissif marchent donc toujours ensemble, et le pouvoir réfléchissant, en sens inverse. Lorsque des corps à la même température sont en présence, chacun d'eux envoie de la chaleur et en reçoit des corps environnans. La chaleur émise se trouve compensée à chaque instant par la chaleur reçue; si le corps émet beaucoup, il absorbe beaucoup et réfléchit peu des rayons qui lui sont envoyés; s'il émet peu, il réfléchit beaucoup, et l'absorption est faible. Du rapport de ces échanges, résulte une égalité de température que l'on a nommée Equilibre mobile de chaleur.

Les pouvoirs absorbant, émissif ou réfléchissant des corps, nous donnent l'explication de quelques phénomènes intéressans dont nous trouvons à chaque instant à faire des applications. En voici quelques exemples.

Deux cafetières, l'une en métal poli, l'autre en terre, sont placées en avant d'un foyer ardent. La première qui réfléchit beaucoup, s'échauffe très lentement; la deuxième qui absorbe beaucoup s'échauffe très vite. Une fois que le liquide qu'elles contiennent est en ébullition, la première se refroidira lentement, car elle émet peu; la deuxième se refroidira très vite, car elle émet beaucoup. Si l'on va au soleil avec un habit noir, il absorbera beaucoup; en hiver on s'en trouvera bien; en été on préférera un habit blanc qui réfléchit un plus grand nombre de rayons; quand les paysans suisses veulent hâter la fonte de la neige au printemps pour mettre leur champ en culture, ils y jettent de la terre noire qui absorbe beaucoup de rayons calorifiques, et qui hâte ainsi la liquéfaction de l'eau.

Loi du refroidissement et du réchauffement.

L'expérience de tous les jours nous apprend qu'un corps fortement échauffé abandonné à lui-même perd son excès de chaleur, et que dans un temps donné, il perd moins de chaleur à mesure qu'il est moins chaud.

La variation pendant un instant très court, est proportionnelle à l'excès de température du corps chaud sur celle du milieu environnant: tel est l'exposé de la loi de Newton, qui pourtant n'est exacte que jusqu'à 30 à 40 degrés. Il en résulte comme conséquence, 1° qu'à mesure qu'il se refroidit, un corps dans chaque instant qui se succède doit perdre moins de chaleur; 2° qu'à mesure qu'un corps est échauffé par une source de chaleur, la perte qu'il fait par le rayonnement augmente à chaque instant, de sorte qu'il doit nécessairement arriver un moment où ce qu'il perd est égal à ce qu'il gagne; à ce moment la température reste stationnaire.

Dulong et Petit ont montré que la loi de Newton n'est pas exacte. Elle doit être exprimée ainsi :

L'enceinte dans laquelle se refroidit un corps, étant à une température constante et les excès de température du corps chaud étant en progression arithmétique, les vitesses de refroidissement décroissent comme les termes d'une progression géométrique diminuée d'un nombre constant. Le rapport de cette progression égale pour tous les corps est de 1,0077.

Si l'enceinte vide n'a pas une température constante, mais que ses températures croissent en proportion arithmétique, les vitesses de refroidissement du corps chaud pour un même excès de température croissent en progression géométrique.

Si un corps se refroidit dans un gaz, le refroidissement dû au gaz varie en progression géométrique, lorsque les excès de température du corps chaud varient d'après une progression semblable.

La loi est la même pour tous les corps; les variations de forme et de volume sont sans influence; les rapports que les corps présentent entre eux, restent aussi constans; deux corps à la même température perdent-ils pendant la première minute, des quantités de chaleur qui soient l'une à l'autre comme 1 est à 3, ce rapport de 1 à 3 sera conservé pendant toutes les minutes suivantes.

Un cas fort remarquable du refroidissement des corps est celui d'un corps exposé pendant la nuit hors du rayonnement des autres corps; il rayonne fortement vers le ciel, et se refroidit promptement; car l'espace céleste a une température extrêmement basse (—60° —70°). Il y a rayonnement de part et d'autre; mais l'échange est tout au désavantage du corps terrestre qui se refroidit de plus en plus. Le docteur Wells a montré que là était la cause de la rosée qui se dépose la nuit, de la gelée blanche qui se montre au printemps et à l'automne. Quand le soleil est couché, le rayonnement de la terre vers les espaces célestes est tout à son désavantage, sa température baisse à chaque instant. L'air chargé de vapeur qui vient en contact avec elle, se refroidit au contact et laisse déposer une grande partie de l'eau qu'il contient; celle-ci se dépose en plus grande abondance sur les corps les plus froids, et ce sont toujours ceux qui rayonnent le plus; aussi voit-on la rosée se déposer de préférence sur la terre végétale, puis sur les plantes, puis sur les pierres, en dernier sur les métaux. S'il y a peu de rosée, c'est sur la terre et sur les plantes qu'elle se déposera de préférence.

Si le phénomène se passe à une époque de l'année où la terre ait été moins échauffée, où les nuits soient plus longues et le refroidissement plus long, l'abaissement de température pourra aller jusqu'à la congélation de l'eau qui se dépose; la gelée blanche sera produite.

Les effets sont d'autant plus marqués que le ciel est plus pur; voilà pourquoi les belles nuits de printemps sont si souvent funestes à la végétation. La lune, que l'on accuse du mal, en est fort innocente; mais quand elle brille de tout son éclat, le ciel est sans nuages et le rayonnement se fait sans obstacle. Si le ciel est couvert, l'échange n'a plus lieu avec les espaces célestes, mais avec les nuages, et le refroidissement est ralenti ou arrêté. Une couverture légère, un simple voile suffit pour produire le même effet : aussi les plantes qui ont été couvertes pendant la nuit se trouvent-elles garanties des effets funestes de la gelée blanche.

L'air contribue beaucoup au refroidissement : à surface égale, il rayonne bien moins que la terre; mais, à cause de sa transparence, il rayonne de tous les points, et, comme il laisse passer les rayons calorifiques sans les absorber, son refroidissement se fait avec vitesse. En été, peu de temps après le coucher du soleil, nous voyons l'air suffisamment refroidi pour qu'une partie de la vapeur d'eau qu'il contient se condense : alors est produit le phénomène qui est connu sous le nom de *Serein.*

Au Bengale, on profite du refroidissement qui se fait pendant la nuit pour fabriquer de la glace. L'eau est placée dans des terrines non vernies, larges et peu profondes; ces terrines sont exposées en plaine, éloignées de tout objet qui pourrait les réchauffer : on les sépare du sol par une couche de paille de riz ou de cannes à sucre. Comme le pouvoir émissif de l'eau est considérable et qu'elle présente une grande surface, le refroidissement marche avec vitesse, et l'eau est congelée, bien que la température de l'air et de la terre ne descende jamais à zéro.

Dans le jour, la terre est réchauffée par le soleil; la chaleur reçue en chaque lieu dépend en grande partie de la distance à laquelle il se trouve du soleil. En été, l'hémisphère boréal reçoit plus de chaleur, c'est le contraire en hiver.

La direction des rayons qui viennent frapper la terre a une influence très marquée sur son réchauffement. Les rayons qui tombent perpendiculairement sur la région équatoriale y produisent une température très chaude; les autres régions reçoivent des rayons plus obliques. En hiver surtout, les rayons qui arrivent sur notre hémisphère boréal sont très inclinés et produisent moins d'effet, parce qu'ils sont moins chauds, parce qu'ils sont moins abondans et parce qu'un plus grand nombre se relèvent sans avoir été absorbés.

La durée du jour a aussi une influence marquée. Dans le nord, le soleil, pendant la saison d'été, reste plus longtemps sur l'horizon; le temps pour l'échauffement est plus long, le temps pour le refroidissement est plus court : aussi voit-on la végétation marcher avec rapidité, et le retard qu'a produit un long hiver se trouve ainsi compensé en partie.

DE LA DILATATION PAR LA CHALEUR.

Tous les corps se dilatent par la chaleur et diminuent de volume par un abaissement de température. Cette dilatation dans les corps solides est rendue manifeste par le pyromètre de Brongniart, qui montre en même temps que tous les solides ne se dilatent pas d'une même quantité. L'instrument, *fig.* 173, se compose d'une tige métallique qui est fixée à une de ses extrémités au moyen d'une vis *a;* elle appuie par l'autre bout *b* contre le petit bras d'un levier coudé, dont le long bras est formé par une aiguille qui suit dans sa marche les divisions d'un cadran. On met de l'alcool avec un peu de coton dans une lampe allongée que l'on tient allumée au-dessous de la tige métallique; celle-ci se dilate par l'élévation de température, presse le petit bras du levier et met l'aiguille en mouvement. En faisant l'expérience avec des tiges de métaux différens, on voit qu'ils ne se dilatent pas tous de la même quantité. Pour chacun d'eux, la dilatation est proportionnelle à la température depuis — 40° jusqu'à 100°. Au-delà de 100, l'égalité ne se maintient pas. Il s'est agi ici de la dilatation en longueur ou linéaire; mais les corps se dilatent en tous sens : c'est la dilatation cubique; elle est toujours triple de la dilatation linéaire.

Les corps, en augmentant de volume, ne changent pas de forme; si ce sont des vases creux, leur capacité augmente.

Dilatation de quelques solides de 0° *à* 100°.

Verre en tubes.	0,00086133
Platine.	0,00088420
Fonte.	0,00112500
Fer	0,00118210
Acier trempé et recuit.	0,00123956
Or de départ.	0,00146606
Cuivre rouge.	0,00171820
Argent	0,00190868
Étain de Malaca.	0,00193765
Plomb	0,00284856
Zinc.	0,00294167

Cette dilatation des solides est fort importante à connaître, et, dans une multitude de cas, il faut en tenir compte. Ainsi, les barres qui composent la grille d'un foyer doivent pouvoir jouer facilement pour supporter les variations de volume qui accompagnent les changemens de température. Les plaques de zinc dans la couverture d'un bâtiment doivent être disposées de telle manière qu'elles puissent librement se dilater et revenir sur elles-mêmes. Les tuyaux de conduite sont ajustés les uns dans les autres, de manière à ce qu'ils puissent sans se disjoindre obéir aux effets de la dilatation.

Le pendule, qui sert à régler les horloges, n'a des oscillations régulières qu'autant que sa longueur reste invariable. Si le froid le raccourcit, son mouvement est accéléré et l'horloge avance; si la chaleur augmente, le pendule s'allonge, chaque oscillation dure plus de temps; et l'horloge retarde. Pour arriver à construire un pendule dont la longueur ne change pas, on met à profit l'inégale dilatation du fer et du cuivre. La tige *t* du pendule, *fig.* 174, porte un cadre en fer *ff*, sur lequel est porté un autre cadre en cuivre *cc*. Lorsque, par l'effet de la dilatation, le fer s'est allongé, le cuivre s'est allongé à son tour en sens inverse et la tige du pendule s'est trouvé relevée. On ne pourrait arriver à une compensation exacte en employant un seul cadre de fer et un seul cadre de cuivre : on y parvient en augmentant le nombre des cadres et en s'aidant d'ailleurs du tâtonnement. Dans les montres, le mouvement est réglé, *fig.* 175, par un ressort en spirale; la durée de ses oscillations est en raison de la longueur des fils. Or, le froid raccourcit et la chaleur allonge le ressort; ce serait une cause de perturbation dans le mouvement, si l'on n'armait l'instrument de deux lames compensatrices en cuivre et en fer *ll*, terminées par de petites masses *bb*. Le cuivre, plus dilatable, est en dehors. Si le ressort s'allonge, l'effet des lames est de rapprocher les petites masses du centre, ce qui tend à rendre les oscillations plus rapides : l'effet contraire est produit, s'il y a abaissement de température.

Bréguet a basé, sur la dilatation des métaux, la construction d'un thermomètre qui porte son nom, *fig.* 180. Il est formé d'une lame composée d'or, d'argent et de platine. Les trois métaux ont été comprimés à une haute température et laminés à une épaisseur d'un 50me de millimètre. L'or occupe le centre; il est là pour faciliter l'adhérence des deux métaux superficiels et pour parer, par sa dilatation intermédiaire, aux déchiremens de la lame métallique. Cette lame est roulée en spirale, et elle est fixée par sa partie supérieure; elle porte au bas une aiguille qui marque sur un cadran les changemens de température, à mesure que la spirale se tord ou se détord par l'inégale dilatation des deux métaux. On règle l'instrument en comparant sa marche à celle d'un thermomètre à mercure. Il y a égalité de division pour l'un et pour l'autre. Le thermomètre de Bréguet, étant formé de substances conductrices, qui ont peu de masse et une surface étendue, se met promptement en équilibre de température. Il n'est pas plus sensible que le thermomètre à mercure, mais ses indications se font moins attendre.

Les liquides se dilatent par la chaleur; leur dilatation est faible, mais plus grande que celle des solides. Chacun d'eux se dilate d'une quantité différente, et l'on remarque que cette dilatation est inégale pour chaque degré du thermomètre. Elle est plus grande à mesure que les liquides se rapprochent davantage de leur point d'ébullition.

On mesure la dilatation des liquides par deux procédés différens:

1° On détermine le volume d'un liquide contenu dans un vase, pour une température déterminée; on chauffe alors le vase et le liquide, et l'on recherche la quantité de liquide qui est sortie par suite de la dilatation; mais cette quantité n'exprime pas la dilatation tout entière, parce que le vase a augmenté de volume et de capacité, et qu'une portion du liquide y est restée qui serait sortie si le vase eût été inextensible. Quand on connaît la dilatation du vase, on peut apprécier son influence, elle n'est plus un obstacle à l'observation;

2° Le second procédé consiste à mesurer la différence de hauteur d'un même liquide dans les deux branches d'un siphon, *fig.* 177, pendant que l'une des colonnes est tenue froide et que l'autre est échauffée. Malgré cette différence de température, le poids des deux colonnes liquides reste le même ; elles continuent à se faire équilibre ; mais l'une d'elles est devenue plus légère et par conséquent plus haute. Cet excédant de hauteur fait connaître la dilatation pour la température à laquelle se fait l'observation ; tout se réduit à prendre les températures et à mesurer les hauteurs des deux colonnes de liquide. Il faut opérer dans un siphon à branches larges pour se mettre à l'abri des erreurs qui pourraient résulter de l'action capillaire du verre sur le liquide ; les deux branches du siphon doivent être réunies par un tube capillaire *cc*, pour que la pesanteur seule établisse une communication entre elles. Chacune des branches du siphon doit être entourée d'un manchon en verre *mm'*, dans lequel on met de la glace pilée ou un liquide chaud. Un écran *e e* préserve la branche *m* de l'échauffement. C'est par ce procédé que Dulong et Petit ont pris la dilatation du mercure. La hauteur de la colonne à zéro étant 55, la hauteur de la colonne à 100 deg. est 56 ; d'où le mercure se dilate d'un 55, en passant de zéro à 100 deg.

Le mercure se dilate exactement

de	0°	à	100°	0,000 — 18018	1/55,5
—	100	à	200	0,000 — 18433	1/54,25
—	200	à	300	0,000 — 18858	1/53

Dans une enveloppe de verre, il se dilate de 0 à 100, de 0,00015434.

Cette dilatation du mercure étant connue, elle a permis de prendre la dilatation du verre ; il a suffit pour cela de remplir de mercure à zéro un tube du verre *v*, *fig.* 176, plein d'air sec dont la capacité est connue, de le chauffer à un degré fixe, et de mesurer le mercure qui en est sorti. La quantité en est trop petite, mais comme on sait ce qu'elle aurait dû être si le tube de verre n'eût pas augmenté de capacité, la différence donne précisément la dilatation cubique du verre.

Or, l'expérience a fait voir que tous les verres se dilatent également et d'une quantité uniforme de zéro à 100 degrés.

La dilatation cubique du verre est 1/38700 pour chaque degré du thermomètre, ou 0,0000258 ; elle est de 0,00258 de zéro à 100°.

La dilatation linéaire du verre est

de zéro	à	100		0,00086133
—	100	à	200	0,00098379
—	200	à	300	0,00118750

Dilatation de quelques liquides dans le verre de zéro à 100 degrés.

Mercure	0,0154321
Eau.	0,0433
Eau saturée de sel marin. . .	0,05
Acide sulfurique (d. 1,85) . .	0,06
Ether sulfurique.	0,07
Essence de térébenthine . . .	0,07
Alcool.	0,11
Huile d'olives.	0,08
— de lin	0,08
— de baleine.	0,10
— de pieds de bœuf. . . .	0,10
— de colza.	0,09
— de noix.	0,09
— blanche	0,08

Les liquides qui se dilatent si peu dans les circonstances ordinaires, acquièrent un grand volume quand leur température est telle qu'ils ne conservent l'état liquide que parce qu'ils sont soumis à une forte compression ; ainsi de zéro à 30 degrés, deux volumes d'acide carbonique liquide deviennent trois volumes ; de 10 à 100 degrés, trois volumes d'acide sulfureux deviennent quatre volumes; l'éther et probablement tous les autres liquides sont dans le même cas.

L'eau nous présente dans sa dilatation un phénomène très remarquable, elle a son maximum de densité où elle a son moindre volume, à 4 degrés au-dessous de zéro. A partir de ce point, si on la chauffe ou si on la refroidit, son volume augmente; il est à-peu-près le même à zéro et à + 8 degrés. Hallström a recherché ces variations de volume au moyen de la balance hydrostatique en déterminant la perte de poids qu'un corps éprouve dans l'eau à des températures différentes.

Cette singulière propriété de l'eau nous explique comment dans le fond des lacs profonds on lui trouve une température presque invariable de + 4 degrés. L'eau des couches supérieures, qu'elle se réchauffe ou qu'elle se refroidisse, a une densité moins grande et ne peut la déplacer.

Dilatation de l'eau suivant Hallström.

Température.	Volumes.
0	1,0001082
1	1,0000617
2	1,0000281
3	1,0000078
4	1,0000002
4,1	1,0
5	1,0000050
6	1,0000225
7	1,0000527
8	1,0000954
9	1,0001501
10	1,0002200

La loi que suivent les gaz dans leur dilatation est des plus simples. Ils se dilatent tous également, et leur dilatation est pour chaque degré du thermomètre de 1/366,6 ou 0,00375 de leur volume à zéro. La dilatation est exactement proportionnelle à l'élévation de température. Cette loi a été découverte par M. Gay-Lussac, et constatée par Dulong et Petit. Leur procédé est simple. On prend un tube de verre que l'on effile à son extrémité, *fig.* 178, on le place horizontalement dans une petite caisse métallique en ayant soin de ne laisser passer par la tubulure que la partie effilée du tube. Un thermomètre *t* placé aussi horizontalement et à la même hauteur que le tube, sert à prendre sa température exacte; les deux thermomètres *t' t''*, indiquent la température approximative; on remplit la caisse avec un liquide, de l'eau ou de l'huile; l'agitateur *g* sert à maintenir l'égalité de température. La température du tube étant zéro, on l'élève peu-à-peu jusqu'au point voulu, alors on ferme à la lampe l'extrémité ouverte du tube *o*, et on le retire de l'appareil : le tube étant revenu à zéro, on en plonge l'extrémité effilée dans du mercure à zéro, on la casse, on détermine le poids ou le volume du métal qui est rentré. On a ainsi, sauf la dilatation du verre, le volume de l'air qui a été chassé par suite de la dilatation. Remplissant alors le tube avec du mercure et mesurant celui-ci, l'on a la capacité totale du tube. On connaît alors le volume que l'air occupait à zéro, et la quantité d'air qui est sortie à une température élevée; on possède donc les élémens de la dilatation, en tenant compte, toutefois, des effets de la dilatation du verre.

Il n'est pas nécessaire de répéter la même expérience pour les autres gaz, il suffit de les enfermer dans des vases semblables; on les voit marcher toujours ensemble, se qui prouve qu'ils se dilatent et se contractent tous suivant une même loi.

La loi de dilatation des gaz est utilisée dans les laboratoires pour ramener un volume de gaz connu à une température à ce qu'il serait à une température différente. Un premier problème est celui-ci : un gaz étant donné à zéro, quel sera son volume si la température s'élève. Le volume cherché sera obtenu en multipliant le volume à zéro par le coefficient de dilatation des gaz (0,00375), multiplié lui-même par le nombre de degrés (1).

Un autre problème est celui-ci : ramener à ce qu'il serait à zéro, un volume connu à une température au-dessus de zéro. Il est à remarquer alors que le volume connu se compose toujours du volume à zéro ; plus, de la dilatation depuis zéro ; si le volume à zéro est 1, le volume connu est 1 +, 0,00375 multiplié par le nombre de degrés. Ce n'est qu'une proportion à établir (2).

La connaissance de la loi de dilatation des gaz a donné aux physiciens l'instrument le plus parfait pour reconnaître les températures élevées. C'est le thermomètre à air. Ce n'est autre chose qu'un tube vide effilé comme dans l'expérience de Dulong et Petit ; on le place dans le foyer dont on veut connaître la température et on le ferme à la lampe quand il s'est mis en équilibre de température avec le foyer. Il suffit de casser la pointe du tube dans le mercure, de reconnaître la proportion de métal qui rentre, et de prendre la capacité totale du tube pour en pouvoir conclure la température à laquelle il a été fermé (3).

(1) Soit V le volume à zéro ; x le volume cherché ; t la température au volume cherché, on a la formule suivante :

$$x = V + (t \times 0{,}00375 \times V)$$

(2) Soit V le volume à zéro, V' le volume connu, t la température, la formule de réduction est $V = \dfrac{V'}{1 + 0{,}0375 \times t}$.

(3) Soit t la température cherchée, V la capacité du tube, V' le volume de l'air resté après que l'on a chauffé, on a

$$t = \frac{\frac{V}{V'} - 1}{0{,}00375}$$

Le produit doit subir une correction pour la dilatation du verre, et devient V'' ; la température donnée par le thermomètre à air est alors

$$t = \frac{\frac{V''}{V} - 1}{0{,}00375}$$

Comparaison des thermomètres. L'esprit de vin coloré remplace quelquefois le mercure dans les thermomètres. Quand on compare les deux instrumens, on trouve qu'ils ne marchent pas d'accord, ce qui dépend de la dilatation différente des deux liquides. Le thermomètre à mercure fait avec un liquide conducteur et qui a peu de capacité pour la chaleur, donne des indications rapides ; on peut s'en servir pour apprécier la température, depuis 30 jusqu'à 350, et même davantage. Le thermomètre à alcool est moins sensible ; on ne peut s'en servir au-delà de 80° ; mais il a l'avantage quand il s'agit de connaître les degrés de froid, parce que l'alcool conserve sa liquidité aux températures les plus basses que nous ayons pu produire. Tout autre thermomètre, construit avec un liquide différent, donnerait aussi des indications qui ne seraient pas en rapport avec celles du thermomètre à mercure.

Le thermomètre à mercure et le thermomètre à air marchent ensemble, depuis—36° jusqu'à 100 deg.; plus tard, le thermomètre à mercure prend l'avance. Voici les observations faites, à ce sujet, par Petit et Dulong.

Thermomètre à mercure.	Thermomètre à air.
— 36	— 36
— 0	— 0
100	100
150	148,70
200	197,05
250	245,05
300	292,70
360	350

On a besoin quelquefois de prendre la température d'un lieu dans lequel il est impossible de pénétrer avec le thermomètre ordinaire. On ne saurait réussir, parce que, dans le temps nécessaire pour ramener l'instrument jusqu'à l'observateur, il éprouverait des changemens de température qui rendraient les indications mensongères. On a inventé des thermomètres, qui accusent le maximum ou le minimum de chaleur auquel ils ont été exposés : celui de Bellani est dans ce cas, voyez *fig.* 179 ; en *A* et en *B*, se trouve de l'alcool, de *i* en *i'* du mercure ; sur le mercure se trouvent deux petits index en fer, qui sont enveloppés dans du verre ; chaque index est aplati à la partie inférieure par laquelle il pose sur le mercure, et il porte un cheveu roulé en boucle. Veut-on faire usage de l'instrument, on fait descendre les deux index au moyen d'un aimant, jusqu'à ce qu'ils posent sur la surface du mercure. Le thermomètre vient-il à être porté dans un lieu froid les liquides se contractent et le mercure remonte d'une certaine quantité vers *A*; l'index *i* repoussé par le mercure remonte en même temps. L'instrument est-il porté dans un lieu chaud, la colonne de mercure s'élève en sens contraire et rapproche l'index *i'* de l'extrémité *B*; mais, dans l'un et l'autre cas, l'index reste soutenu dans le tube par l'élasticité de la boucle de cheveu à la hauteur où il a été repoussé par le mercure, et l'on juge par sa position de la température à laquelle le thermomètre a été exposé.

La force élastique des gaz augmente avec la température. — En chauffant un gaz sans lui permettre de s'étendre, son volume reste le même ; mais sa force élastique augmente. On peut calculer aisément, d'après le coefficient de dilatation des gaz et suivant la loi de Mariotte, ce que sera la pression. En voici quelques exemples :

1 Vol.	P. 76.	temp.	0.	= 1 lit.	P. 76
1 —	— chauffé à		10°.	= 1	78,85
1 —	—	. . . .	100	= 1 —	— 94,50
1 —	—	. . . .	200	= —	— 133

1 Vol. P. chauffé à. . 300	= 1 lit.	P.	153,9
1 — — 500	= 1 —	—	218,5
1 — — 1000	= 1 —	—	356

CONDUCTIBILITÉ.

La conductibilité des corps pour la chaleur est la propriété qu'ils possèdent de laisser le calorique se propager avec plus ou moins de vitesse dans leur intérieur. La chaleur étant appliquée en un point d'un corps pénètre peu-à-peu dans les parties plus éloignées; mais tous les corps sont fort éloignés de se ressembler sous ce rapport. Que l'on chauffe au rouge, à l'une de leurs extrémités, une petite barre de fer et un morceau de charbon, on pourra tenir impunément le charbon très près du point en incandescence, tandis que la barre de fer sera tellement chaude à son autre bout qu'il sera impossible de tenir celui-ci dans la main; c'est que les deux corps laissent propager la chaleur dans leur intérieur d'une manière bien différente. On appelle corps conducteurs ceux qui laissent passer aisément la chaleur, et corps non conducteurs ceux qui ne la laissent pas passer; ce caractère n'a rien d'absolu; les métaux qui sont les meilleurs conducteurs connus sont loin d'être des conducteurs parfaits. Suivant M. Biot pour échauffer d'un degré une barre de laiton de 9 mètres de longueur, il faudrait élever l'autre extrémité à une température de 25,000 degrés. La transmission de la chaleur à travers les corps provient d'un rayonnement qui se fait de particules à particules, en se propageant de couches en couches; il en résulte que la température décroît avec une grande rapidité : l'observation mène à la loi suivante :

La chaleur se propage à travers les corps conducteurs avec des températures qui suivent une progression géométrique décroissante, lorsque les distances, à partir du point échauffé, suivent une progression arithmétique. Ce décroissement est très rapide. On fait l'expérience en chauffant l'une des extrémités d'une barre de fer d'une manière égale et constante. Dans cette barre, de distance en distance, on a pratiqué des trous dans lesquels on met du mercure; dans chacun d'eux on plonge un thermomètre. L'expérience consiste à consulter chacun de ces thermomètres pour connaître la température des divers points de la barre.

Ingenhouz et Franklin se sont servis pour reconnaître la conductibilité des solides du petit appareil, *fig.* 185, qui ne donne toutefois que des résultats approximatifs. *c c* est une caisse de cuivre dans laquelle on verse un liquide chaud; *tttttt*, sont des tiges faites avec des corps différens, et qui pénètrent dans la caisse *c*. Ces tiges ayant été enduites de cire, celle-ci fond à une distance plus ou moins grande, suivant la propriété conductrice de la substance dont chaque tige est formée.

La table suivante exprime les rapports approximatifs de conductibilité de quelques solides.

Or	1000
Argent	973
Platine	981
Cuivre	898
Fer	374
Zinc	363
Etain	304
Plomb	180
Marbre	24
Porcelaine	12
Terre des fourneaux	11
Charbon	2,7

Les liquides sont de mauvais conducteurs du calorique; mais ce n'est pas l'état de liquidité qui en est cause, puisque le mercure à la température ordinaire, et les autres métaux amenés à l'état de fusion le conduisent très bien. Voici comment on trouve que cette conductibilité est très faible. On fait pénétrer horizontalement un thermomètre dans un vase qui contient de l'eau; on verse de l'alcool sur l'eau et on l'enflamme. Le thermomètre ne bouge pas; ce qui aurait lieu nécessairement, si la chaleur se propageait aisément à travers la couche du liquide. M. Despretz a constaté que les liquides suivent les mêmes lois que les solides. A cet effet, il a mis de l'eau prise à son maximum de densité (4° au-dessus de zéro) dans un cylindre de bois, qui portait de distance en distance des thermomètres qui pénétraient horizontalement dans la couche de liquide à travers la paroi du cylindre. La colonne liquide était échauffée par le haut au moyen d'un vase en cuivre dans lequel on entretenait de l'eau bouillante.

Quand on échauffe un liquide, les particules chaudes deviennent plus légères, et viennent occuper la surface en traversant souvent une masse considérable de liquide. Si le liquide n'était pas un conducteur très imparfait, il est clair que la partie chaude abandonnerait aux autres particules de liquide la chaleur dont elle est imprégnée, et ne viendrait pas s'accumuler à la surface. L'ascension de l'eau chaude se montre d'une manière tranchée dans les réfrigérans alimentés avec de l'eau et qui sont communément employés dans les laboratoires.

Il s'établit dans un liquide chauffé des courans qui apportent vers le haut les molécules chaudes et entraînent vers le bas les molécules plus froides. On peut observer avec facilité ces courans, si l'on met en suspension dans le liquide quelques corps légers qui sont entraînés par les courans. Que l'on mette dans le vase, *fig.* 187, de l'eau et des râpures de bois, et que l'on chauffe par le bas, on verra distinctement le courant ascendant monter le long des parois du matras, et le courant descendant se montrera au centre, comme il est indiqué par les petites flèches; si on se sert du vase, *fig.* 188, et qu'on le refroidisse par en bas, le courant aura lieu en sens contraire, le courant ascendant s'établissant au centre et le courant descendant contre les parois.

Les gaz sont de très mauvais conducteurs de la chaleur; l'observation n'est pas toujours facile, parce que les molécules des gaz sont si mobiles, qu'elles se déplacent et se remplacent avec une extrême rapidité. Mais toutes les fois que l'on peut mettre obstacle à la formation des courans, la propriété non conductrice des gaz se montre à découvert.

Les différences dans la conductibilité des corps nous fournissent une foule d'applications utiles et d'observations pleines d'intérêt. Citons-en quelques-unes.

La terre est échauffée tous les jours par les rayons du soleil; mais comme la matière de la terre est peu conductrice, la chaleur ne pénètre qu'à une profondeur très bornée; de même le centre de la terre, dont la température paraît être excessive, ne se refroidit pas d'une manière sensible, parce que la chaleur ne se propage à l'extérieur qu'avec une extrême difficulté.

Quand nous voulons construire un fourneau, nous choisissons pour concentrer la chaleur, les matériaux les moins conducteurs; car toute chaleur absorbée par le massif du fourneau ou portée par lui au-dehors, est en pure perte pour les effets cherchés. Voulons-nous construire un poële et par conséquent profiter au dehors de la chaleur du foyer, nous pouvons nous servir de métal, car la chaleur le traversera rapidement et se répandra dans la chambre. Pourtant les poëles de matières peu couductrices ont aussi leur avantage, ils sont à la vérité plus longs à s'échauffer; mais une fois qu'ils l'ont été ils restent chauds plus long-temps;

parce que la chaleur du centre n'arrive que lentement et graduellement jusqu'à la surface extérieure.

L'eau gelée est un fort mauvais conducteur ; aussi les années de neige sont-elles favorables à la végétation, parce que la neige forme comme un manteau protecteur qui maintient les plantes à une température moyenne, et empêche le froid extérieur, si vif qu'il soit, de pénétrer jusqu'à elles. On profite de la propriété non conductrice de la glace pour la transporter au loin. On la taille en blocs, que l'on applique les uns contre les autres, et que l'on entasse ainsi dans la cale des vaisseaux. On a reconnu que pendant un voyage de six mois, des Etats-Unis d'Amérique dans l'Inde, dans les régions les plus chaudes de la terre, on préservait ainsi les deux tiers de la glace de la liquéfaction.

Les corps non conducteurs nous servent à concentrer la chaleur dans un lieu. Ainsi, les appartemens garnis en bois se refroidissent plus lentement ; nos habits formés de substances non conductrices, s'opposent à la déperdition de la chaleur naturelle du corps, en même temps qu'ils retiennent prisonnier de l'air atmosphérique, qui est un des plus mauvais conducteurs connus. Cette propriété de l'air est mise à profit dans la construction des glacières : à l'exposition au nord, à un choix de matériaux mauvais conducteurs, on ajoute le secours d'une galerie extérieure que l'air remplit, et où il s'oppose puissamment à la propagation de la chaleur.

DU CHANGEMENT D'ÉTAT DES CORPS.

Tous les corps peuvent changer d'état par la chaleur. A mesure que le calorique s'y accumule, la force répulsive augmente, la distance et par suite l'attraction mutuelle des molécules diminuent, et successivement le corps passe de l'état solide à l'état liquide, de l'état liquide à l'état de fluide aériforme.

Tous les corps sont susceptibles de passer de l'état solide à l'état liquide, mais ils présentent entre eux les plus grandes différences quant à la température à laquelle la fusion s'opère : les uns fondent à une température beaucoup plus basse que zéro ; d'autres, comme le platine, la silice, exigent la chaleur du miroir ardent ou du chalumeau à gaz oxigène et hydrogène. Il en est un petit nombre qui refusent de se liquéfier ; il faut l'attribuer à ce que nous n'avons pu produire une chaleur assez forte.

La température à laquelle la liquéfaction des corps a lieu est constante pour chacun d'eux.

Point de fusion de quelques corps.

Glace	0°
Huile d'olives	4
Beurre	32
Suif	33
Blanc de baleine	45
Cire blanchie	68
Phosphore	43
Beurre de cacao	40
Potassium	55
Sodium	90
Alliage de 1 de plomb, 1 d'étain, 2 de bismuth	94
Iode	107
Soufre	109
Camphre	175
Etain	228
Bismuth	246
Plomb	260
Zinc	360
Antimoine	425

Argent pur	540
Cuivre	788
Or	705

Les liquides deviennent tous solides par un abaissement de température; et, bien que quelques-uns n'aient pu être congelés on doit théoriquement admettre que la règle est générale. Le point de solidification et de liquéfaction est ordinairement le même; les corps gras présentent, sous ce rapport, une exception remarquable. L'eau elle-même, qui se congèle ordinairement à zéro, peut supporter, lorsqu'elle est tranquille, un froid de 10 à 12 deg. Nous voyons les amas d'eau tranquille se geler plus promptement quand ils ont peu d'étendue, et résister long-temps au froid quand les eaux sont profondes, c'est que la congélation ne peut se faire qu'autant que toute la masse est arrivée à zéro. Les eaux courantes demandent plus de froid, car l'agitation mêle incessamment les couches. Dans les rivières rapides, la glace se fait en grande partie au fond de l'eau; on ne la voit apparaître qu'après plusieurs jours d'un froid intense : alors les petits glaçons qui flottent à la surface, et dont la température est de plusieurs degrés au-dessous de zéro, sont entraînés par les courans qui plongent. S'ils viennent à rencontrer un obstacle qui les arrête un instant, leur température basse détermine au point de contact la formation d'une petite couche de glace qui les retient prisonniers; peu-à-peu les glaçons s'accumulent, la masse augmente, puis il arrive un moment où, en raison de sa légèreté, elle se détache et vient nager à la surface sous la forme d'une glace spongieuse.

Ordinairement un corps perd de son volume en passant à l'état solide; mais il y a beaucoup d'exceptions. Plusieurs alliages métalliques, la fonte de fer, l'eau, augmentent de volume : c'est pourquoi la glace très légère vient nager à la surface de l'eau. La dilatation qui se produit au moment de la congélation est une force puissante qui souvent brise les vases et contre laquelle il faut se tenir en garde.

En général, pour les liquides que l'on chauffe, il arrive un moment où ils se transforment en fluide aériforme. Il est bien quelques corps qui n'ont pu être vaporisés, mais faute sans doute d'une chaleur suffisante. Les fluides élastiques que l'on obtient par une élévation de température, portent le nom de vapeurs : ils ont les mêmes propriétés que les gaz.

Point de volatisation de quelques métaux.

Métal	Point de volatisation
Mercure.	350°
Arsenic vers.	180°
Cadmium . . Tellure . . .	vers . . . . 360°
Potassium . . Sodium . . .	vers la chaleur rouge.
Zinc, à la chaleur blanche.	
Plomb . . . Etain . . . Bismuth . . Antimoine . . Argent . . .	*idem*, mais plus difficilement que le zinc.
Or. . . . . Platine . . .	Au foyer d'un miroir ardent.

Tout fluide élastique devient liquide par un abaissement de température; si nous consultons l'expérience à ce sujet, elle nous montre quelques-uns de ces fluides élastiques qui n'ont pu être liquéfiés, tels que l'oxigène, l'hydrogène, l'azote; d'autres qui exigent des températures très différentes pour être amenés à l'état liquide : les uns, faciles à condenser, portent le nom de vapeurs; les autres, plus résistans, sont appelés gaz, sans qu'il soit possible d'établir entre les uns et les autres une limite tranchée. On liquéfie les gaz par le froid, par la compression, par les deux moyens réunis. M. Bussy a obtenu l'acide sulfureux liquide, en faisant arriver un courant de ce gaz sec dans un vase étroit, entouré de sel et de glace. Il a liquéfié le chlore, l'ammoniaque, le cyanogène, en leur faisant traverser lentement une boule mince de verre, entourée de coton, qu'il arrosait avec de l'acide sulfureux liquide. M. Thilorier a liquéfié l'acide carbonique, en le soumettant à une forte pression; M. Faraday a amené un grand nombre de gaz à l'état liquide, en se servant en même temps de la pression et du froid. Il fermait à l'une de ses extrémités un tube de verre épais, il le repliait sur lui-même et il introduisait dans ce tube des matières capables de produire un gaz; cela fait, il tirait l'autre extrémité du tube à la lampe, sans le fermer complètement, produisait une certaine quantité de gaz pour chasser l'air du tube, fermait tout-à-fait le tube et recommençait à produire du gaz, en même temps qu'il refroidissait la partie extrême du tube. Que l'on emploie du cyanure de mercure, le tube au moment où on le ferme, est plein de cyanogène; en chauffant le cyanure, on en forme une nouvelle quantité, et comme l'espace est limité, la pression, qui augmente à chaque instant, suffit bientôt pour liquéfier une partie du cyanogène; il se dépose dans la partie froide du tube. Voici quelques-uns des résultats obtenus par Faraday.

	Temp.	Pression en atmosph.
Acide sulfureux . .	+ 7 . .	2
Cyanogène	+ 7 . .	3,6
Chlore.	+ 15,5 . .	4

	Temp.	Pression en atmosph.
Ammoniaque . . .	+ 0 . .	5
Acide sulfhydrique .	+ 16 . .	14
. .	+ 10 . .	17
Acide chlorhydrique.	— 16 . .	20
. .	— 4 . .	25
Acide carbonique. .	— 11 . .	20
.	0 . .	36
Oxide nitreux . . .	0 . .	44
.	+ 7 . .	51

CHALEUR LATENTE.

Si l'on met de la glace dans une chaudière sur le feu, et qu'on y plonge un thermomètre, celui-ci reste à zéro malgré la chaleur que lui fournit incessamment le foyer, jusqu'à ce que le dernier morceau de glace soit fondu. A partir de ce moment, la température monte successivement jusqu'à ce que le liquide entre en ébullition : alors elle reste encore stationnaire, et l'activité que l'on peut donner au feu n'a d'autre effet que de rendre l'ébullition plus tumultueuse, mais le thermomètre, ne varie pas. Ainsi, pendant la liquéfaction de l'eau et pendant la transformation de l'eau en vapeur, du calorique est absorbé qui n'est pas accusé par le thermomètre; il est en combinaison avec les particules matérielles : on l'appelle calorique latent, chaleur latente.

La vapeur d'eau redevient-elle liquide, l'eau liquide repasse-t-elle à l'état de glace, la chaleur latente redevient libre et se manifeste au-dehors par ses effets ordinaires. C'est à cette chaleur, qui redevient libre pendant la liquéfaction, que l'on doit l'utilité de la vapeur comme moyen de chauffage; c'est à la disparition du calorique qui se produit quand l'eau se vaporise qu'il faut rapporter la fraîcheur que l'on obtient par les arrosages. Si une masse d'eau à zéro ne congèle qu'en partie, c'est que la solidification met en liberté du calorique latent qui réchauffe le reste du liquide.

On a mesuré la chaleur latente de la glace et celle de la vapeur d'eau. Dans une cuvette creuse de glace fermée exactement par un couvercle de glace, on verse de l'eau à 75°, un kilogr., par exemple; on trouve 2 kilogr. d'eau liquide à zéro. Ainsi, 75° de chaleur ont servi à faire fondre la glace sans élever sa température; 1 de glace contient assez de chaleur latente pour élever un poids d'eau égal au sien de 0 à 75°. En appelant calorie la quantité de chaleur nécessaire pour élever l'eau d'un degré, la glace contient 75 calories à l'état latent. Nous trouverons plus tard que la vapeur d'eau en renferme 550.

Ce que nous avons dit de l'eau, nous pouvons le dire de tous les corps qui changent d'état.

Dans la chaleur que l'on applique à un corps et qui détermine le phénomène de la dilatation, une partie est appliquée spécialement à cette dilatation; c'est de la chaleur latente; une autre reste libre, c'est de la chaleur thermométrique. Le phénomène est surtout très marqué dans les gaz. En comprimant un gaz, on diminue son volume; le calorique de dilatation devient libre et le gaz s'échauffe : au contraire, en livrant à un gaz un espace plus grand dans lequel il puisse se dilater, son volume augmente, mais il se refroidit, parce qu'il est obligé de prendre à sa chaleur thermométrique la chaleur nécessaire à sa dilatation. Voilà pourquoi, à mesure que l'air s'élève davantage, il se refroidit de plus en plus. On a calculé que, s'il ne se réchauffait pas par les emprunts qu'il fait aux couches qu'il traverse, de l'air parti de la surface de la terre à + 20° aurait une température de — 44° lorsqu'il serait arrivé à 6000 mètres; son volume serait doublé. A cette hauteur, la température de l'atmosphère n'est réellement que — 8° degrés, parce que l'air a emprunté aux couches qu'il a traversées une partie de leur chaleur.

En faisant sortir de l'acide carbonique d'un vase dans lequel il était fortement comprimé, et en mettant quelque entrave à sa dissémination dans l'air, M. Thilorier est parvenu à obtenir l'acide carbonique sous forme solide; sur trois parties de gaz, une se solidifie, les deux autres conservent l'état gazeux. La solidification est ici encore le résultat de froid intense qui se produit lorsque le gaz carbonique, éprouvant une forte augmentation de volume, emprunte à sa chaleur thermométrique la chaleur nécessaire pour suffire à sa dilatation.

Le briquet à air est basé sur une action contraire. C'est un tube de verre dans lequel on enfonce rapidement un piston qui porte un petit morceau d'amadou; la chaleur qui résulte de la compression de l'air est assez forte pour déterminer l'inflammation de l'amadou.

Les mélanges frigorifiques ou réfrigérans dont on se sert pour refroidir les corps sont basés sur la propriété que possèdent les corps solides d'absorber de la chaleur au moment où ils se liquéfient. On distingue dans ces mélanges ceux qui résultent de la solution d'un sel dans un liquide et ceux dans lesquels on fait entrer de la glace. En voici quelques exemples :

Mélange	Parties	Température
Nitrate d'ammoniaque cristallisé. .	1	de + 10° à — 15°
Eau.	1	
Acide sulfurique à 41°.	3	de + 10° à — 8°
Sulfate de soude cristallisé. . .	4	
Eau.	1	
Acide nitrique étendu.	2	de + 10° à — 16°
Sulfate de soude cristallisé . . .	3	

On emploie souvent la glace et la neige dans les mélanges réfrigérans; on les mêle avec des substances qui ont assez d'affinité pour l'eau pour déterminer la liquéfaction de la glace; le froid résulte alors et de la glace qui a passé à l'état liquide et de la matière saline qui s'est liquéfiée en entrant en dissolution. Voici quelques exemples de ces sortes de mélanges réfrigérans :

Mélange	Parties	Température
Neige	1	de 0 à 17°,77°
Sel marin	1	
Neige	3	de 0 à — 20°
Sel marin	1	
Chlorure de calcium séché en masse blanche poreuse	3	de — 20° à — 55°,5
Neige	2	
Neige	8	de — 55° à 68°,3
Acide sulfurique 4, Eau 2, Alcool 4	10	

Quand on fait un mélange réfrigérant, il faut, 1° prendre les matières aussi froides que possible; 2° se servir de substances très divisées, de sels en poudre, et de neige de préférence à la glace; 3° faire un mélange exact des matières ; 4° opérer dans un vase non conducteur, en bois par exemple; 5° se servir de masses assez considérables pour que les causes extérieures d'échauffement aient peu d'influence ; 6° refroidir par de premiers mélanges les matières que l'on doit employer lorsqu'on a besoin de produire un froid très considérable.

CHALEUR SPÉCIFIQUE.

Tous les corps ne prennent pas la même quantité de chaleur pour arriver à une dilatation et à une température données. On appelle chaleur spécifique, la quantité propre de chaleur prise par chaque corps et capacité pour le calorique, la propriété que chaque corps possède d'avoir une chaleur spécifique particulière. La chaleur spécifique n'est pas la quantité absolue de chaleur que les corps contiennent, mais bien la chaleur relative nécessaire pour produire un même effet sur des corps différens.

Dans la recherche de la chaleur spécifique, l'eau est prise pour l'unité. Appelant calorie ou therme la quantité de chaleur nécessaire pour élever l'eau d'un degré (de zéro à 100 il en faut autant pour chaque degré du thermomètre); on recherche l'effet que cette quantité de chaleur produirait sur un poids semblable d'un autre corps.

Les moyens par lesquels on arrive à reconnaître la chaleur spécifique sont les suivans : 1° on détermine la quantité de glace fondue par un même poids de différens corps; 2° on prend la température moyenne qui résulte du mélange de corps inégalement chauds; 3° on observe le temps que des corps différens mettent à se refroidir.

Fonte de la glace. Ce procédé repose sur ce fait, que la glace fond à une température fixe, et que toute la chaleur qui lui est fournie est employée à la fondre sans l'échauffer. On conclut de la quantité de glace fondue, la quantité de chaleur fournie.

1^k	eau	+ à 75	fond. . . .	1^k	glace.
1^k	*A*	+ à 75	— . . .	1^k	—
1^k	*B*	+ à 75	— . . .	$1/2^k$	—

donc *A* contient autant de chaleur que l'eau, ou a une chaleur spécifique semblable; donc *B* a une chaleur spécifique moitié moindre.

On prend un bloc de glace *G*, *fig.* 189, à surface unie, dans lequel on creuse une cavité *V*; on recouvre ce bloc par un second bloc *CC*; le tout étant apporté dans une chambre, se trouve bientôt à la température zéro. La chaleur des corps environnans fond la surface du bloc de glace, mais ne peut pénétrer dans la cavité intérieure. Celle-ci ayant été bien essuyée avec une mousseline, on y place un corps chaud *a*, on met le couvercle, et quand on juge que l'effet est terminé, on pèse la quantité d'eau qui a été fondue, exemple :

1^k fer à + 100	a fondu. . . .	$0^k,146$ glace.
1^k — + 1	fonderait. . . .	0,00146
1^k — + 75	— . . .	0,11
1^k eau à + 75	— . . .	1^k.

donc la chaleur spécifique de l'eau est à celle du fer comme 1 est à 0,11.

Si le corps avait une action chimique sur l'eau, on le placerait dans un vase intermédiaire après avoir déterminé par l'expérience, la quantité de glace que ce vase peut fondre.

On a remplacé le puits de glace par un appareil qui porte le nom de calorimètre de Lavoisier et Laplace, *fig.* 186. C'est un puits de glace moins parfait que le précédent, en *A B B''* est une cavité plus extérieure que l'on remplit de glace fondante. Quand le couvercle *A' B'* est placé et couvert de glace, aucune partie de la chaleur rayonnante envoyée par les corps environnans, ne peut pénétrer dans le calorimètre. Dans la cavité *A'' C'' D''*, on met encore de la glace. On l'en remplit complètement ainsi que le couvercle intérieur *c c*. La cavité plus intérieure *A* est à jour ; c'est là que l'on place le corps dont on veut reconnaître la chaleur spécifique. On retire l'eau qui s'est fondue au moyen du robinet *r*.

Le calorimètre a un défaut ; la glace fondante et pilée à sa surface mouillée par dé l'eau; elle s'écoule en même temps que celle qui résulte de l'action du corps chaud, et elle en augmente la quantité.

Méthode des mélanges. Cette méthode est basée sur ce fait que, dans les limites de température comprises entre 0 et 100, la chaleur d'un corps est égale pour chaque degré du thermomètre. Cela admis, de la température moyenne qui résulte du mélange de corps inégalement chauds, on peut conclure la chaleur spécifique relative de ces corps.

1^k verre à + 86°	température moyenne, 1,47.
10^k eau à zéro	

Le verre a donc perdu . . . . . 84,53°
84,53° ont élevé 10^k d'eau à. . 1,47
éleveront 1^k d'eau à. . 14,7
élèvent 1^k de verre à 84,53.

La chaleur spécifique de l'eau étant 1, celle du verre sera 0,17.

Il y a dans ce genre d'expérience deux causes d'erreur à éviter, 1° une partie de la chaleur est enlevée par le vase dans lequel on opère; on y remédie en se servant d'un vase qui ait peu de masse, ou mieux encore, en le comptant dans l'expérience pour une quantité d'eau dont la chaleur spécifique serait la même que la sienne; 2° une partie de la chaleur se perd par le rayonnement; l'effet est nul si l'on opère vite et dans un lieu où la température diffère peu de celle du mélange.

Si les corps ont une action chimique, les uns sur les autres, on peut se servir d'un vase intermédiaire qui permette une communication de la chaleur sans qu'il y ait contact des corps; on peut encore arriver par une voie indirecte; par exemple, on ne peut mélanger l'eau et l'acide sulfurique qui produiraient une grande chaleur, mais si l'on connaît la chaleur spécifique du mercure par rapport à l'eau et de l'acide sulfurique par rapport au mercure, qu'il est facile de prendre par la méthode des mélanges, on en conclut facilement les rapports de chaleur spécifique de l'eau et de l'acide. Ayant trouvé, par exemple, que la chaleur spécifique de l'acide est à celle du mercure comme 11 est à 1, on aura la chaleur spécifique de l'acide par rapport à l'eau, en la multipliant par 11,033 qui représente la chaleur spécifique du mercure.

Dans les recherches de ce genre, il faut s'assurer, avec une grande précision, de la température des corps sur lesquels porte le mélange et de celle qui résulte du mélange lui-même. L'appareil, employé par M. Regnault en donne le moyen *V*, *fig.* 190, est une étuve qui se compose de trois cavités ; la cavité *v* est l'étuve proprement dite : elle est fermée dans le bout par un registre *i*, percé au centre pour laisser passer le thermomètre ; dans la cavité *v'* passe un courant continuel de vapeurs ; elle entre en *c* et sort en *s* ; la cavité *v''* forme un manchon d'air, qui préserve du refroidissement intérieur. *bb* est un écran formé d'une boîte de fer-blanc, dans laquelle on tient de l'eau froide. Il est percé d'un trou cylindrique qui correspond avec la cavité *v*; un registre *i'* ferme en même temps *v* et *b*. La matière sur laquelle on veut opérer est mise dans une corbeille métallique très mince *c*; elle porte dans son axe un petit cylindre en toile métallique, destiné à recevoir le thermomètre ; cet appareil est suspendu par un fil de soie dans l'intérieur de l'étuve *v*. *t* est un écran qui s'élève et qui s'abaisse à volonté.

L'eau qui doit servir au mélange est mise dans un vase *l* formé d'une feuille mince de laiton ; il est supporté par des fils de soie attachés à un petit chariot *r*, qui se meut dans une rainure. Cette disposition permet de le conduire sous l'étuve, et de l'en retirer facilement. Le vase de laiton contient un thermomètre très sensible *a* maintenu à un centimètre de la paroi et dont la boule est assez longue pour occuper toute la hauteur du liquide. Un autre thermomètre *a'* donne la température ambiante.

La corbeille est suspendue dans l'étuve jusqu'à ce que la température soit constante ; ce qui n'arrive qu'au bout d'un temps très long, alors que la substance est échauffée jusqu'au centre. On met l'eau dans le vase de laiton, on note sa température qui doit être de 1 à 2 degrés au-dessous de la température ambiante ; elle doit remonter d'une quantité égale par le fait de l'opération. On amène le petit chariot au-dessous de *v*, on ouvre les registres ; on fait tomber la corbeille dans l'eau, on écarte promptement le chariot, on abaisse l'écran *t*, et tandis qu'un aide agite continuellement à distance la corbeille dans l'eau, l'observateur suit le thermomètre pour saisir le moment où il aura pris la température maximum ; une ou deux minutes suffisent ordinairement. Dans une expérience, on a employé 314,77 grammes de cuivre, à 98°,26, et 462,28 grammes d'eau, à 12°,5, la température moyenne s'est trouvée être de 17°,42 ; le cuivre a par conséquent perdu 80,84, l'eau a gagné 4,92. Si l'on recherche quel poids d'eau aurait été élevé à 80°,84, on trouve 28,13 grammes ; ainsi la chaleur suffisante pour élever 314,77 grammes de cuivre à 80°,84, n'aurait chauffé au même point que 28,13 grammes d'eau : d'où la chaleur spécifique de l'eau étant 1, la chaleur spécifique du cuivre est 0,09 (1).

Il faut faire entrer dans le calcul la chaleur prise au moment du mélange par les vases de laiton et par le thermomètre : connaissant le poids du laiton, le poids du mercure et le poids du verre du thermomètre, et leur chaleur spécifique, on estime, par le calcul combien il faudrait d'eau pour produire le même effet ; et dans le calcul, on ajoute cette quantité d'eau à celle qui a été reconnue par la pesée. M. Regnault a donné le moyen de tenir compte des pertes de chaleur qui se font pendant l'opération; la correction ne s'élève pas à plus de 1/30 de degré ; on peut la négliger dans des expérien-

(1) *M* Étant la masse de l'eau, *C* sa capacité, *t* sa température.

m . . . . du cuivre, *C'* sa capacité, *T* sa température, *T'* la température du mélange.

On a $\frac{C'}{C} \frac{M \times (T' - t)}{m \times (T - T')}$

Ainsi, $\frac{462,28 \times (17,42 - 5,17)}{314,77 \times (98,26 - 17,42)}$

ces de ce genre où l'on n'arrive jamais à une extrême précision ; il est à remarquer d'ailleurs que la correction est véritablement opérée, si l'on a eu le soin de se servir d'eau dont la température était autant au-dessous de celle de l'air ambiant avant l'expérience, qu'elle aura été au-dessus après.

Si l'on a affaire à des liquides ou à des substances qui aient de l'action sur l'eau, on les renferme dans des petits tubes de verre mince, que l'on bouche par les deux bouts, en tenant compte dans le calcul de la chaleur spécifique du verre. Enfin, pour les substances dont on n'a qu'une petite quantité, on remplace l'eau par de l'essence de térébenthine, dont la chaleur spécifique étant plus faible (0,4259) donne, pour une même quantité de matière, une élévation de température plus considérable.

Méthode de refroidissement. Une surface toujours la même perd, dans le même temps par le rayonnement, une même quantité de chaleur pour une température constante ; de sorte que, quel que soit le corps renfermé dans une enveloppe, la chaleur, émanant de la surface, dans un temps donné, sera tout-à-fait dépendante de cette surface et non de la nature du corps enfermé. Deux corps ayant une capacité différente pour la chaleur, ou en d'autres termes, contenant à poids égaux des quantités de chaleur différentes, ces deux corps, étant enfermés dans une enveloppe semblable, mettront à se refroidir un temps qui sera précisément en rapport avec la quantité de chaleur que chacun d'eux contient. La chaleur spécifique de ces corps pourra donc se déduire de la durée du refroidissement.

Quelques conditions essentielles doivent être remplies, 1° la surface rayonnante doit rester toujours la même; 2° elle ne doit pas recevoir, par échange, plus de chaleur dans un moment que dans un autre ; ce que l'on obtiendra en opérant dans une enceinte à parois minces, maintenues à zéro, et noircies pour augmenter son pouvoir absorbant; 3° le refroidissement doit se faire par le rayonnement seul ; pour qu'il en soit ainsi, on opère dans le vide, afin que l'air ne puisse, par contact, enlever de la chaleur à une surface pour la transmettre à l'autre ; 4° la chaleur doit se propager avec une suffisante facilité dans le corps qui se refroidit ; à cet effet, on le prend en poudre et on opère sur de petites quantités ; 5° le refroidissement doit être assez lent pour être bien observé. On ne commence l'observation que lorsque la température du corps n'est plus que de quelques degrés au-dessus de la chaleur ambiante ; l'observation porte seulement sur un abaissement de 5 degrés.

L'appareil, *fig.* 181, se compose d'un petit seau en platine *ss*, mince et poli, qui rayonnera toujours de même ; d'un thermomètre *t*, placé au centre, qui donnera exactement la température au commencement et à la fin de l'observation. C'est dans le petit vase en platine que l'on met le corps en expérience : on suspend ce vase dans le récipient *V*, noirci à l'intérieur, que l'on entoure de glace. On chauffe le petit vase, on le porte dans l'appareil ; on fait le vide et l'on observe le thermomètre ; on remarque avec soin le temps écoulé pendant l'observation ; pour plus d'exactitude, on lit les degrés sur le thermomètre avec une lunette grossissante. C'est par ce procédé que Dulong et Petit ont pris la chaleur spécifique d'un grand nombre de corps.

Soit eau, 10 grammes : temps de refroidissement 20′ ou 1200″ ; et argent, 60 grammes, temps de refroidissement, 6′ 50″ ou 410″ ; 10 grammes argent auraient employé 6 fois moins de temps, soit 68″ 1/3. Tandis que 10 gr. d'eau auraient mis 1200″ à se refroidir, 10 gr. d'argent n'en auraient employé que 68″ 1/3 ; la chaleur spécifique de l'argent est donc à celle de l'eau, comme 68, 3 est à 1200, ou comme 0,057 est à 1 (1).

(1) m étant le poids de l'eau, m' le poids de la substance à étudier, c la chaleur spécifique de l'eau, θ le temps de refroidissement de l'eau, θ' le temps

La méthode du refroidissement n'est applicable avec avantage qu'aux substances, qui ne présentent pas trop de difficultés à la propagation de la chaleur ; les autres ne laissent pas passer régulièrement la chaleur de leur intérieur à l'enveloppe.

Chaleur spécifique de quelques solides et liquides entre 0 et 100°.

Eau.	1
Acide nitrique D : 1,3.	0,66
Alcool	0,632
Acide hydrochlorique D : 1,53. . . .	0,6
Ether sulfurique D : 0,715	0,52
Bois; environ.	0,5
Essence de térébenthine.	0,4259
Phosphore.	0,385
Acide sulfurique D : 1,85	0,349
Huile d'olives	0,31
— de naphte.	0,493
Nitrate de potasse.	0,269
Chaux anhydre.	0,179
Silice (quartz)	0,179
Verre.	0,177

Quand on veut prendre la chaleur spécifique des gaz, les résultats se compliquent des phénomènes de dilatation et de pression, qui rendent l'observation presque impossible

de refroidissement de la substance, la seule inconnue est c'. Soit p le poids du vase de platine, c'' la chaleur spécifique du platine, on aura la proportion : $p c'' + m c : p c'' + m' c' :: \theta : \theta'$.

D'où l'on déduit :

$$\frac{p c'' + m' c'}{p c'' + m c} = \frac{\theta'}{\theta} \text{ ou bien } \theta (p c'' \times m' c') = \theta' (p c'' + m c)$$

D'où l'on tire pour la valeur de l'inconnu c'

$$c' = \frac{\theta' (p c'' + m c)}{\theta (p c'' + m')}$$

par la voie directe ; M. Dulong, partant d'une loi de relation calculée par Laplace, entre les chaleurs spécifiques des gaz et la vitesse du son dans les divers fluides élastiques, est arrivé, en faisant parler un tuyau à embouchure de flûte alimenté par des gaz différens, à cette loi remarquable : les volumes égaux de tous les fluides élastiques simples, pris à une même température et sous une même pression, étant subitement dilatés ou comprimés d'une même fraction de volume, dégagent ou absorbent une même quantité de chaleur, et ont, par conséquent, une chaleur spécifique semblable.

Bérard et Laroche avaient trouvé pour la chaleur spécifique des gaz à volumes variables les résultats suivans :

GAZ.	CHALEUR SPÉCIFIQUE à volumes égaux.	CHALEUR SPÉCIFIQUE à poids égaux.	CHALEUR SPÉCIFIQUE comparée à l'eau.
Air à zéro	1	1	0,2669
Acide carbonique	1,258	0,828	0,2210
Hydrogène	0,903	12,340	3,2936
Oxigène	0,967	0,8848	0,2361
Azote	1	1,0318	0,2754
Vapeur d'eau	1,980	3,136	0,8470

La chaleur spécifique des gaz augmente avec la température.

La table de la chaleur spécifique des corps exprime les relations de la chaleur qui est nécessaire pour élever un poids semblable de ces corps d'un même nombre de degrés, par exemple, la chaleur spécifique de l'eau étant 100, celle du fer étant 11, il faut pour chauffer également l'eau et le fer, des quantités de chaleur qui seront pour l'eau représentées par 100 et pour le fer représentées par 11'. Un kilogr. de fer chauffé au rouge ne contient guère que les deux tiers de la chaleur qui se trouve dans un kilogramme d'eau bouillante.

Les corps qui ont une chaleur spécifique faible sont prompts à s'échauffer et prompts à se refroidir; c'est le contraire pour les corps qui ont une chaleur spécifique forte ; l'eau par exemple s'échauffe lentement et se refroidit de même ; aussi voyons-nous les masses d'eau considérables ne prendre la température de l'air dans les beaux jours, qu'après plusieurs journées de chaleur ; et si la température de l'atmosphère vient à baisser, ce n'est également qu'après plusieurs jours que l'eau est refroidie. Dans le refroidissement que produit le rayonnement de la terre pendant la nuit, la température des masses d'eau a moins baissé que celles des corps environnans, bien qu'elle rayonne beaucoup, mais c'est qu'elle a beaucoup de chaleur à perdre. C'est à cette forte capacité de l'eau pour le calorique qu'il faut rapporter les bons effets qu'on en retire comme matière rafraîchissante, soit pour condenser les vapeur, soit pour tempérer la chaleur d'une inflammation ou pour tremper les métaux.

Quand un corps ne change pas d'état, sa chaleur spécifique ne change pas non plus pour un même nombre de degrés. Cette loi n'est pas tout-à-fait exacte, car Dulong et Petit ont observé que la chaleur spécifique croît avec la température, elle est un peu plus petite au-dessous de zéro qu'entre zéro et cent, et un peu plus forte au-dessus de 100 degrés.

Les chaleurs spécifiques déterminées par l'expérience sont entachées par cette circonstance, et ne peuvent représenter qu'une approximation ; elles se composent en effet, d'une quantité fixe qui est la chaleur spécifique appartenant spécialement à la matière et d'une quantité variable qui change avec le volume du corps et qui produit les phénomènes de dilatation et de température. La chaleur spécifique d'un même corps peut aussi changer avec son état moléculaire ; non-seulement elle n'est pas la même, pour un corps à l'état solide, à l'état liquide ou à l'état gazeux, mais encore elle se montre différente dans les divers états d'agrégation d'un corps solide. Le charbon, en particulier, présente des différences qui s'élèvent presque du simple au double.

Avant Dulong et Petit, on n'avait cherché à établir aucun rapport entre la chaleur spécifique des corps et leur état moléculaire. Ces habiles physiciens à la suite d'un travail dans lequel ils avaient déterminé la chaleur spécifique d'un grand nombre de corps simples, calculèrent quelle serait la chaleur spécifique de ces corps; si au lieu de la rapporter à cent parties en poids de chacun d'eux, on l'établissait pour le nombre qui représente le poids de l'atome chimique le plus probable; ils arrivèrent à cette conséquence, que les atomes simples ont tous une chaleur spécifique semblable; cette loi générale a été confirmée depuis par les expériences de M. Regnault.

	Chaleur. spécifique.	Poids atomique.	Chal. spécif. de l'atome.
Fer	11379	339,21	38,597
Zinc	0,09555	403,23	38,526
Cuivre	0,09515	395,70	37,849
Cadmium	0,6669	699,77	39,502
Argent	0,05701	1351,61	38,527
Plomb	0,03140	1294,50	40,647
Bismuth	0,03084	1330,37	45,034
Antimoine	0,05077	806,45	40,944
Etain	0,05623	735,29	41,435
Nickel	0,10863	369,68	40,160
Cobalt	0,10696	368,99	39,468
Platine	0,03243	1233,50	39,993
Palladium	0,05927	665,90	39,468
Or	0,03244	1243,01	40,328
Soufre	0,20259	201,17	40,754
Sélénium	0,0837	494,58	40,403
Tellure	0,05155	801,76	41,594
Iode	0,05412	789,75	42,703
Mercure	0,03332	1265,22	42,149
Arsenic	0,08140	470,04	38,261

On a fait des recherches nombreuses pour déterminer les rapports qui pouvaient exister entre la chaleur spécifique des corps composés et celle de leurs élémens. Tout ce que l'on sait à ce sujet est encore vague et indécis. M. Dulong paraissait croire que la chaleur spécifique des gaz composés est la même que celle des gaz simples qui les forment, quand ces derniers n'éprouvent pas de contraction de volume au moment de la combinaison; qu'au contraire, la chaleur spécifique des gaz composés est différente lorsqu'il y a eu contraction de volume; la chaleur spécifique nouvelle étant la même dans les groupes qui résultent de la combinaison d'un même nombre de volumes avec une contraction semblable. M. Regnault a établi les deux propositions suivantes : 1° Dans tous les corps composés de même composition atomique et de constitutions chimiques semblables, les chaleurs spécifiques sont en raison inverse des poids atomiques. Par exemple, le poids atomique de l'oxide de plomb est 1394, sa chaleur spécifique 0,0511; le poids atomique de l'oxide de cuivre est 469, sa chaleur spécifique 0,1623. 2° Dans une même série chimique, la chaleur atomique est la même; il faut entendre par chaleur atomique la chaleur spécifique multipliée par le poids de l'atome. Ainsi, les oxides de plomb, de mercure, de cuivre, ont donné par expérience, comme représentant leur chaleur atomique, les nombres 71,34, 70,94, 70,39. Du reste, la chaleur atomique des composés paraît susceptible de varier avec leur état moléculaire, comme celle des corps simples.

DES VAPEURS.

Force élastique des vapeurs.

Les vapeurs sont des fluides aériformes qui peuvent passer facilement à l'état liquide : tant qu'elles conservent la forme gazeuse, elles pressent, à la manière des gaz, les parois des vases qui les contiennent. Les mots pression, force élastique, tension élastique, sont usités pour elles dans le même sens que pour les gaz.

Dans un espace et pour une température déterminée, il ne peut exister qu'une quantité limitée de vapeur. Si on diminue l'espace, il se dépose une quantité de vapeur en rapport avec cette diminution. Pour chaque température, il y a ainsi un maximum de tension qui ne peut être dépassé : c'est là un caractère distinctif et important des vapeurs. En prenant un tube barométrique, *fig.* 184, rempli de mercure et contenant un peu d'éther, et en le renversant dans un tube plus large qui contient aussi du mercure, on voit la colonne de mercure dans le premier tube s'arrêter à une certaine hauteur *ns*; elle est recouverte par une atmosphère de vapeur d'éther *st*, qui a son maximum de tension pour la température à laquelle on fait l'expérience. A mesure que l'on enfonce le tube, et que par conséquent on comprime la vapeur, celle-ci ne prend pas une force élastique plus grande, comme le ferait un gaz, mais elle se dépose en partie, et la portion qui reste conserve la même tension : aussi la colonne de mercure *ns* conserve-t-elle toujours la même longueur.

La quantité de vapeur qui se forme et la tension de la vapeur pour une température donnée est différente pour chaque espèce de vapeur; on le prouve en faisant passer différens liquides dans des tubes barométriques remplis de mercure, *fig.* 183 : la dépression de la colonne mercurielle est différente dans chacun d'eux.

La quantité de vapeur qui se forme et la tension de cette vapeur augmentent par la chaleur et diminuent par le froid. Il est facile de s'en assurer en approchant un corps chaud des tubes barométriques dans l'expérience précédente.

Pour mesurer la tension d'une vapeur dans les limites de

la température ordinaire, on remplit un tube de mercure avec les mêmes précautions que si on voulait construire un baromètre; on le renverse sur le mercure, et on y introduit une petite quantité du liquide sur lequel on veut faire l'expérience. On constate la température, on mesure la hauteur de la colonne de mercure, et l'on consulte le baromètre pour connaître la pression atmosphérique actuelle. La différence de hauteur du mercure dans le baromètre et dans le tube fait connaître la force élastique de la vapeur. Exemple :

La température est de 20 deg.; la pression atmosphérique est de 760mm; la hauteur du mercure dans le tube est de 743mm; par conséquent la pression, qui, dans le tube, fait équilibre à la pression atmosphérique se compose des 743mm de la colonne de mercure et de 17mm, pression exercée par la vapeur et représentée en mercure à la température de 20°.

En portant cet appareil dans un milieu plus ou moins chaud, on peut facilement déterminer la force élastique d'une vapeur dans des limites assez étendues.

Pour les températures plus hautes, *fig.* 182, on entoure les tubes barométriques par un manchon en verre dans lequel on verse de l'eau ou de l'huile chaude, et dont on peut au besoin élever la température au moyen d'un fourneau. Ce procédé n'est plus applicable quand il s'agit d'évaluer des tensions plus fortes que celles de l'atmosphère; la vapeur refoulerait assez le mercure dans le tube pour se faire passage au dehors. Dans ce cas, Dalton s'est servi de la disposition *fig.* 200. Un tube *a b* est recourbé sur lui-même et fermé à son extrémité. On y introduit du mercure, et l'on fait passer un peu de liquide en *a*. Le mercure doit être de niveau dans les deux branches, comme on le voit en *a b*, et l'on marque exactement, le niveau sur la branche la plus longue, zéro par exemple. La branche courte du tube est introduite dans un manchon de métal dans lequel on verse un liquide chaud. La vapeur se forme, déprime le mercure, le fait descendre dans la branche courbe du tube, et le fait monter d'une quantité pareille dans la branche longue, comme on le voit en *a' b'*. Pour savoir de combien est cette dépression, on mesure la distance de zéro au sommet de la colonne de mercure en *b'*, et l'on double ce nombre, car le niveau dans la branche *a'* est alors au-dessous de zéro d'une quantité égale à celle dont le mercure s'est élevé au-dessus en *b'*. La vapeur soutient, outre la pression atmosphérique, la pression de la colonne de mercure *a'' b'*.

Soit l'élévation du mercure au-dessus de zéro 19 cent.; l'abaissement dans l'autre branche est nécessairement de 19 cent. : la vapeur supporte alors une colonne de mercure dont la hauteur est de 38 cent., plus la pression de l'atmosphère qui équivaut à 76 cent. : la force élastique de la vapeur dans l'expérience précitée est donc égale à 114 centim. de mercure.

M. Gay-Lussac a déterminé la force élastique des vapeurs pour les températures basses au moyen de l'appareil *fig.* 191. Un tube barométrique recourbé *a b* est rempli de mercure à la manière ordinaire; on y introduit un peu de liquide : on enveloppe la partie courbe du tube dans un mélange réfrigérant *m*, dont la température est donnée par un thermomètre *t*. Tout le liquide vient se condenser en ce point, et la tension dans le tube est bientôt celle qui appartient à cette température basse. Un tube barométrique ordinaire *a' b'*, placé à côté, permet de constater aisément la dépression produite par la vapeur, et par suite la force élastique de celle-ci. Cette expérience établit en outre un résultat important, c'est que, lorsque différens points d'un même espace n'ont pas la même température, la force élastique de la vapeur est partout la même et celle qui convient à la température la plus basse.

Force élastique de la vapeur d'eau entre 0° et 100°.

TEMPÉRATURE.	TENSION.	TEMP.	TENSION.	TEMP.	TENSION.	TEMP.	TENSION.
— 10	2,631	2	5,748	14	12,087	26	24,452
— 9	3,812	3	6,123	15	12,837	27	25,881
— 8	3,005	4	6,523	16	13,630	28	27,390
— 7	3,210	5	6,747	17	14,468	29	29,045
— 6	3,428	6	7,396	18	15,353	30	30,643
— 5	3,660	7	7,871	19	16,288	40	52,998
— 4	6,907	8	8,375	20	17,314	50	88,742
— 3	4,170	9	8,909	21	18,317	60	144,66
— 2	4,448	10	9,475	22	19,417	70	229,07
— 1	4,745	11	10,074	23	20,577	80	352,08
0	5,059	12	10,707	24	21,805	90	525,28
1	5,393	13	11,378	25	23,090	100	760,00

Force élastique de la vapeur d'eau entre 100° et 266°.

ÉLASTICITÉ de la vapeur en prenant la pression de l'atmosphère pour unité.	COLONNE de mercure à 0°, qui mesure l'élasticité.	TEMPÉRATURES correspondantes données par le thermomètre centigrade à mercure.	PRESSION sur un centimètre carré.
	mètres.	degrés.	kil.
1	0,7600	100	1,033
1 1/2	1,1400	112,2	1,549
2	1,5200	121,4	2,066
2 1/2	1,9000	128,8	2,582
3	2,2800	135,1	3,099
3 1/2	2,66	140,6	3,615
4	3,04	145,4	4,132
4 1/2	3,42	149,06	4,648
5	3,80	153,08	5,165
5 1/2	4,18	153,8	5,681
6	4,56	160,2	6,198
7	5,32	166,5	7,231
8	6,08	172,1	8,264
9	6,84	177,1	9,297
10	7,60	181,6	10,33
15	11,40	200,48	15,495
20	15,20	214,7	20,660
24	18,24	224,2	24,792
25	19,00	226,3	25,825
30	22,80	236,2	30,990
35	26,60	244,85	36,155
40	30,40	252,55	41,320
45	34,20	259,52	56,485
50	38,00	265,89	51,950

La variation de la force élastique de la vapeur, pour un même nombre de degrés du thermomètre, est la même pour tous les liquides, à partir de l'ébullition de chacun d'eux, point où la force élastique de la vapeur est la même pour tous.

L'alcool bout à	. . . .	78,4
L'éther — à	. . . .	35,6
L'eau — à	. . . .	100,0

La force élastique de la vapeur, au moment de l'ébullition, est pour tous 76c ; à 10 degrés au-dessous, c'est-à-dire pour l'alcool à 68,4, pour l'éther à 26,5, pour l'eau à 90 , la force élastique est encore la même pour tous, savoir : 52,5°. La force élastique de la vapeur d'eau étant donnée par la table, on peut, par conséquent, en s'appuyant sur la loi précédente, déterminer la force élastique de toute autre vapeur pour une température donnée, pourvu que l'on connaisse le point d'ébullition du liquide qui l'a fournie. On peut encore tirer cette autre conséquence, que la vapeur des corps peu volatils possède une tension si faible à la température ordinaire, qu'on peut tout-à-fait la négliger. Le mercure, par exemple, bout à 350d ; à 250d la force élastique de sa vapeur sera égale à celle de l'eau à zéro, savoir : 5mm ; à la température ordinaire, elle sera infiniment faible.

Dans ce que nous avons dit, nous avons toujours raisonné comme si l'espace était toujours saturé de vapeur et comme si le liquide en excès pouvait en fournir au besoin. Quand une vapeur se forme sans qu'il y ait un résidu de liquide, cette vapeur se comporte exactement comme un gaz, si la température s'élève ou si la pression diminue. Le chaleur la dilate de 0,00375 de son volume à zéro pour chaque degré du thermomètre ; la diminution de pression lui permet de se dilater, et elle le fait comme les gaz, en suivant la loi de Mariotte.

Un abaissement de température amène la saturation de l'espace, s'il n'était primitivement saturé, et le dépôt d'une portion de la vapeur aussitôt que le maximum de tension est dépassé.

Une augmentation de pression ne peut comprimer la vapeur, une fois que la saturation de l'espace est produite; car si la vapeur pouvait être comprimée, sa force élastique dépasserait le maximum de tension ; ce qui n'est pas et ne peut être.

Il se fait autant de vapeur dans un espace plein de gaz que dans un espace vide, la force élastique de la vapeur s'ajoute à la force élastique du gaz, et la quantité de vapeur formée est proportionnelle à l'espace et à la température. On met cette vérité hors de doute au moyen d'un appareil que l'on doit à M. Gay-Lussac, *fig.* 192 ; le robinet *r* sert à l'introduction du liquide, sa clef est échancrée comme on le voit en *e*. Quand la petite cavité *c* est au-dessus, elle se remplit de liquide, et quand on tourne la clef, le liquide arrive dans le tube sans qu'aucune portion d'air puisse y pénétrer en même temps. L'appareil étant bien sec, on le remplit de mercure; puis, vissant à la place du robinet *r* un tube rempli de chlorure de calcium, et ouvrant le robinet *r'*, on introduit de l'air sec dans le tube *t*; le mercure est de niveau dans les deux branches *tt'*; l'on note exactement ce niveau et l'espace occupé par l'air, dans le tube *t*. On introduit alors un liquide quelconque par le robinet *r*, et l'on s'arrête quand une nouvelle introduction de liquide n'augmente plus la tension intérieure. Il y a deux manières de consulter l'instrument :

1° On verse du mercure dans le tube étroit *t'* pour ramener l'air de *t* à son volume primitif; sa force élastique est ainsi ramenée à ce qu'elle était au commencement de l'expérience ; elle redevient égale à celle de l'atmosphère. La force élastique propre à la vapeur est donnée par la hauteur de la colonne de mercure au-dessus du niveau primitif dans la petite branche t'. On trouve que cette force élastique est précisément la même que dans le vide.

2° Quand la vapeur est formée, on ouvre le robinet r', et on laisse couler du mercure jusqu'à ce que le métal ait le même niveau dans les deux branches de l'instrument. A ce moment l'espace occupé par l'air et la vapeur est beaucoup plus grand, et leurs forces élastiques réunies sont égales à la force élastique de l'air extérieur. L'air, qui occupe un plus grand volume, a perdu de sa tension ; mais la tension de la vapeur s'est ajoutée à la sienne. On calcule ce que la force élastique de l'air est devenue, par son augmentation de volume, en se basant sur la loi de Mariotte. La différence entre cette force élastique et celle de l'atmosphère extérieure donne la force élastique de la vapeur :

Soit la température, 20° ; la pression. . 76c
— le volume de l'air sec. . . . . . 50 vol.
— — — et de la vapeur d'éther. 109,8 vol.

50 vol. d'air vol. sont devenus 109,8 vol.; sa pression calculée est 34c,6
La force élastique de la vapeur d'éther est donc. 41, 4

76c

Or, la force élastique de la vapeur d'éther dans le vide et à + 20 est aussi 41c,4. On pourrait faire l'expérience avec tout autre gaz que l'air ; les résultats seraient les mêmes. Puisque la vapeur se forme en même quantité dans le vide et dans l'air et dans tous les gaz, il en faut conclure que l'affinité de la vapeur pour les gaz n'est pour rien dans le phénomène.

Quand on veut mesurer des gaz humides, il faut tenir compte de la pression supportée par la vapeur d'eau ; on la connaît en consultant la table ; mais avant tout, il faut laisser les gaz en contact avec l'eau pour qu'ils se saturent.

On mesure un gaz humide sous la pression de 76^c et à + 20°; la pression supportée par le gaz est 76°, moins la force élastique de la vapeur d'eau à + 20, savoir : 1,73; la pression à laquelle le gaz est soumis = 76 — 1,73 = 74^c,27.

Chaleur latente des vapeurs.

La vapeur d'eau abandonne, quand elle repasse à l'état liquide, une proportion considérable de chaleur qui n'était pas indiquée par le thermomètre : c'est la chaleur latente de la vapeur d'eau. Les autres vapeurs en contiennent aussi beaucoup, mais en des proportions différentes. Pour déterminer la chaleur latente de la vapeur d'eau (le même procédé serait applicable à d'autres vapeurs), on fait bouillir de l'eau dans une cornue à laquelle on a adapté un tube de verre recourbé ; on enveloppe la voûte de la cornue et une portion du tube avec de l'édredon, pour ne pas perdre de chaleur, et l'on porte l'eau à l'ébullition. Quand la vapeur sort par le tube sans se condenser, on plonge l'extrémité de ce tube dans un flacon qui contient de l'eau froide à une température connue. L'eau doit avoir été pesée, on la pèse de nouveau, après que la vapeur l'a réchauffée, et l'on note avec soin sa température nouvelle. Exemple : Le flacon contenait 300 grammes d'eau à 10 degrés; 5 grammes de vapeur s'y sont condensés, et la température est devenue 20,5 degrés; 365 grammes d'eau à 20,5 représente 6252,5 unités de chaleur; or, la chaleur employée dans l'expérience se compose de 300 grammes d'eau × par 10°, ou de 3000 unités de chaleur et de 5 grammes de vapeur à × 100° ou 500 unités de chaleur : en tout, 3500 unités. L'expérience a donc donné 2752,5 unités de chaleur en excès provenant de la chaleur latente de 5 grammes de vapeur. Un gramme de vapeur contient donc 550,5 unités de chaleur, ou 5 fois 1/2 autant qu'il en faudrait pour élever un même poids d'eau de la température de zéro à 100 degrés; encore ce nombre est-il trop faible et peut-il être porté jusqu'à 593. La chaleur latente de la vapeur d'alcool est 255, celle de l'essence de térébenthine 149, celle de la vapeur d'éther 109 (Despretz). L'énorme quantité de chaleur latente que la vapeur d'eau contient explique les avantages que l'on trouve à s'en servir comme moyen de chauffage. Dans les usines, et en particulier dans les ateliers de teinture, avec un seul fourneau et une seule chaudière, on porte la vapeur dans toutes les directions; elle va échauffer l'eau contenue dans des baquets en bois. Dans nos laboratoires, cette vapeur, circulant dans des vases à doubles fonds, sert à l'évaporisation des liqueurs qui ne peuvent supporter une chaleur élevée. Dans les fabriques de sucre, la vapeur maintenue à une pression de 1 atmosphère 1/2 à 2 atmosphères, remplit le même objet. La vapeur, circulant dans des tuyaux aplatis, sert à chauffer l'intérieur des maisons ou des serres. La température est toujours douce et uniforme; on n'a pas à craindre ces bouffées de chaleur que produisent souvent les foyers directs ou les calorifères à air chaud.

Densité des vapeurs.

Les vapeurs, comme les gaz, remplissent exactement les vases qui les contiennent : aussi les méthodes pour déterminer leur densité seraient les mêmes dont on se sert pour les gaz si la liquéfaction des vapeurs n'obligeait à y apporter quelques modifications.

Deux procédés différens sont en usage pour déterminer la densité des vapeurs : 1° On pèse le liquide, on le vaporise, et on le mesure à l'état de vapeur; 2° on pèse un volume connu de vapeur.

Premier procédé. Il a été employé par M. Gay-Lussac. L'appareil se compose d'une chaudière *c*, *fig.* 193, qui contient du mercure, d'une cloche graduée *g*, que l'on remplit exactement de mercure, et que l'on tient renversée dans la chaudière; d'un manchon de verre *m m*, qui enveloppe la cloche graduée, et dans lequel on met de l'eau. Pour peser exactement le liquide, on l'introduit dans une petite ampoule de verre dont on a pris le poids; on ferme ensuite l'ouverture de l'ampoule en la présentant à la flamme d'une lampe. Cette ampoule est introduite dans la cloche, elle monte à la surface du mercure. Elle se brise plus tard quand on chauffe l'appareil, et le liquide s'épanche sans qu'il puisse s'en perdre la moindre portion. L'eau du manchon étant suffisamment chaude, on prend la température au moyen de 2 thermomètres *tt'*, et l'on mesure le volume que la vapeur occupe. On détermine en même temps la hauteur du mercure dans la cloche graduée. On se sert à cet effet de la règle *r*, on la dispose de manière à ce que la pointe inférieure affleure la surface du mercure dans la chaudière, et à ce que l'index *i* soit précisément au niveau de la surface du métal dans la cloche graduée. On consulte le baromètre pour avoir la pression atmosphérique, et l'on prend la hauteur de la colonne d'eau dans le manchon de verre Exemple : on a introduit dans l'ampoule deux grammes de liquide; ce liquide, réduit en vapeur dans la cloche, a fourni, toutes corrections faites, 1 litre de vapeur à zéro P. 76. Donc, le litre de vapeur pèse 2 grammes; et, comme un litre d'air pèse 1,299 grammes, il en résulte que la densité de la vapeur observée est à celle de l'air comme 1,54 est à 1 (1).

(1) On avait introduit dans l'ampoule 0,404 grammes d'eau, le volume de la vapeur à + 100° était 0,885 litr.; la pression se composait de la pression de l'air donnée par le baromètre, 76 c. et de la pression de la colonne d'eau du manchon équivalente à 2,4 c., en tout 78,4 c. de pression. L'élévation du mercure dans la cloche graduée était 10 c.; restait pour la force élastique de la vapeur 68, 4 c. L'expérience a donc donné 0,885 lit. vapeur à + 100° P. 68, 4 c. qui équivalent à 0, 8 c. à vapeur à P. 76 c., qui équivalent eux-mêmes à 0,5 lit. de vapeur à zéro. 0,404 gr. d'eau ont donc fourni 0, 5 lit. de vapeur à zéro et à P. 76; un litre de vapeur pèserait donc 0,808 grammes, et comme un litre d'air pèse 1,299, il en résulte que la densité de la vapeur d'eau est à la densité de l'air comme 0, 622 est à 1.

Pour avoir des résultats parfaitement exacts, il faudrait tenir compte,

Deuxième procédé. Le second procédé a été employé par M. Dumas. Il est moins exact que le précédent, mais il n'exige que l'emploi d'ustensiles qui se trouvent dans tous les laboratoires ; il est en outre plus commode quand on doit opérer à des températures très élevées.

On tire un matras *m* à la lampe, de manière à lui donner la forme de la *fig.* 194. On le pèse ; on y introduit le liquide sur lequel l'expérience doit porter. A cet effet, on échauffe un peu le matras pour dilater l'air qu'il contient, et on plonge la pointe dans le liquide ; celui-ci monte dans le matras à mesure que le refroidissement se produit (si on opérait sur une matière solide, on devrait l'introduire dans le matras avant de le tirer à la lampe). Le matras *m* est alors plongé dans un bain dont la température est de 10 à 15 degrés au-dessus du point d'ébullition connu du liquide en expérience. Le matras doit être plongé complètement dans le bain ; peu importe la manière dont on l'y maintient. Si l'on agit sur un liquide très volatil, on peut plonger le matras dans l'eau ; on peut se servir du mercure si la température ne doit pas dépasser 150 degrés ; un bain d'huile peut servir jusqu'à 300 degrés, mais il répand alors des vapeurs âcres et infectes ; un alliage fusible de plomb, de bismuth et d'étain est fort commode : on peut s'en servir jusque vers la température qui amène le ramollissement du verre. Le matras étant plongé dans le bain liquide chaud, la vapeur se forme, sort en sifflant et entraîne l'air au dehors ; s'il s'en condense un peu dans le bec du ballon, on tient dans le voisinage quelques charbons pour la volatiliser. Quand il ne sort plus de bouffées de vapeur, ce qui arrive aussitôt qu'il n'y a plus de matière à l'état liquide, on ferme toutes les ouvertures du fourneau. Au moment où la température est constante,

en outre, de la dilatation du mercure et de la dilatation du verre, qui ont été négligées dans l'exemple précédent.

et on note la pression du baromètre et la température du bain, l'on ferme la pointe du matras au moyen du dard de flamme d'une lampe. La température du bain est prise avec un thermomètre à mercure, à moins que l'opération ne se fasse à un degré de chaleur trop élevé, auquel cas on a recours au thermomètre à air, comme on le voit *fig.* 194.

Le matras, retiré du bain, est nettoyé à l'extérieur et pesé de nouveau ; on casse ensuite la pointe sous le mercure ; le métal vient remplacer la vapeur condensée : si tout l'air a été expulsé de l'appareil, le mercure remplit entièrement le matras ; s'il restait de l'air, on en tient compte ; on connaît son volume en retranchant le mercure rentré du mercure nécessaire pour remplir entièrement le matras. La capacité du matras et par suite le volume de la vapeur, sont donnés par le volume de mercure qui remplit le matras. Ceci une fois acquis, sachant par la même raison, quel est le volume d'air que le matras contenait quand on l'a pesé, on retranche le poids de cet air du poids brut du matras, ce qui donne le véritable poids du matras : retranchant cette tare corrigée du ballon plein de vapeur, on a le poids de la vapeur ; par exemple : le ballon, toute correction faite, contenait un demi-litre de vapeur ramenée à zéro, et à la pression 76^0 ; le poids de cette vapeur était 1 gram. Un litre de vapeur aurait donc pesé 2 gram. ; et comme un litre d'air pèse 1,299 gram., il en résulte que la densité de la vapeur observée est 1,54 (1).

(1) Exemple d'opération pour une densité de vapeur. Ballon plein d'air a 19°,5 et P 755 m., pèse 200 grammes.

Ballon plein de vapeur d'essence de citron, pèse 201,448.

Le ballon a été fermé à P. 755 mm. et à 193°.

Il est rentré dans l'appareil 441,7 cc. de mercure qui représentent l'air sorti.

Le ballon plein contenait 456 cc. de mercure; d'où la différence 14,3 cc. représente le volume de l'air resté.

441,7 cc. d'air sorti, à la température 19,5 et à la pression 755 m.,

Densité de quelques vapeurs.

Arsenic	10,65
Sublimé corrosif	9,8
Bi-chlorure d'étain	9,199
Iode	8,716
Chlorure d'antimoine	7,8
Calomel	6,35
Mercure	6,976
Soufre	6,617
Cinabre	5,95
Brome	5,54
Camphre	5,488
Essence de térébenthine	4,763
Phosphore	4,355
Acide sulfurique anhydre	3
Sulfure de carbone	2,644
Ether sulfurique	2,586
Ether hydrochlorique	2,212

représentent 0,531 grammes d'air ramené à P. 76 et temp. 0. Il faut les retrancher de la tare du ballon, savoir : 200 grammes — 0,531 grammes = 199,469 grammes. Retranchant cette nouvelle tare du poids du ballon plein de vapeur, savoir : 201,448—199,469 ou à 1,979 grammes pour le poids de la vapeur.

Le volume de la vapeur se compose de la capacité du ballon, moins l'espace occupé par l'air non sorti. Celui-ci s'est trouvé de 14,3 cc., qui à la pression 755 m. et à la température 193°, où le ballon a été fermé, occupant 23,43 cc., donc le volume de la vapeur était 456 cc. — 23,43 cc. = 432,53 cc.

On a 432,53 cc. de vapeur à température 193° et à P. 75,5, qui ramènent à P. 76 et température 0 = 249,39 cc., qui pèsent 1,979. — Un lit. de vapeur peserait 7,93 grammes. Un litre d'air pèse 1,299 grammes; donc, la densité de la vapeur d'essence à citron = 6,101

Dans ce genre de recherches, on ne tient pas compte de la dilatation du verre; le procédé ne comporte pas un tel degré d'exactitude.

Acide hyponitrique. 1,72
Alcool. 1,6133
Acide hydrocyanique 0,9476
Eau. 0,6235

La densité de la vapeur (l'espace étant saturé) croît avec la température; cela doit être, puisque dans un espace donné, la quantité pondérable de vapeur augmente avec la température. Dans les limites de la température ordinaire, les nombres qui représentent la tension de la vapeur en millimètres, représentent presque exactement le poids de la vapeur en grammes, contenu dans un mètre cube, de sorte que la table de tension des vapeurs dit avec une exactitude habituellement suffisante le poids de vapeur contenu dans un mètre cube. En voici quelques exemples :

Temp.	Tension en millim.	Poids de vapeur dans un mètre cube.
0	5	5,4 gr.
1	5,4	5,7
10	9,5	9,7
16	13,6	13,7
20	17,2	17,18
30	30	29,3

Cette observation n'est applicable que pour les températures peu élevées; dans les hautes températures, la densité de la vapeur croît dans une proportion beaucoup plus grande. A 400° la vapeur d'eau occupe un volume seulement quatre fois plus grand que celui de l'eau liquide, elle est plus de cent soixante fois aussi dense que l'air; au rouge la densité de la vapeur d'eau doit être peu différente de la densité de l'eau liquide; à 300°, l'éther se réduit en vapeur en doublant seulement le volume; à 260 la vapeur d'alcool occupe trois fois seulement le volume de l'alcool à l'état liquide (Cagniard Latour).

De l'ébullition, de la distillation et de l'évaporation.

Un liquide bout, quand il s'y manifeste un mouvement tumultueux produit par de grosses bulles de vapeur qui viennent successivement crever à la surface. Le véritable caractère de l'ébullition consiste dans l'égalité de la force élastique de la vapeur et de celle de l'atmosphère qui pèse sur le liquide.

Comme conséquence de ce qui précède, il résulte que le point d'ébullition d'un liquide n'est pas constant, et qu'il varie avec la pression de l'atmosphère qui pèse sur lui. Dans un même lieu, ces variations seront contenues dans les limites ordinaires de la hauteur du baromètre ; dans des lieux différens, les changemens sont plus marqués ; au niveau de la mer, l'eau bout à 100 degrés ; à Paris à 99°,7 ; à Barèges, à 95°,6 ; à Quito, à 90° ; sur le Mont-Blanc, à 84°. Dans les appareils où l'on fait le vide, l'ébullition est singulièrement hâtée ; elle est retardée dans les machines à vapeur à haute pression, dans la marmite de Papin, dans le digesteur *fig*. 195. *d* est un vase en cuivre épais, dont le couvercle est assujetti au moyen de la vis *s*; une soupape de sûreté *s* permet à la vapeur de sortir, si la pression devient trop forte.

La nature des vases a une influence marquée sur le point d'ébullition. L'eau bout plus vite dans un vase métallique que dans le verre ou la poterie; la différence pour le verre est de plus d'un degré. L'eau qui bout dans un verre de métal, le fait avec un mouvement régulier; dans les vases non conducteurs au contraire, l'ébullition est interrompue, la vapeur se fait par les bouffées qui soulèvent le liquide et le vase, et produisent des soubresauts. On attribue ce phénomène à l'adhérence que le liquide contracte avec la surface polie du verre; le vase et cette couche de liquide s'élèvent de quelques degrés au-dessus du terme ordinaire de l'ébullition, jusqu'à ce que cet état soit dérangé par son propre excès ; à ce moment il se produit une bouffée de vapeur, le liquide est projeté et le vase lui-même est soulevé.

Il suffit de mettre dans le liquide quelques parcelles de métal, platine, zinc ou fer, pour rendre l'ébullition tranquille et éviter les soubresauts.

Dans un liquide qui bout, les couches n'ont pas toutes la même température ; dans les couches inférieures, qui supportent en outre du poids de l'atmosphère le poids des couches liquides supérieures, la vapeur, pour leur faire équilibre à cette pression, doit avoir une tension plus forte, et par suite une température plus élevée ; c'est la raison pour laquelle on opère dans une couche d'eau peu profonde, quand on veut graduer exactement un thermomètre.

Tous les liquides n'entrent pas en ébullition à la même température.

Voici le point d'ébullition de quelques-uns d'entre eux sous la pression 76c.

Acide sulfureux.	— 10
Ether sulfurique.	+ 35,5
Alcool pur.	78,41
Eau pure	100
Essence de térébenthine	155
Iode.	175
Soufre.	300
Acide sulfurique *D*, 1,85	310

Quand un liquide contient en dissolution une matière pour laquelle il a de l'affinité, l'ébullition se trouve retardée ; l'ébullition est plus tardive à mesure que le corps tenu en dissolution exerce sur le liquide une action chimique plus énergique, et que sa proportion est plus considérable. On peut même se servir avec avantage de cette observation pour constater le degré d'affinité d'un solide pour un liquide. Ainsi, en voyant le sublimé corrosif ne pas changer le point d'ébullition de l'eau, le sel marin la retarder de quelques degrés, et une solution saturée de chlorure de calcium ne bouillir qu'à 179,5 degrés, on en conclut que l'affinité du chlorure de calcium pour l'eau est très grande, que celle du sel marin est moyenne, et que le sublimé corrosif n'exerce sur l'eau qu'une action très faible.

Voici, d'après M. Legrand, le point d'ébullition de quelques dissolutions salines saturées.

Sulfate de soude.	100°,7
Acétate de plomb	102
Chlorate de potasse.	104,2
Carbonate de soude.	104,6
Chlorure de potassium.	108,3
Chlorure de sodium.	108,4
Hydrochlorate d'ammoniaque . . .	114,2
Tartrate neutre de potasse.	114,67
Nitrate de potasse.	115,9
Nitrate de soude.	121
Carbonate de potasse	135
Nitrate de chaux.	151
Chlorure de calcium.	179,5
Nitrate d'ammoniaque.	180

Il est remarquable que la vapeur, qui se forme à ces températures supérieures à + 100, n'a que la tension ordinaire de l'atmosphère, 76°. Il faut alors qu'elle ait une densité très faible.

La *distillation* est une opération dans laquelle un ou plusieurs liquides volatils soumis à l'ébullition dans un appareil convenable, forment des vapeurs que l'on condense par le refroidissement dans une autre partie de l'appareil. Comme il y a communication avec l'air extérieur, l'ébullition se fait dans les circonstances ordinaires. La vapeur chasse l'air, remplit l'espace, arrive dans les parties refroidies de l'appareil où elle se condense et est successivement remplacée par de nouvelle vapeur qui se condense à son tour. Si deux liquides différens sont chauffés en même temps dans un appareil distillatoire, l'ébullition commence quand la température est arrivée au point ordinaire d'ébullition du liquide le plus volatil ; à ce moment il passe un mélange des deux vapeurs, chaque liquide en fournissant en rapport avec sa tension pour cette température. Un mélange d'eau et d'essence de térébenthine bouillira à 100° ; la vapeur d'eau aura à ce moment une force élastique égale à celle de l'atmosphère et se formera librement ; l'essence sera à 56° au-dessous de son point d'ébullition ; la forme élastique de sa vapeur sera seulement de 0,068^{m} ; la vapeur d'eau se saturera de cette vapeur ; elles se condenseront ensemble. Si l'on dissout dans l'eau un sel qui retarde son point d'ébullition, l'essence passe en proportion plus grande. Avec de l'eau saturée de sel marin, l'ébullition n'a lieu qu'à 108° ; la forme élastique de la vapeur d'essence est alors de 10^{c} et la vapeur d'eau avec une pression de 0,76^{c}, et une température de 108° a une densité faible : la proportion d'essence se trouve par là singulièrement augmentée dans le liquide qui se condense.

L'affinité chimique que les liquides auraient l'un pour l'autre modifierait les résultats en ce sens, que les proportions relatives de chacun des liquides condensés varieraient à chaque instant de l'opération ; par exemple : un mélange d'eau et d'alcool donne des vapeurs plus alcooliques au commencement de la distillation, et qui deviennent de moins en moins spiritueuses à mesure que l'opération avance ; quand on distille de l'acide acétique et de l'eau, les premières vapeurs sont plus aqueuses, l'acidité augmente peu-à-peu.

L'appareil distillatoire le plus employé dans les laboratoires est l'alambic, *fig.* 196. Il est composé de trois pièces : la première est une chaudière de cuivre étamée *c*, cylindrique ; ayant vers sa partie supérieure un renflement sur lequel elle pose dans le fourneau ; c'est la cucurbite. La seconde pièce s'appelle chapiteau *c'*; elle s'emboîte dans la précédente; elle est en étain; elle a la forme d'un dôme aplati. Sur un de ses flancs latéraux est soudé un large conduit en étain légèrement incliné vers la cucurbite. Il s'adapte dans une troisième pièce *s*; c'est le réfrigérant auquel sa forme a fait donner le nom de serpentin.

On a donné au serpentin la forme d'une spirale, afin de pouvoir, dans un plus petit espace, donner au tube plus de longueur, et faciliter la condensation des vapeurs. Celles-ci, en reprenant l'état liquide, abandonnent toute la chaleur qu'elles avaient rendue latente en se gazéifiant, et échauffent les particules d'eau qui se trouvent en contact immédiat avec le tube conducteur. Ces particules échauffées, devenues plus légères par leur dilatation, s'élèvent à la surface, et sont remplacées par de nouveau liquide qui s'échauffe à son tour, de sorte que l'eau est chaude dans la partie supérieure de la cuve, tandis qu'elle est tout-à-fait froide un peu plus bas; mais il arriverait nécessairement qu'elle s'échaufferait tout entière au bout d'un temps plus ou moins long, si on n'avait le soin de la renouveler. A cet effet, un tuyau *t* fait en entonnoir à son extrémité supérieure s'élève un peu au-dessus des parois de la cuve, et s'enfonce par l'autre bout jusque près de son fond. Par son moyen, on fait arriver continuellement au fond de la cuve un courant d'eau froide, et le trop-plein qu'il produit est évacué en eau chaude à l'aide d'un petit conduit, pratiqué au niveau primitif du liquide à un pouce environ du haut de la cuve.

Pour les opérations chimiques, on fait souvent les distillations à la cornue, *fig.* 197.

Une cornue *a* est un vase de verre, de terre, de porcelaine ou de métal, fait en forme d'œuf. A sa partie supérieure et latérale se trouve un tuyau d'abord très large qui va en se rétrécissant vers son extrémité. On distingue dans une cornue, la panse, la voûte et le col.

C'est dans la panse que reposent les matières à distiller; elle répond à la cucurbite. La voûte et le col remplissent les mêmes fonctions que le chapiteau de l'alambic.

L'appareil pour la distillation des liquides à la cornue se compose d'une allonge *b* et d'un ballon récipient tubulé *c*, surmonté d'un long tube. Celui-ci a le double avantage de faciliter la condensation des vapeurs, et de porter à une hauteur assez grande dans la cheminée les gaz incoercibles, parfois l'odeur désagréable et d'effet délétère.

Dans la distillation à la cornue, la condensation des vapeurs commence dans le col de la cornue, elle continue dans l'allonge et s'achève dans le récipient. Celui-ci doit être arrosé constamment par un filet d'eau froide; on l'enveloppe d'une toile pour que l'eau s'y répande plus uniformément; on peut encore tenir le récipient plongé dans une terrine ou dans un baquet où il est fixé fortement par des ficelles; on remplit le vase d'eau froide que l'on rafraîchit continuellement par un filet d'eau froide qui arrive jusqu'au fond. Les portions de liquide échauffées s'écoulent à sa partie supérieure: c'est le mode de refroidissement ordinaire du serpentin. Pour quelques liqueurs très volatiles, on entoure le récipient d'un mélange réfrigérant de glace et de sel marin.

L'*Evaporation* consiste dans la disparition d'un liquide par suite de sa transformation successive en vapeur, elle peut se faire dans le vide ou dans les gaz; elle est toujours beaucoup plus prompte dans le vide. La promptitude de l'évaporation dépend de quelques circonstances qu'il est important de connaître : 1° dans un espace saturé de vapeurs, l'évaporation ne peut se faire; c'est ce qui arrive quelquefois dans l'air, lorsque après plusieurs jours de pluie, il s'est saturé d'humidité; 2° dans un espace non saturé, mais limité, bientôt la saturation a lieu, et de ce moment toute évaporation cesse; 3° dans un espace illimité (l'atmosphère terrestre peut être considérée comme telle), l'évaporation n'a d'autre limite que la vaporisation complète du liquide; 4° l'évaporation est plus prompte à proportion que la force élastique de la vapeur du liquide est plus grande; d'où il résulte que, pour un même liquide, l'évaporation marche plus vite à mesure que la température est plus élevée, et que, pour des liquides différens, la température étant la même, le plus volatil s'évapore plus promptement; 5° l'agitation de l'air et celle du liquide favorisent l'évaporation; dans un repos absolu, elle ne se ferait pas; elle est plus prompte à mesure que l'air se renouvelle plus vite, et ceci tient à ce que la vapeur se niche plus promptement entre les particules de l'air lorsque celui-ci est plus éloigné du point de saturation; 6° l'étendue de la surface hâte l'évaporation, parce que la vapeur se forme sur un plus grand nombre de points à-la-fois.

L'évaporation des liquides se fait par des procédés différens.

1° *Évaporation spontanée.* C'est l'évaporation à l'air libre et à la température ordinaire; l'étendue de la surface liquide, la présence d'un air chaud et sec, l'agitation de l'air ou du liquide, hâtent singulièrement l'opération. Dans les laboratoires, l'évaporation spontanée se fait dans des capsules que l'on couvre de papier pour éviter la poussière; dans les marais salans du Midi, l'eau salée est amenée en couches minces dans des réservoirs glaisés, et qui présentent une grande surface; dans les pays froids, on évapore l'eau salée dans des bâtimens de graduation : ce sont des hangars ouverts, dans lesquels l'eau est élevée et tombe sur des fagots; elle s'y divise à l'infini et présente ainsi une grande surface d'évaporation.

2° *Évaporation par l'air chaud.* On la pratique dans des chambres fermées, qui prennent le nom d'étuves. L'air y est introduit chaud; il en sort après s'être saturé d'humidité. La construction la plus favorable est celle où l'air chaud, arrivant par le bas, ressort à l'autre extrémité de l'étuve par une ouverture située ordinairement vers le niveau du sol. L'air chaud, en raison de sa légèreté, monte dans les parties supérieures, et ne peut sortir qu'après s'être chargé en descendant de la vapeur aqueuse.

3° *Evaporation à chaud.* Elle se fait à feu nu ou à la chaleur du bain-marie ; elle est d'autant plus prompte que la température est plus élevée, que le liquide est agité avec plus de soin, et qu'il présente une plus grande surface. Cependant si la chaleur est portée jusqu'à l'ébullition, ce n'est plus l'étendue de la surface du liquide, mais l'étendue de la surface de chauffe qu'il faut rechercher, c'est-à-dire qu'il faut chauffer sur un grand nombre de points le vase qui contient le liquide ; la quantité de vapeurs reste la même, que le passage laissé à la vapeur soit large ou rétréci.

4° *Evaporation dans le vide.* Dans les laboratoires l'évaporation dans le vide se fait sous le récipient de la machine pneumatique. On tient dans un vase à large surface, le liquide que l'on veut évaporer ; et à côté, dans un autre vase, on met une matière capable d'absorber les vapeurs à mesure qu'elles se forment ; pour les vapeurs d'eau, on se sert d'acide sulfurique, de chaux, de chlorure de calcium. On emploie le vide dans les arts pour l'évaporation du sucre ; mais on opère dans un vide imparfait. La chaudière qui contient le sirop communique avec un vaste récipient ; on fait passer de la vapeur qui chasse presque complètement l'air atmosphérique de la chaudière et du récipient ; alors on ferme toutes les ouvertures et l'on chauffe le sirop. A mesure que la vapeur se forme, elle est condensée par une pluie d'eau froide qui tombe dans le récipient. La pression intérieure est d'environ 0,25^{c}; l'ébullition se fait vers 70^{c}.

Il se produit du froid pendant l'évaporation des liquides : c'est la conséquence de ce qu'une grande quantité de chaleur passe à l'état latent dans la vapeur. On profite du froid produit par l'évaporation pour refroidir les liquides : ainsi une bouteille que l'on entoure d'un linge mouillé, et que l'on expose à un courant d'air se refroidit promptement ; l'eau dans les chaleurs de l'été descend ainsi à 10°, et paraît fraîche à la bouche. En Espagne, on se sert pour le même objet de vases poreux, qui laissent suinter l'eau sur toutes leur surface extérieure ; ils portent le nom d'*alcarazas*. L'évaporation qui se fait en abondance à la surface des feuilles maintient l'intérieur des végétaux à une température modérée ; chez les animaux, le même effet résulte de la transpiration pulmonaire et de la transpiration cutanée ; plus l'air est chaud, plus elles augmentent, et la chaleur du corps se trouve ainsi maintenue au même degré ; chez l'homme, dans les climats froids comme dans les climats chauds, la température moyenne du corps est de 37°.

Des machines à vapeur.

S'il est juste de considérer le physicien français Papin comme le véritable inventeur des machines à vapeur, il ne l'est pas moins de dire que c'est en Angleterre qu'ont été construites les premières machines qui ont eu une application suivie et qui ont rendu de véritables services.

La machine de Savery, qui a été perfectionnée par Newcommen et Cauwlay, utilise la force élastique de la vapeur ; mais ce n'est pas la vapeur, mais bien l'air atmosphérique qui est le véritable moteur ; aussi la désigne-t-on plus spécialement sous le nom de machine atmosphérique. Un piston plein *p*, voyez *fig.* 198, se meut dans un corps de pompe, ouvert par le haut qui communique par le bas *o* avec une chaudière à vapeur, la communication pouvant au besoin être interrompue. Un réservoir fournit de l'eau froide que l'on injecte au besoin dans la partie inférieure du corps de pompe. Quand la communication se trouve établie entre la chaudière qui contient de l'eau bouillante et le corps de pompe, la vapeur d'eau presse le piston en dessous avec une force égale à 76c de mercure, tandis que l'air atmosphérique le presse en dessus avec une force toute pareille. A ce moment le piston se met en route de bas en haut, entraîné par un petit excès dans la force élastique de la vapeur, ou par un contre-poids qui l'emporte sur la résistance qui résulte du frottement du piston contre les parois du corps de pompe. Le piston étant arrivé au haut de sa course, si l'on ferme la communication avec la chaudière, et si l'on verse de l'eau froide dans le corps de pompe, la vapeur d'eau se condense, la pression de bas en haut exercée sous le piston est détruite; l'air atmosphérique pèse de tout son poids et de haut en bas sur le piston, il le force à descendre et lui permet d'entraîner avec lui une masse considérable. C'est de l'action alternative de la vapeur pour contrebalancer le poids de l'air et de la destruction de la force élastique de cette vapeur pour rendre à l'air tout son effet que résulte le mouvement successif et continuel du piston de bas en haut et de haut en bas qui constitue tout le jeu de la machine. C'est à puiser de l'eau dans les mines que la machine de Newcommen est surtout employée. Au moment où le piston *p* remonte le piston de la pompe épuisante *p'* descend par son propre poids, il remonte à son tour entraînant l'eau avec lui, lorsque le poids de l'atmosphère pesant de toute son énergie sur le piston de la machine force celui-ci à gagner de nouveau la partie inférieure du corps de pompe. On voit que, dans cette machine, il n'y a véritablement de puissance que lorsque le piston redescend; sous ce rapport, elle serait impropre à toute fabrication qui demanderait un mouvement continu.

Watt a fait faire de si grands progrès à la construction des machines à vapeur que la part de gloire qui doit lui être décernée égale et surpasse même celle qui appartient au véritable inventeur. Watt ayant été chargé de réparer une machine de Newcommen, reconnut ses inconvéniens et les corrigea en apportant un changement radical dans tout le système. Il évita avec tant d'art les défauts et accumula tant de perfection que la machine à vapeur devint dans ses mains une des plus belles créations que le génie de l'homme ait jamais produites.

Dans la machine de Watt, l'action de l'air est complètement supprimée; le corps de pompe est fermé de toutes parts, et la vapeur arrivant tantôt en haut, tantôt en bas, presse alternativement le piston dessous et dessus, et lui donne le mouvement aussi bien quand il monte que lorsqu'il descend. A l'opposé de la machine atmosphérique, la machine de Watt est à double effet; elle agit également dans les deux directions que prend alternativement le piston.

L'eau froide que l'on projetait dans le corps de pompe avait l'inconvénient de le refroidir; il y avait perte du temps nécessaire pour le réchauffer, perte des effets de la vapeur qui produisait le réchauffement. Watt établit la communication du corps de pompe avec un vase séparé dans lequel il fit une injection d'eau froide. La condensation se fit aussi vite et aussi bien, et le corps de pompe ne fut plus refroidi. Pour éviter encore le refroidissement dû au contact de l'air, Watt enveloppa le corps de pompe d'un second cylindre toujours plein de vapeur : on le désigne sous le nom de chemise.

Au moment où le piston a terminé sa course, où par conséquent le corps de pompe est plein de vapeur, une communication s'établit entre le corps de pompe et le condensateur, et cette vapeur est détruite; au même moment, la vapeur frappe le côté opposé du piston, qui obéit à son effort et se met en mouvement. Il n'éprouve pas d'obstacle, puisque la condensation de la vapeur a détruit toute pression sur la face opposée du piston. Watt établissait et interrompait ces communications au moyen de robinets. Plus tard Murray de Leeds inventa une disposition d'appareil qui, sous le nom de tiroir ou de glissoir, est maintenant (avec quelques modifications de formes) adoptée pour toutes les machines. La pièce *g*, *fig*. 199, est mise en mouvement par la machine elle-même, elle glisse dans une boîte dans laquelle arrive la vapeur par le tuyau *t*. *t'* établit une communication entre la boîte et la partie supérieure du corps de pompe, *t''* avec la partie inférieure; *c* communique avec le condensateur. Lorsque la pièce glissante *g* est placée comme dans la figure, la partie inférieure du corps de pompe est en communication avec la chaudière, comme l'indique les flèches, et la partie supérieure du corps de pompe communique avec le condensateur. Quand la pièce *g* descend au bas de la boîte, c'est l'inverse qui a lieu.

Dans la machine de Watt, la vapeur cesse d'arriver dans le corps de pompe dès que celui-ci en est rempli aux deux tiers. Le piston continue à se mouvoir en raison de sa vitesse acquise et par l'élasticité qui reste à la vapeur; cette élasticité s'affaiblit de plus en plus, à mesure que l'espace augmente et que la vapeur peut se dilater. Le frottement du piston contre les parois use peu-à-peu, et ce qui reste de force élastique à cette vapeur et la vitesse acquise du piston; de sorte que celui-ci a perdu tout mouvement quand il arrive au bout de sa course. Watt a évité ainsi les secousses qui auraient résulté du choc du piston; il a économisé en même temps un tiers de la vapeur.

La machine marche tantôt plus vite, tantôt plus lentement, suivant l'activité de l'ébullition. Au moyen du régulateur à force centrifuge, Watt a donné à la machine la moyen de se régulariser elle-même. Sur un axe vertical *j*, *fig*. 201 *R* que la machine fait tourner plus ou moins rapidement suivant qu'elle-même marche plus ou moins vite, se trouve implanté un tourillon auquel deux tringles métalliques *ll* sont suspendues librement; chaque tringle porte dans le bas une grosse boule métallique *b b*; deux leviers attachés aux tringles viennent s'adapter à un collet *c* qui enveloppe l'axe vertical. Quand la machine marche vite, l'axe vertical tourne vite également ; alors la force centrifuge écarte les boules et le collet est remonté ; si le mouvement se ralentit, les boules se rapprochent et le collet baisse : or, ce collet fait mouvoir une clef placée dans le conduit qui amène la vapeur de la chaudière dans le corps de pompe. Si la machine va vite, le collet, en remontant, ferme la clef, et l'arrivée de la vapeur est ralentie ; si le mouvement faiblit, le collet baisse, la clef s'ouvre, et la vapeur va frapper plus promptement le piston.

Dans la machine de Watt, le mouvement du piston est communiqué à un levier *L L fig.* 201 qui, par son autre extrémité, agit sur une manivelle *m*. Le mouvement de haut en bas et de bas en haut, se trouve par là transformé en un mouvement de rotation. Pour maintenir le piston dans une position toujours verticale, Watt a inventé le parallélogramme articulé ; c'est un parallélogramme $a\ a'\ a''\ a'''$, dont toutes les pièces sont mobiles sur leurs points d'attache ; les deux angles supérieurs sont fixés au balancier de la machine ; la tige du piston est fixée à l'angle inférieur *a*; à l'angle a''' est attachée librement une verge rigide *v* dont l'autre extrémité peut tourner sur un centre fixe *i*. Il résulte de cette disposition que, dans ses mouvemens, le piston et l'angle auquel il est attaché ne quittent pas sensiblement la verticale ; mais le parallélogramme prend toutes sortes de forme, sans cesser jamais d'être un parallélogramme.

La *fig.* 201 montre toutes les pièces qui composent la machine de Watt, réduite à la plus grande simplicité pour que le jeu en soit plus facile à saisir. *P* est le corps de pompe ; *v v* les conduits qui amènent la vapeur ; *C* est le condensateur, *g* le glissoir, *F* une pompe aspirante et élévatoire qui puise dans le condensateur le résidu d'eau et d'air ; et qui verse l'eau chaude par le conduit *e* dans le réservoir *B*.

F' est une pompe qui refoule de l'eau chaude dans la chaudière; F'' est une pompe qui va chercher l'eau froide dans un réservoir, et qui la pousse par jet dans le condensateur; R est le régulateur à force centrifuge ; f est la clef qui ouvre ou ferme le conduit d'arrivée de la vapeur dans le glissoir et qui est mise en mouvement par le régulateur; $a\, a'\, a''\, a'''$ est le parallélogramme articulé; L est le levier qui transmet le mouvement et dont l'axe de suspension est en A.; m est la manivelle qui reçoit le mouvement de haut en bas, et qui le transforme en un mouvement de rotation. $V\, V$ est le volant qui régularise le mouvement de la machine.

La machine à vapeur à haute pression a été établie en 1802 par Trevitich et Vivian, elle diffère de la machine à basse pression de Watt par l'absence du condensateur. La vapeur dans la chaudière est portée à une force élastique de 6 à 7 atmosphères; quand le piston a terminé sa course, une soupape s'ouvre qui laisse échapper la vapeur au dehors. A ce moment, le piston est pressé en sens inverse par la vapeur qui sort de la chaudière, pousse le piston, et, en raison de son excès de pression, l'oblige à se mouvoir. Ici plus de vapeur condensée; c'est l'excès de pression qui détermine le mouvement. La machine à haute pression a l'avantage de dépenser beaucoup moins d'eau que les autres, avantage incontestable pour les locomotives des chemins de fer. Elle réalise aussi une économie de combustible, parce que la chaleur nécessaire pour donner à la vapeur d'eau une force élastique de plusieurs atmosphères est à peine différente de celle que contiendrait la vapeur d'eau à la pression de 0,76^{c}.

Dans la machine de Woulf, nommée aussi machine d'Edwards, les deux systèmes de Watt et de Trevitich sont réunis. La vapeur opère d'abord dans un petit cylindre et sous une forte pression; puis au lieu de se perdre à l'air libre, elle arrive dans un corps de pompe beaucoup plus grand que le premier, occupé également par un piston. Cette partie de l'appareil est toute pareille au corps de pompe de la machine de Watt; elle communique avec un conducteur. La vapeur qui a fini son effet dans le premier corps de pompe, s'étend dans le grand cylindre en pressant le piston et perd une quantité correspondante de sa force élastique; le piston du premier corps de pompe sollicité en même temps par la pression supérieure de la chaudière se met aussitôt en mouvement.

Les chaudières des machines à vapeur, *fig.* 202, sont en fonte, plus souvent en fer. On leur donne une forme qui leur fait présenter beaucoup de surface au foyer; souvent pour augmenter cette surface, on place au-dessous de la chaudière, et communiquant avec elle, des tubes bouilleurs *b b* qui plongent dans le foyer. La quantité de vapeur fournie est toujours proportionnelle à la surface du chauffe.

A mesure que l'eau s'évapore, la chaudière est alimentée par une pompe qui refoule de l'eau; un appareil nommé flotteur *f*, indique à chaque instant le niveau d'eau dans la chaudière, et le plus ordinairement il sert à guider l'arrivée de l'eau à mesure que le niveau baisse.

Il se compose d'une pierre *f* soutenue en partie par un contre-poids *p*: quand l'eau baisse dans la chaudière, le flotteur descend; en même temps la douille du robinet *b* descend aussi et comme elle est échancrée dans sa partie supérieure, l'eau arrive dans la chaudière par le conduit *t*.

Les chaudières des machines à vapeur sont essayées en y refoulant de l'eau au moyen d'une pompe; elles doivent résister à cinq atmosphères de plus que la pression sous laquelle elles sont destinées à travailler, si elles sont en métal fondu, et à trois atmosphères de plus si le métal a été laminé. Cet essai n'est pas une garantie parfaite contre la rupture, parce que le métal chaud a moins de ténacité que lorsqu'il a été essayé à froid, parce que les chaudières s'usent avec le temps, et enfin parce qu'elles peuvent ne pas résister à la pression brusque qui résulterait de la formation instantanée de la vapeur, bien qu'elles supportent facilement l'action d'une pression graduée.

L'ouverture *o*, *fig.* 202, sert à pénétrer dans la chaudière quand il faut la nettoyer. C'est le trou de l'homme. Pour éviter les accidens qui pourraient résulter d'une accumulation trop forte de vapeur, on se sert de la soupape de sûreté *s*. Une ouverture percée dans la chaudière est fermée par une plaque métallique que l'on charge de poids au moyen d'un levier du second genre. La résistance est calculée de manière à ce que la soupape se soulève avant que la pression intérieure ait atteint la limite de la résistance de la chaudière. Les soupapes de sûreté n'ont pas toujours préservé des explosions, parce que souvent les chauffeurs les ont surchargées et parce qu'elles adhèrent facilement à la chaudière, si l'on n'a pas eu le soin de les faire jouer de temps en temps, enfin parce qu'elles ne peuvent suffire à l'écoulement de la vapeur si celle-ci vient à se produire brusquement en trop grande abondance.

Les plaques fusibles *i* ont le même objet que les soupapes de sûreté. Elles ferment une ouverture de la chaudière et se fondent à une température de peu supérieure à celle que prend la vapeur dans le travail ordinaire. Les plaques fusibles sont faites avec un alliage de plomb, de bismuth et d'étain. On met ordinairement deux plaques, l'une qui fond à 10° au-dessus de la température ordinaire du travail, l'autre à 20°. De peur que les plaques fusibles ne se ramollisent et ne se déchirent avant de fondre, on les tient renfermées dans un grillage métallique.

Les manomètres *m* que l'on place sur les chaudières à vapeur font connaître la pression intérieure et avertissent du danger. Dans les machines à basse pression, le manomètre est ouvert et fait l'office de soupape ; si la pression devient trop forte, le mercure est déversé et la vapeur sort librement. On adapte souvent aux chaudières à vapeur une soupape qui s'ouvre du dehors en dedans; c'est la soupape à air. Si la pression intérieure vient à diminuer cette soupape s'ouvre, l'air pénètre dans la chaudière et rétablit l'égalité de pression; sans cette précaution, lors d'un refroidissement brusque, la pression extérieure de l'air venant à l'emporter, la chaudière recevrait un choc violent, comme si tout le poids de l'air extérieur venait instantanément à frapper sur elle. Ce manque d'eau dans les chaudières est une des causes les plus fréquentes d'explosion, et ce qui est fort remarquable, c'est que celle-ci arrive précisément dans les circonstances qui devaient le plus rassurer, lorsque quelques instans avant le manomètre n'accusait pas une pression très forte, et que la soupape de sûreté venait de se soulever. L'eau ne garnissant pas suffisamment la chaudière, ses parois supérieures ont pu être chauffées jusqu'au rouge; à ce moment la pression de la vapeur n'est pas très grande, parce que malgré sa haute température sa tension ne peut pas être plus forte que celle de l'eau en ébullition dans la chaudière; si à ce moment la soupape se soulève, l'eau débarrassée tout-à-coup d'une partie de la pression qui pesait sur elle, s'élance en bouillonnant, vient au contact des parois rougies au feu de la chaudière et se mêle à la vapeur incandescente; il en résulte une production énorme et instantanée de vapeur pour laquelle les précautions ordinaires sont tout-à-fait impuissantes. La chaudière saute en l'air, parce que sa partie inférieure refuse la pression par suite de la rupture; alors la pression supérieure agit seule et la chaudière est lancée. Les moyens de prévenir ces accidens sont ceux qui ont pour objet d'entretenir une quantité d'eau suffisante dans la chaudière.

Souvent les explosions se sont faites dans le foyer même; elles résultent de ce que du gaz inflammable s'y est accumulé, lorsque le registre étant fermé, le feu n'a pas été éteint; ce gaz se mêle à l'air et peut bientôt être en proportion suffisante pour qu'il y ait détonnation; on évite ces accidens en fermant incomplètement le registre de la cheminée et en laissant le moins de coudes possibles dans la construction.

On exprime le travail des machines à vapeur par force de cheval. Les observateurs ne sont pas d'accord sur la mesure de cette force. M. Navier a admis comme unité le travail fait par un cheval allant au pas, attelé à un manège et travaillant huit heures par jour; il éleverait quarante kilogr. et demi d'eau à un mètre par seconde.

DE L'HYGROMÉTRIE.

L'air atmosphérique contient toujours de la vapeur d'eau; on peut le démontrer en portant dans l'air un vase plus froid: l'eau se condense bientôt sur ses parois. Les corps qui se trouvent exposés à l'action de l'air exercent souvent une action sur l'humidité qui s'y trouve; il est peu de corps, même parmi les substances minérales, qui ne se couvrent d'une légère couche d'humidité lorsqu'ils restent exposés à l'air. Quelques-uns absorbent cette humidité avec une extrême avidité: telle est la chaux, qui passe bientôt à l'état d'hydrate. Quelques corps très solubles se dissolvent dans l'eau qu'ils ont absorbée: on dit qu'ils sont déliquescens. Au contraire, quelques autres cèdent à l'air une portion de leur eau de cristallisation, en même temps qu'ils perdent de leur transparence; on dit qu'ils sont efflorescens. Les tissus organiques sont généralement remarquables par leur action sur l'humidité atmosphérique; ils l'absorbent ou la restituent, suivant que l'air est humide ou sec: tantôt cette humidité les allonge, tantôt elle les resserre. C'est en raison de cette propriété hygrométrique que les matières organiques servent d'ordinaire à construire les instrumens destinés à faire connaître l'état hygrométrique de l'air: ces instrumens portent le nom d'hygroscopes, quand ils indiquent la sécheresse ou l'humidité; on les appelle hygromètres quand ils les mesurent.

On fabrique assez souvent les hygroscopes avec des portions de membrane que l'on fixe à une extrémité et qui portent à l'autre quelque corps qui avance ou recule, suivant que la membrane s'allonge ou se resserre : c'est un capucin dont le capuchon couvre la tête en temps de pluie et retombe sur les épaules dans les temps secs; c'est un homme à la porte de sa maison, qui sort quand le ciel est beau, qui rentre quand le temps menace.

Les hygromètres exigent l'emploi des matières qui conservent leur ressort par le passage successif du sec à l'humide. Les membranes animales ne remplissent pas cette condition; les fanons de baleine coupés dans le sens de leur largeur la réalisent : mais, de toutes les matières, les cheveux offrent le plus d'avantage; ils servent à la construction de l'hygromètre de Saussure, le meilleur et le plus employé de ces instrumens. Les cheveux doivent avoir été coupés sur une tête saine; on les enveloppe dans une toile fine, et on les fait bouillir dans de l'eau chargée d'un centième de carbonate de soude : c'est pour enlever une matière grasse qui se trouve à leur surface. On prend un de ces cheveux, *a b c*, *fig.* 207; on le fixe par une de ces extrémités, et l'on suspend à l'autre un poids *c* assez pesant pour le tendre, trop faible pour le tirailler. On enroule ce cheveu autour d'une poulie *p*, assez petite pour que l'allongement qui résulte du passage de l'extrême sécheresse à l'extrême humidité lui fasse faire une révolution complète; cette poulie porte une aiguille qui tourne sur un cadran. Pour graduer l'hygromètre, on le tient pendant une heure ou deux sous une cloche placée sur l'eau; on marque 100° au point où l'aiguille s'arrête : c'est l'humidité extrême. On porte ensuite l'instrument sous une cloche où l'on a mis de la chaux ou de la potasse caustique; après quelques heures, l'aiguille indique la sécheresse absolue : on marque 0° à ce point.

Bien que l'air à différentes températures contienne des quantités de vapeurs très différentes, cependant l'hygromètre donne, pour chacune de ces températures, des indications comparables ; il marque également 100° dans de l'air chaud ou froid, pourvu qu'il soit également saturé d'humidité. L'indication de l'instrument est encore la même, et indépendante de la température, avec de l'air qui contient le quart, la moitié de la vapeur nécessaire à la saturation. L'instrument indique donc non la quantité de vapeur absolue, mais sa quantité relative. Si l'on en excepte le zéro pour la sécheresse absolue, le 100° pour l'humidité extrême, les autres degrés de l'hygromètre ne sont pas en rapport avec la proportion d'humidité que l'air contient. M. Gay-Lussac a déterminé pour les degrés intermédiaires les rapports de l'hygromètre à la quantité réelle de vapeur d'eau. On entend ici, par degré d'humidité, le rapport de la quantité d'eau à celle qui existerait dans l'air, si celui-ci était saturé.

TABLE DES DEGRÉS D'HUMIDITÉ.

Degré de l'hygromètre.	Degré d'humidité.	Degré de l'hygromètre.	Degré d'humidité.	Degré de l'hygromètre.	Degré d'humidité.
0	0,00	34	17,10	68	44,89
1	0,45	35	17,68	69	46,04
2	0,90	36	18,30	70	47,19
3	1,35	37	18,92	71	48,51
4	1,80	38	19,54	72	49,82
5	2,25	39	20,16	73	51,14
6	2,71	40	20,78	74	52,45
7	3,18	41	21,45	75	53,76
8	3,64	42	22,12	76	55,25
9	4,10	43	22,79	77	56,74
10	4,57	44	23,46	78	58,24
11	5,05	45	24,13	79	59,73
12	5,52	46	24,86	80	61,22
13	6,00	47	25,59	81	62,89
14	6,48	48	26,32	82	64,57
15	9,96	49	27,06	83	66,24
16	7,46	50	27,79	84	67,92
17	7,95	51	28,58	85	69,59
18	8,45	52	29,38	86	71,49
19	8,95	53	30,17	87	73,39
20	9,45	54	30,97	88	75,29
21	9,97	55	31,76	89	77,19
22	10,49	56	32,66	90	79,09
23	11,01	57	33,57	91	81,09
24	11,53	58	34,47	92	83,08
25	12,05	59	35,37	93	85,08
26	12,59	60	36,28	94	87,07
27	13,14	61	37,31	95	89,06
28	13,69	62	38,34	96	91,25
29	14,23	63	39,36	97	93,44
30	14,78	64	40,39	98	95,63
31	15,36	65	41,42	99	97,81
32	15,94	66	42,58	100	100,00
33	16,52	67	43,75		

Degré d'humidité.	Degré de l'hygromètre.	Degré d'humidité.	Degré de l'hygromètre.	Degré d'humidité.	Degré de l'hygromètre.
0	0,00	34	57,42	68	84,06
1	2,19	35	58,58	69	84,64
2	4,37	36	59,61	70	85,22
3	6,56	37	60,64	71	85,77
4	8,75	38	61,66	72	86,31
5	10,94	39	62,69	73	86,86
6	12,93	40	63,72	74	87,41
7	14,92	41	64,63	75	87,95
8	16,92	42	65,53	76	88,47
9	18,91	43	66,43	77	88,99
10	20,91	44	67,34	78	89,51
11	22,81	45	68,24	79	90,03
12	24,71	46	69,03	80	90,55
13	26,61	47	69,83	81	91,05
14	28,51	48	70,62	82	91,55
15	30,41	49	71,42	83	92,05
16	32,08	50	72,94	84	92,54
17	33,76	51	72,21	85	93,04
18	35,43	52	73,68	86	93,52
19	37,11	53	74,41	87	94,00
20	38,78	54	75,14	88	91,48
21	40,27	55	75,87	89	94,95
22	41,76	56	76,54	90	95,43
23	43,26	57	77,21	91	95,90
24	44,75	58	77,88	92	96,36
25	46,24	59	78,55	93	96,82
26	47,55	60	79,22	94	97,29
27	48,86	61	79,84	95	97,75
28	50,18	62	80,46	96	98,20
29	51,49	63	81,08	97	98,69
30	52,81	64	81,70	98	99,20
31	53,96	65	82,32	99	99,55
32	55,11	66	82,90	100	100,00
33	56,27	67	83,48		

En exposant à l'air un vase plein d'eau froide, l'eau commence à se déposer sur le vase et à le ternir au moment où l'air en contact est assez refroidi pour s'être saturé de vapeur d'eau ; c'est ce qu'on appelle le point de rosée. On comprend en effet, qu'en abaissant la température d'un air non saturé, on l'amènera nécessairement au point où la quantité de vapeur qu'il contient suffira à sa saturation ; à partir de ce moment, le moindre refroidissement entraîne le dépôt d'un peu de vapeur. Si l'on observe quelle est la température à ce moment, on en pourra conclure la quantité d'humidité. Soit $+12°$, la température de l'air et de l'eau avant l'expérience, on refroidit l'eau en y ajoutant peu-à-peu des fragmens de glace, le point de rosée se montre à $+6°$. La table des tensions nous dit qu'à 6°, la tension de la vapeur d'eau est de 0,007^{m}, et le poids de la vapeur dans un litre de 0,00797 gr. ; à $+12°$ la tension de la vapeur est 0,010^{m}, et le poids de la vapeur dans un litre 0,011. L'expérience nous dit par conséquent que l'air ne contenait que 0,0079^{c} d'eau, ou les $\frac{7}{11}$ de la quantité nécessaire pour sa saturation. Daniel a construit, sur ces données, un hygromètre de condensation fort commode. *b*, *fig*. 206, est une boule en verre noir qui contient de l'éther, et un petit thermomètre ; *b'* est une boule couverte de mousseline. En arrosant *b'* avec de l'éther, le froid qui résulte de l'évaporation condense la vapeur intérieure ; *b* en fournit à mesure de nouvelle et se refroidit en même temps ; au moment où l'air extérieur, qui est en contact avec *b*, est assez refroidi pour être saturé, la vapeur d'eau se dépose sur *b* et le ternit ; à ce moment, on lit la température sur le thermomètre intérieur.

L'air est rarement saturé d'humidité ; ordinairement il n'en contient que la moitié de ce qui serait nécessaire à sa saturation ; dans les plus grandes sécheresses, on en trouve encore le sixième. A mesure qu'on s'élève, l'air devient plus sec ; sur le sommet des Alpes, la proportion de vapeur d'eau n'est jamais le quart de ce que contiendrait l'air saturé ; à 8,000 mètres d'élévation, M. Gay-Lussac n'en a trouvé que $\frac{1}{8}$. Cette sécheresse des hautes régions de l'atmosphère explique comment il fait beau quand le baromètre monte ; comment il pleut souvent quand le baromètre descend. Si l'air devient plus pesant, les nuages ne sont plus dans leur condition d'équilibre ; ils montent, et la vapeur qui les compose disparaît dans l'air sec où ils arrivent ; si l'air devient plus léger, les nuages descendent dans des régions ordinairement plus humides, où ils se condensent. Mais comme il y a souvent dans l'atmosphère des zônes inégalement humides, il arrive quelquefois que les nuages qui montent rencontrent un air chargé de vapeur, et la pluie survient malgré l'indication contraire du baromètre. En général la baisse du mercure est une indication plus sûre de la pluie que la hausse n'est un présage certain du beau temps.

L'humidité constante de l'atmosphère est la cause de phénomènes importans que nous allons exposer.

Rosée. La terre se refroidit par le rayonnement, quand le soleil n'est plus à l'horizon. Lorsque l'abaissement de température qui en résulte est assez grand, l'air qui se refroidit au contact du sol est bientôt sursaturé, et l'excédant de vapeur se dépose sur les corps environnans (*voy.* p. 159).

Gelée blanche. Si les nuits sont longues comme au printemps et à l'automne dans nos climats, le refroidissement de la terre pourra aller assez loin pour que l'eau se congèle, la gelée blanche sera produite.

Serein. Après une journée chaude, quand l'air est très chargé d'humidité, au moment où le soleil baisse et que la terre se refroidit, l'abaissement de température amène bientôt la sursaturation de l'air. L'humidité se dépose alors en petites vésicules qui constituent une pluie fine, laquelle apparaît sans qu'aucun nuage se montre au ciel : c'est le serein.

Brouillard. Les brouillards sont des vapeurs aqueuses qui

se forment et se maintiennent près de la surface de la terre. Lorsque l'eau est plus chaude que l'air, elle forme des vapeurs qui se condensent dans l'air froid et y restent suspendues ; c'est un effet semblable à celui qui se montre, lorsque de l'eau chauffée dans un vase verse ses vapeurs dans l'atmosphère. Les brouillards se forment dans une circonstance opposée, c'est quand de l'air chaud vient en contact de la terre ou d'une masse d'eau refroidie ; telle est la cause ordinaire des brouillards qui se montrent pendant le temps du dégel.

Bruine, givre. La bruine est une petite pluie qui résulte de la liquéfaction des vésicules qui composent le brouillard. Si les corps sur lesquels la bruine se dépose sont très froids, l'eau se congèle en petites aiguilles et le *givre* se produit.

Nuages. Ce sont des amas d'eau à l'état vésiculaire. Ils sont formés, tantôt par des brouillards qui sont élevés par le vent, tantôt par les vapeurs qui se forment sur la cime des forêts ou sur les pics élevés, plus souvent par la rencontre de courans d'air humides et inégalement chauds.

Pluie. Elle résulte des nuages dont les gouttelettes s'agglomèrent et tombent ; on ne donne cependant le nom de pluie qu'à celle qui arrive jusqu'au sol. Dans les montagnes, on voit souvent des nuages se résoudre en une pluie qui repasse à l'état de vapeur avant d'être arrivée dans les régions basses. La quantité de pluie qui tombe sur les divers points de la terre est différente ; les lieux situés dans la zône torride sont ceux qui en reçoivent le plus. La quantité en diminue à mesure que l'on s'approche des pôles ; mais si l'on compte non plus la quantité d'eau, mais le nombre de jours pluvieux, on trouve que ceux-ci sont plus nombreux dans le nord.

Neige. Elle résulte des nuages dont l'eau se congèle ; elle se fait dans les régions élevées. En tombant, les aiguilles se réunissent et forment des agglomérations régulières. Les aiguilles de neiges qui s'accrochent les unes aux autres en traversant l'atmosphère constituent les flocons. On voit quelquefois tomber de la neige rouge, sa coloration est due à une plante cryptogame, l'*Uredo nivalis*.

Grésil. Le grésil est formé par de la pluie qui s'est congelée en traversant des couches d'air froides; il est constitué par une glace fibreuse, compacte, en grains arrondis. Le grésil est lourd et tombe vite; il paraît s'être formé lors du mélange des courans d'air, et se montre surtout à l'équinoxe, quand des vents violens font varier d'un instant à l'autre la température. Le grésil poussé par le vent a toujours dans sa chute une direction oblique.

Verglas. Quand un air humide laisse tomber de la pluie sur la surface de la terre en ce moment très refroidie, cette pluie se congèle et forme une couche mince de glace, c'est le verglas.

MAGNÉTISME.

L'aimant attire le fer : tous les phénomènes qui se rattachent à cette propriété forment la branche de la physique connue sous le nom de magnétisme (de *magnes*, aimant).

Une théorie simple lie entre eux tous les phénomènes du magnétisme. *Il existe dans tous les corps un fluide particulier, fluide magnétique, composé lui-même de deux fluides différens, distingués sous les noms de fluide boréal et de fluide austral.*

La théorie générale du magnétisme, posée par Coulomb, en admettant deux fluides exerçant une répulsion sur eux-mêmes et une attraction l'un pour l'autre, porte encore à considérer le volume magnétique des corps comme composé d'espaces ou élémens magnétiques que le magnétisme ne peut quitter, et d'espaces ou élémens non magnétiques dans lesquels le magnétisme ne peut pénétrer. Quand les deux fluides sont réunis ou disséminés également sur une molécule, l'état magnétique est nul ; il existe quand les deux fluides sont opposés aux deux extrémités d'une molécule.

L'action du magnétisme diminue en raison inverse du carré des distances.

Les fluides de même nom se repoussent ; les fluides du nom contraire s'attirent.

On prouve l'existence du magnétisme dans le fer par l'expérience suivante : On suspend à un aimant *ab*, *fig.* 203, un morceau de fer doux *f*; celui-ci devient magnétique et attire le fer. Ce n'est pas l'aimant qui agit à distance; car, si l'on remplace le fer doux par du cuivre, la limaille ne s'y attache pas. Au moment où on retire le fer du contact de l'aimant, toute propriété magnétique cesse, et la limaille tombe. On explique ces faits en admettant que le fer doux contient les deux fluides boréal et austral, qu'ils se séparent sous l'influence de l'aimant, et qu'ils se réunissent aussitôt que le fer est soustrait à cette influence.

Le fluide magnétique se distribue dans les corps, de manière qu'il y a une ligne moyenne où le magnétisme est nul et deux pôles où se montre l'attraction.

Le nom de pôles s'applique à tout ce qui, d'un côté et de l'autre, est au-delà de la ligne moyenne : on l'emploie encore pour désigner les deux extrémités où l'attraction se montre plus forte; il sert à désigner aussi les points où l'on peut supposer que toute l'attraction est exercée.

Pour reconnaître cette disposition du magnétisme dans un aimant, il suffit, *fig*. 204 et 205, de le rouler dans de la limaille de fer et de le relever : on voit que cette limaille s'est attachée surtout aux extrémités, formant des filets perpendiculaires à la surface, mais qui s'inclinent vers la ligne moyenne et semblent vouloir se réunir.

Cette disposition devient remarquable si, mettant un barreau aimanté dans une feuille de papier, on fait tomber de la limaille à travers un tamis, et si l'on donne une choc léger à la limaille, *fig*. 212.

Si on coupe en deux un aimant qui a les deux pôles, chaque moitié est un nouvel aimant qui a aussi les deux pôles, et autant de fois l'on répète le partage, autant d'aimans l'on voit naître successivement.

Quelquefois on observe plus de deux pôles sur un aimant, *fig*. 209; alors chaque pôle touche toujours un pôle de nom contraire : on dit qu'un pareil aimant a des pôles conséquens.

Dans les aimans, les pôles de même nom se repoussent, les pôles de nom contraire s'attirent. On peut s'en assurer aisément en suspendant librement un aimant et en approchant successivement un second aimant. L'aimant suspendu recule quand on présente à l'un de ses pôles le pôle de même nom ; il est attiré, si on lui présente le pôle de nom contraire.

En approchant deux aimans égaux par leurs pôles contraires, ils se détruisent mutuellement, l'attraction de l'un étant égale à la répulsion de l'autre. Ainsi, *fig.* 211, un aimant *ab*, tenant suspendu un barreau de fer *f*, celui-ci tombe aussitôt qu'on approche un aimant *b'* par son pôle contraire.

Le magnétisme n'est pas transmissible ; il ne peut sortir des corps. Il ne va pas de l'aimant au fer ; le barreau, qui donne l'état magnétique du fer, ne cède rien au métal. Par son influence, il détermine la séparation des deux fluides naturels du fer, mais il ne lui donne absolument aucune portion du sien ; aussi, sans rien perdre de sa force, un aimant peut aimanter un grand nombre de pièces.

Cette décomposition du magnétisme naturel peut se faire à distance : un corps interposé entre l'aimant et le fer n'empêche pas que l'effet se produise.

Le fer doux s'aimante facilement ; il perd son magnétisme aussitôt qu'il est soustrait à l'influence de l'aimant ; l'acier, au contraire, s'aimante difficilement, mais il conserve son magnétisme après qu'il a été séparé de l'aimant. Cette résistance à la décomposition et à la recomposition du magnétisme naturel de l'acier est appelée force coërcitive : on la retrouve dans le fer doux quand il a été battu et surtout tordu.

Parmi les autres corps, les plus sensibles au magnétisme sont le cobalt, le nickel ; le manganèse se montre magnétique à — 20 au-dessous de zéro. Des expériences délicates de Coulomb prouvent en outre que la propriété magnétique appartient à tous les corps ; seulement, dans les corps autres que les précédens, elle est extrêmement faible.

On distingue les aimans en aimans naturels et aimans artificiels.

Les aimans naturels se trouvent tous formés dans la nature : au premier rang, il faut mettre la mine de fer, connue sous le nom de mine d'aimant (fer oxidulé des minéralogistes), et qui est composée de protoxide et de deutoxide de fer. L'oxigène dans le protoxide est le tiers de l'oxigène contenu dans le peroxide.

On trouve la propriété magnétique naturelle au fer sulfuré magnétique, à quelques variétés de fer oligiste, de fer chromé, aux batitures de fer, à la fonte, au plombagine.

Les aimans artificiels sont des pièces d'acier, dans lesquelles on a développé par influence la propriété magnétique. — L'*aiguille aimantée*, *fig.* 210, est un barreau ou une lame d'acier d'un petit volume, terminé en pointe à ses extrémités ; *un barreau aimanté* est fait avec une barre d'acier plus forte ; *un faisceau aimanté* résulte de la réunion de plusieurs aiguilles, lames ou barreaux, accolés les uns aux autres et ayant leurs pôles semblables du même côté.

Il y a plusieurs procédés pour aimanter l'acier.

1° On touche la pièce que l'on veut aimanter sur un fort aimant naturel ou artificiel, en la faisant glisser chaque fois sur un même pôle, d'un bout à l'autre et dans le même sens, *fig.* 208. On réussit mieux avec un faisceau qu'avec un aimant simple.

2° On place la barre *b* que l'on veut aimanter entre 2 morceaux de fer doux *ff*, *fig.* 213, et l'on passe dessus l'aimant dans les deux sens, en sortant chaque fois.

3° Pour faire les aimans en fer à cheval, on en place deux bout à bout ; on tourne dessus et à plusieurs reprises un aimant en fer à cheval, que l'on sort brusquement.

4° On met deux barreaux aimantés *m n*, à quelque distance l'un de l'autre et à pôles opposés, *fig.* 214. On place dessus la pièce que l'on veut aimanter, *a b*, de manière à ce qu'elle n'empiète pas de plus de 15 à 18 lignes sur les barreaux. Prenant alors deux autres barreaux aimantés *c s*, on les pose au milieu de l'aiguille, en les rapprochant par leurs pôles opposés, et les inclinant de 25 à 30 degrés (le pôle nord de *c* se trouvant de même côté que le pôle nord de *m*, et le pôle sud de *s'*, de même côté que le pôle sud de *n*). On promène séparément les deux barreaux, en les menant du milieu de l'aiguille à ses extrémités; on les sort brusquement pour les reporter au milieu, et répéter la même manœuvre un grand nombre de fois. — C'est la méthode d'aimantation de Duhamel; elle est excellente pour les aiguilles des boussoles et pour les lames qui n'ont pas plus de 4 à 5 millimètres d'épaisseur.

5° On dispose les barreaux inférieurs, et la pièce à aimanter *a b*, de la même manière que dans l'opération précédente; mais on tient les faisceaux supérieurs à 5 à 6 millimètres l'un de l'autre, et inclinés sur un angle de 15 à 20 degrés. On les promène ensemble et sans les rapprocher, du milieu de la pièce à l'une de ses extrémités; on les ramène à l'extrémité opposée, et l'on revient par la même route à plusieurs reprises; on sort par l'extrémité à laquelle on est arrivé en second.

On appelle ce procédé méthode d'Æpinus, ou de la double touche; parce que les deux barreaux touchent à-la-fois le même côté de la pièce à aimanter : on l'emploie pour aimanter les pièces fortes; on lui reproche de ne pas aimanter également les deux côtés et de donner souvent des points conséquens. En général, dans l'aimantation, on réussit mieux avec des faisceaux qu'avec des barreaux simples : il en est de même quand on fait usage de la méthode de Duhamel. Un aimant, une fois fait, perd difficilement son état magnétique. Pour assurer encore sa fixité, on met en contact avec ses pôles des pièces de fer doux. Pour les barreaux aimantés, on a souvent recours à la disposition suivante, *fig*. 215; deux barreaux *a b*, *a' b'* sont placés à pôles opposés; une barre de fer doux *f f* est posée à chaque extrémité : ce fer devient magnétique sous l'influence des barreaux, et les fluides s'y partagent de manière à ce que les pôles soient précisément contraires aux pôles des barreaux qu'ils touchent. Pour les aimans en fer à cheval, *fig*. 217, on réunit les pôles par une pièce de fer doux *p p*, qui produit le même effet. Cette pièce est appelée contact ou portant; elle porte ordinairement un crochet qui facilite les moyens de charger l'aimant.

Dans les aimans naturels, les pôles ne sont pas toujours disposés favorablement; on leur donne une meilleure direction au moyen d'une armature. Après avoir déterminé la position des pôles, *fig*. 204, on taille deux faces planes perpendiculaires à la ligne qui joint les pôles, *fig*. 216; on applique sur chacune d'elles une lame de fer doux *ii*, qui se prolongent en deux appendices *cc*; on soutient ces pièces au moyen d'un assemblage en cuivre *ff*; les lames *ii* sont appelées les ailes de l'aimant; les appendices *c c* sont les pieds; on y met un portant *p p* comme aux aimans artificiels.

En outre de la bonne direction que cette disposition donne aux pôles de la pierre d'aimant, elle a de plus l'avantage d'augmenter leurs forces; car le magnétisme, développé par influence dans le fer, réagit à son tour sur le magnétisme de la pierre, qu'elle décompose en plus grande quantité; celle-ci devenue plus forte réagit de nouveau sur le fer, et, par une suite de décompositions réciproques, la force de l'aimant se trouve singulièrement augmentée : c'est d'autant plus nécessaire qu'il est fort rare de trouver des pierres d'aimant qui aient naturellement une action puissante.

On nomme aiguille astatique une aiguille disposée de manière à ce qu'elle cesse d'obéir au magnétisme de la terre; elle est propre à l'étude des propriétés du magnétisme dans les aimans. Un moyen commode de détruire l'effet de la terre sur une aiguille aimantée est de placer un barreau aimanté en présence de cette aiguille, son pôle le plus voisin étant pareil à celui de même nom que l'aiguille tourne de son côté par l'influence de la terre. On peut, en éloignant ou rapprochant ce barreau, arriver à un point où son effet contrebalance exactement l'action de la terre; le barreau doit être assez écarté pour que ses effets sur les deux pôles de l'aiguille puissent être considérés comme égaux. Sous l'influence de ce barreau, l'aiguille reste en équilibre dans toutes les positions; elle obéit à l'action d'un deuxième barreau; comme si elle était complètement soustraite au magnétisme terrestre.

On peut encore détruire l'effet de la terre, en opposant à une aiguille une aiguille de même force dont les pôles soient tournés en sens contraire, *fig.* 218. Les deux aiguilles doivent être fixées de manière à ce qu'elles ne puissent tourner l'une sans l'autre. Comme il est difficile d'avoir deux aiguilles d'une intensité parfaitement égale, M. Pouillet conseille d'incliner une de ces aiguilles; la force directrice diminue à mesure que l'inclinaison augmente, ce qui donne le moyen en modifiant l'inclinaison d'arriver à une neutralisation parfaite.

La terre peut être considérée comme un vaste aimant ayant une ligne moyenne et des pôles opposés; la ligne moyenne est située vers l'équateur terrestre; elle le coupe une fois dans l'Océan équinoxial vers le 180e degré, et une autre fois dans l'Océan atlantique, vers le 10e degré. Cet équateur magnétique ne forme pas une ligne égale; il paraît aussi éprouver des changemens dans sa forme, en même temps qu'il semble animé d'un mouvement d'orient en occident.

Les pôles magnétiques sont situés à quelques centaines de

lieues des pôles terrestres. Il y en a deux au nord et sans doute deux au midi.

La terre agit sur les corps magnétiques comme deux forces égales opposées l'une à l'autre. Pour mesurer leur intensité, on détermine l'écart plus ou moins grand qu'une aiguille éprouve par une influence opposée à celle de la terre, ou l'on compte le nombre d'oscillations que fait dans un temps donné une aiguille aimantée détournée de sa direction. L'énergie de la force magnétique a pour mesure le carré du nombre d'oscillations faites dans un temps donné ou le rapport inverse du carré des temps employé pour faire un même nombre d'oscillations.

L'intensité magnétique de la terre augmente à mesure que l'on se rapproche des pôles ; mais dans un même lieu elle éprouve des variations, suivant l'époque de l'année et même les heures de la journée.

Une aiguille aimantée que l'on abandonne à elle-même se tourne de manière à ce que ses pôles se dirigent vers les pôles magnétiques de la terre. L'extrémité sud ou australe de l'aiguille est tournée vers le nord, l'extrémité nord ou boréale est tournée vers le midi ; l'aiguille est dans la direction d'une ligne qui, coupant l'équateur, irait directement d'un pôle magnétique de la terre à l'autre ; c'est le méridien magnétique, *fig.* 219, *n s* indique le méridien géographique, *a b* le méridien magnétique.

Une aiguille aimantée, librement suspendue, prend une direction horizontale quand elle est placée sur l'équateur magnétique ; en l'éloignant de l'équateur, elle incline l'une de ses extrémités sous l'horizon et d'autant plus qu'on se rapproche davantage des pôles ; au pôle magnétique, elle serait tout-à-fait verticale. Dans chaque lieu cette inclinaison est différente, et l'on peut jusqu'à un certain point juger de la latitude, où l'on se trouve par la quantité dont l'aiguille s'est inclinée. On prend pour mesure de cette inclinaison le plus petit des angles que forme avec l'horizon la moitié la plus basse de l'aiguille. A Paris l'inclinaison actuelle est de 70 degrés; elle a été plus forte; elle paraît tendre à diminuer encore.

La boussole d'inclinaison, *fig.* 220, est formée par une aiguille aimantée *ab* librement suspendue; cette aiguille avant d'être aimantée se tenait horizontale, parce que ses deux côtés ont le même poids; une fois aimantée, elle s'incline pour obéir à l'action magnétique de la terre.

En tous lieux l'aiguille aimantée est dans la direction du méridien magnétique, et comme les pôles magnétiques et géographiques ne sont pas au même lieu, il en résulte que le méridien magnétique coupe le méridien et que l'aiguille terrestre fait un angle avec le méridien terrestre, *fig.* 219. C'est ce qu'on appelle la déclinaison de l'aiguille; on la dit orientale quand le pôle austral de l'aiguille est à l'est du méridien, occidentale quand il est à l'ouest. Il y a des lieux où le méridien magnétique et le méridien terrestre ont une même direction; on les appelle lieux sans déclinaison; ils forment une ligne qui traverse les terres d'une manière sinueuse et dont la position change avec le temps.

La déclinaison de l'aiguille est variable dans un même lieu. A Paris, il y a 300 ans, elle était orientale et d'environ 11°, maintenant elle est occidentale et de 22°; cette déclinaison varie encore avec l'heure de la journée; c'est ce qu'on nomme les variations diurnes. A Paris, le maximum de déclinaison a lieu entre midi et trois heures du soir, le minimum vers huit heures du soir; elle est plus grande d'avril en juillet que dans les autres temps de l'année. Dans les régions équinoxiales, ces variations diurnes ont une si grande régularité qu'on peut s'en servir pour connaître l'heure de la journée.

Une aiguille de déclinaison est une aiguille aimantée librement suspendue, mais dont l'un des côtés est plus lourd pour contrebalancer les effets de l'inclinaison et que l'aiguille se trouve horizontale; afin de distinguer nettement les deux pôles, on est dans l'habitude de brunir le côté austral de l'aiguille, celui qui se dirige vers le nord.

La boussole de déclinaison se compose d'une aiguille portée sur une petite chappe creuse qui est elle-même supportée par un pivot; au-dessous de l'aiguille est un cercle en carton fin ou en talc couvert de papier, et dont l'on a partagé la circonférence en 360°; ce cercle s'appelle rose ou rosette. Au zéro l'on met la lettre *N* qui indique le nord, vis-à-vis la lettre *S* qui représente la direction du midi; l'est *E*, l'ouest *O*, sont à droite et à gauche. Les boussoles marines sont librement suspendues, de manière à ce que l'instrument se maintienne horizontal, malgré l'agitation du vaisseau.

Les Chinois connaissaient la boussole plus de mille ans avant la naissance de Jésus-Christ; ils s'en servaient pour se diriger dans leurs voyages terrestres. Ce n'est guère que vers 1300 que l'usage en est devenu un peu répandu en Europe.

Dans un lieu donné la boussole indique exactement dans quelle direction se trouve le nord, son pôle austral étant toujours tourné de ce côté; seulement il faut tenir compte de la déclinaison connue. A Paris, par exemple, où l'on sait que cette déclinaison est occidentale et de 22°, on fera tourner la boîte de la boussole jusqu'à ce que le pôle austral de l'aiguille reste stationnaire à 22° à gauche du signe *N* de la rosette. Le nord est alors dans la continuation de la ligne qui joint *S. N*.

La boussole sert aux navigateurs à se conduire sur l'immensité des mers; son pôle austral étant dirigé vers le nord, on juge par l'angle que fait l'aiguille avec la direction suivie par le bâtiment, si celui-ci suit la route convenable : mais, comme les déclinaisons de l'aiguille sont sujettes à subir des variations, on est obligé de se redresser de temps à autre par l'observation des astres.

La boussole est soumise à l'action magnétique qu'elle-même

développe dans les ferrures et les canons en fer du vaisseau, et à celle que ces ferrures peuvent avoir naturellement. Cette action contrarie l'influence du magnétisme terrestre, et rend les indications de la boussole inexactes. M. Barlow a trouvé le moyen de déterminer la valeur de cette action, il a vu qu'elle peut toujours être remplacée par celle d'un disque de fer doux, placé dans une certaine position que l'on trouve par le tâtonnement. Il s'agit d'observer la boussole sur le navire et à terre, et de disposer le disque à terre, de manière à ce qu'il agisse précisément comme le faisait les ferrures du vaisseau. Quand la boussole est mise en place, l'effet des ferrures se trouve doublé, mais l'on sait alors de quelle valeur, et il est facile de faire la correction.

La terre, ayant les propriétés d'un aimant, agit sur tous les corps magnétiques pour décomposer leur fluide naturel. Ainsi une barre de fer doux que l'on tient dans la direction de l'aiguille aimantée prend deux pôles; une barre d'acier s'aimanterait aussi, mais plus difficilement; elle conserverait le magnétisme qu'elle aurait acquis sous l'influence de la terre. Le magnétisme des aimans naturels n'a probablement pas d'autre origine. Le fer, qui se rouille, devient magnétique; il le devient encore quand on le bat, qu'on le tord, qu'on le lime, aussi chacun de nos ustensiles de fer a-t-il à un faible degré les propriétés d'un aimant.

ÉLECTRICITÉ.

Dans la théorie générale des phénomènes électriques, on admet dans tous les corps un fluide particulier composé lui-même de deux fluides différens, que l'on distingue sous les noms de fluide positif ou vitré, de fluide négatif ou résineux. Les fluides de même nom se repoussent, les fluides de nom contraire s'attirent. Les deux fluides réunis constituent l'électricité naturelle des corps ; aucun phénomène apparent ne dénonce alors sa présence. L'état électrique résulte de la séparation des deux fluides ; il est accusé par des phénomènes d'attraction et de répulsion. Toute circonstance qui produit un ébranlement dans les molécules des corps, détermine une séparation des deux fluides ; le frottement étant surtout usité pour produire l'électricité, nous nous en servirons d'abord par faire l'étude des phénomènes électriques.

Un morceau de succin étant frotté, acquiert la propriété d'attirer les corps légers. De ce phénomène très connu des anciens, on a tiré le nom d'électricité (ηλεκτρον, succin, ambre jaune). En frottant un gros cylindre de cire d'Espagne, il devient électrique, attire les corps légers, et fait éprouver, lorsqu'on l'approche de la figure, une sensation pareille à celle que produirait une toile d'araignée; quelquefois même en approchant le doigt, on peut en tirer une petite étincelle. Un grand nombre de corps présentent le même caractère, mais il en est beaucoup d'autres, en particulier les métaux, qui ne se montrent électriques après avoir été frottés, qu'autant que l'on interpose entre eux et le sol une matière résineuse ou vitrée. La différence provient ici de ce que les métaux laissent propager facilement l'électricité dans leur intérieur ; quand on les tient à la main, le fluide électrique passe à travers le corps, et va se perdre dans la terre. Avec les matières vitrées ou résineuses, c'est tout au plus un point de contact que la main de l'opérateur peut les dépouiller du fluide électrique. Ces observations conduisent à distinguer les corps en conducteurs et non conducteurs de l'électricité. Parmi les corps conducteurs, on distingue en première ligne les métaux, puis le chanvre, le lin, le corps des animaux, les liquides excepté les huiles ; parmi les corps non conducteurs se trouvent le soufre, les résines, le verre, les oxides métalliques, le charbon hydrogéné. Il n'est pas de corps absolument non conducteur de l'électricité ; les métaux au contraire, la conduisent avec une merveilleuse rapidité. L'air n'est pas conducteur, il le devient par la vapeur d'eau qu'il renferme ; aussi les expériences électriques ne réussissent-elles bien que par les temps froids et secs ; dans un air humide nos appareils sont dépouillés du fluide électrique presque aussi vite que nous pouvons les en charger.

Un corps non conducteur interposé entre un corps électrisé et la terre prend le nom d'isoloir ; il s'oppose à la déperdition du fluide électrique. Il n'y a pas d'isoloir parfait, ce qui tient à ce qu'il n'existe pas réellement de corps absolument non conducteur de l'électricité, à ce que la vapeur d'eau qui se dépose sur l'isoloir augmente sa propriété conductrice ; à ce que l'air décharge constamment les corps par la vapeur d'eau qu'il contient et qui le rend conducteur, et à ce que ses particules enlèvent au contact une portion de l'électricité.

Quand l'électricité se développe par le frottement d'un corps, les deux fluides, négatif et positif, se produisent en même temps : l'un passe dans le corps frotté, l'autre dans le corps frottant. Les substances suivantes s'électrisent vitreusement quand on les frotte avec celles qui les suivent, et résineusement quand on les frotte avec celles qui les précèdent : *peau de chat*, *verre poli*, *laine, plume, bois, papier*, *soie, gomme-laque, verre dépoli*. La plus légère différence suffit pour commander cet ordre de partage sans qu'il nous soit possible de dire pourquoi il se fait dans un sens plutôt que dans un autre. C'est ainsi que des rubans pareils étant frottés l'un contre l'autre, l'un dans le sens de sa longueur, l'autre dans le sens de sa largeur ; le premier sera électrisé vitreusement et le second résineusement.

On prouve, par l'expérience suivante, que les fluides de même nom se repoussent, que les fluides de nom contraire s'attirent. Une petite boule de sureau, *fig*. 223, est suspendue au bout d'un fil de soie qui l'isole. On touche cette boule avec une baguette de verre poli qui a été frottée avec de la laine ; la boule est d'abord attirée, puis repoussée une fois qu'elle s'est chargée d'une partie du fluide du verre ; à ce moment la boule de sureau sera attirée par un bâton de cire d'Espagne, chargé par frottement d'électricité résineuse : on pourra reproduire ces phénomènes d'attraction et de répulsion aussi long-temps que la boule de sureau n'aura pas perdu son électricité. Si l'on touche avec le verre ou avec la résine électrisée deux petites boules de sureau suspendues aux deux extrémités d'un fil de lin conducteur, attaché à un support en gomme-laque, *fig*. 223 ; les deux boules chargées du même fluide s'écarteront l'une de l'autre ; l'écart pourra même servir à mesurer la charge électrique qu'elles auront reçue.

On appelle pendule électrique un petit appareil, *fig*. 224, composé d'une tige conductrice, contre laquelle est suspendue une petite tige en ivoire *i*, terminée par une boule et mobile sur un axe à sa partie supérieure. La tige d'ivoire s'écarte d'autant plus que la charge électrique est plus grande, et l'on peut lire sur un cadran la quantité de cet écart.

Un corps électrisé partage son électricité avec les conducteurs qui le touchent : que l'on charge d'électricité un cylindre isolé *A*, *fig.* 225, armé d'un pendule électrique et qu'on le touche avec un second cylindre armé aussi d'un pendule, on verra que l'électricité s'est partagée entre les deux. Si le cylindre électrisé était mis en communication avec la terre, le partage se ferait encore ; mais, en raison de la masse terrestre, ce qui resterait de fluide électrique dans le cylindre serait tout-à-fait inappréciable. Dans les expériences électriques, on désigne souvent la terre par le nom de réservoir commun ; les corps électrisés mis en contact avec elle sont aussitôt déchargés.

L'électricité réside à la surface des corps ; on le prouve par l'expérience suivante, *fig.* 226. Une boule de cuivre *b* est isolée sur un pied en verre ; elle peut au besoin être recouverte par les deux calottes en cuivre *c c*, qui sont garnies chacune d'un manche isolant. Après avoir chargé la sphère d'électricité, si on la couvre avec les deux calottes, l'électricité passe tout entière à la surface de celles-ci ; en les enlevant, on les trouve chargées d'électricité ; la sphère, au contraire, en est tout-à-fait dépouillée. L'électricité est ainsi repoussée à la surface des corps, et n'y est maintenue que par la pression de l'air qui s'oppose à sa déperdition. Dans le vide, la force répulsive produit tout son effet, et l'électricité se détache des corps sous la forme d'une lueur bleuâtre, qui s'aperçoit dans l'obscurité.

Dans un corps essentiellement symétrique, comme une sphère, l'épaisseur de la couche électrique est la même sur tous les points de la surface. Dans un cylindre, il y a plus d'électricité vers les extrémités ; dans une ellipse, la proportion d'électricité augmente plus encore aux extrémités ; enfin, dans les corps terminés en pointe, cette couche électrique devient plus épaisse encore, et l'air n'oppose plus qu'un vain obstacle à sa sortie. Il en résulte, comme conséquence, qu'il est impossible de conserver le fluide électrique sur un corps terminé en pointe.

Électricité par influence.

Un corps électrisé décompose à distance l'électricité naturelle d'un autre corps, attire dans la partie la plus voisine l'électricité de nom contraire, et repousse dans la partie la plus éloignée l'électricité de même nom. Soit *v* un conducteur chargé d'électricité positive, *fig.* 227 ; le conducteur isolé *p* sera électrisé par son influence : le fluide résineux étant attiré en *r*, le fluide vitré étant refoulé en *v*. On pourra s'assurer aisément, au moyen d'un petit pendule, de la nature différente des deux électricités.

Tout effet électrique cesse dans *p* aussitôt qu'on l'éloigne de *v*, parce que les deux fluides se combinent pour reformer de l'électricité naturelle.

Cette décomposition d'électricité par influence peut se propager dans une succession de conducteurs ; ainsi l'électricité de *p* peut agir sur le fluide naturel d'un nouveau conducteur *p'*, qui à son tour pourra réagir sur d'autres conducteurs.

Il est à remarquer que dans cette décomposition d'électricité par influence la charge électrique est plus grande que celle qui résulterait de l'action du premier conducteur *v*. Une fois l'extrémité *r* de *p* chargée d'électricité résineuse ; celle-ci décompose une partie du fluide naturel de *v* ; l'augmentation de charge électrique qui en résulte pour *v* détermine une nouvelle décomposition du fluide naturel de *p*, qui, à son tour, réagit sur v ; et ainsi se fait une suite de décompositions qui augmente la charge électrique, jusqu'à ce qu'enfin l'équilibre soit établi.

En mettant l'extrémité v de p en contact avec le sol, au moyen d'une chaîne métallique, ou en la touchant avec la main, et en interrompant cette communication avant d'enlever p, on trouve celui-ci chargé d'électricité résineuse. L'explication du phénomène est fort simple : comme on a permis au fluide vitré de se perdre dans le sol, le conducteur p n'a conservé que le fluide résineux qui ne retrouve pas le fluide vitré nécessaire pour reconstituer de l'électricité naturelle. En ce cas, la charge électrique se trouve augmentée, car v se trouve débarrassé de la répulsion que l'électricité vitrée de p exerçait sur lui, et qui neutralisait une partie de son action. En rapprochant peu-à-peu p de v, il arrive un moment où l'air ne peut plus s'opposer à l'attraction qui porte l'un vers l'autre les deux fluides rv ; ils s'élancent à travers l'air, et reforment de l'électricité naturelle en produisant une étincelle lumineuse.

Machine électrique. La machine électrique sert à produire et à accumuler de l'électricité ; elle se compose de frotteurs, d'un corps frotté et d'un collecteur du fluide électrique, *fig.* 228. Les frotteurs ff' sont des coussins en peau rembourrés en crin et pressés par un ressort qui rend le frottement égal. Ils communiquent avec le sol par le bois qui compose la machine, et qui est conducteur de l'électricité. L'expérience a montré qu'on augmente la quantité d'électricité produite par le frottement en enduisant les frottoirs d'une couche d'or mussif (bisulfure d'étain), ou mieux encore d'un amalgame d'étain et de zinc. Le corps frotté est un plateau de verre p, qui vient passer entre les coussins ; on le met en mouvement au moyen d'une manivelle. Pour éviter les pertes qui résulteraient de l'action de l'air dans le temps que le verre met, au sortir des frotteurs, pour arriver en présence du collecteur *c* on se sert d'enveloppes de taffetas gommé qui s'attachent au verre et s'opposent à toute déperdition.

Le collecteur *c* est formé par un cylindre conducteur ; il a autant de branches qu'il y a de frottoirs à la machine. Dans ses parties les plus rapprochées du plateau *p*, il entoure celui-ci sans le toucher, au moyen des pièces courbées *z z*, *fig.* 228 et 229. Le collecteur est isolé sur des pieds en verre *ii*, que, pour plus de précaution, on enduit d'une couche épaisse de gomme laque ; cette résine ayant moins de tendance que le verre à se couvrir d'une couche d'humidité. Au collecteur de la machine, on ajoute parfois des collecteurs secondaires qui se composent de gros cylindres en bois, couverts d'une feuille métallique et suspendus au plafond par des cordes de soie. Cette disposition permet d'obtenir avec la même machine une plus grande quantité d'électricité, en augmentant les surfaces sur lesquelles ce fluide peut s'étaler, sans que l'épaisseur de la couche dépasse celle que la machine peut retenir.

Le frottement du verre contre les coussins charge ceux-ci de fluide résineux qui s'écoule dans le sol ; le verre reste chargé de fluide vitré. A mesure qu'il passe devant les pièces *z z* du collecteur, l'électricité naturelle de celui-ci est décomposée; le fluide vitré est refoulé dans les parties les plus éloignées du collecteur, et le fluide résineux vient dans les parties les plus voisines du verre ; et comme la distance entre les deux corps est fort petite, le fluide résineux passe sur le verre et détruit le fluide vitré dont celui-ci est chargé. Le verre reprend de nouvelle électricité entre les frottoirs et vient la perdre de nouveau au collecteur. La machine électrique se trouve chargée en définitive de fluide positif ou vitré. On fait des machines dans lesquelles le collecteur est mobile et peut être mis à volonté en communication avec le verre ou avec les frottoirs ; dans ce dernier cas, il reste chargé d'électricité résineuse. Il faut observer qu'alors le verre doit être mis en communication avec le sol au moyen d'une chaîne métallique.

La machine électrique facilite les moyens de faire une foule d'expériences curieuses propres à mettre en relief les différens phénomènes que nous avons exposés; qu'on en approche un corps électrisé, il sera attiré ou repoussé suivant qu'il contiendra le même fluide ou un fluide différent de celui de la machine.

Tout corps conducteur isolé que l'on met en contact avec le collecteur devient partie de ce collecteur et se comporte comme lui. Ainsi, un homme, monté sur un tabouret à pieds de verre isolans, se chargera de la même électricité que le collecteur; les cheveux, se comportant comme de petits pendules électriques, se dresseront sur la tête; on pourra tirer des étincelles des différentes parties du corps de cet homme; si on lui fait approcher le doigt d'un vase contenant de l'alcool rectifié, l'étincelle qui se produira enflammera l'alcool; si l'homme communique avec le sol toute l'électricité se perdra à mesure à travers son corps et la machine cessera de se charger.

Une pointe que l'on met sur la machine électrique la décharge très promptement; dans l'obscurité on voit le fluide électrique s'échapper de cette pointe sous la forme d'une lueur bleuâtre; en posant sur cette pointe le petit appareil, *fig.* 221, il prend un mouvement de rotation : c'est que la couche électrique sur la surface agit en pressant l'air dans toutes les directions et en sens contraire en *a* et en *b*; mais si l'on vient à suspendre tout d'un coup la pression *a*, la pression *b* qui subsiste seule, fait prendre à l'appareil un mouvement en arrière. Or, l'annihilation de la pression *a* se trouve produite, si l'extrémité *a* de l'appareil est terminée par une pointe, l'écoulement de l'électricité ne trouvant plus d'obstacle dans cette direction. L'effet du recul qui en résulte se reproduisant dans toutes les extrémités courbées de l'appareil, celui-ci prend un mouvement de rotation qui lui a fait donner le nom de tourniquet électrique.

Le carillon électrique, *fig.* 222, se compose d'une tige métallique horizontale que l'on suspend à la machine; à ses deux extrémités, il porte deux timbres *t t'* pendus chacun à une petite chaîne métallique; au centre est un troisième timbre *t''* suspendu à un cordon de soie isolant, mais communiquant avec le sol au moyen d'une chaîne de métal; entre les timbres se trouvent deux petites boules en cuivre *p p'* que supportent des fils de soie. Les deux timbres *t t'* partagent l'électricité du collecteur; les petits pendules *p p'* sont attirés, puis repoussés une fois qu'ils ont pris la même électricité que les timbres; ils vont se décharger sur le timbre central *t''*, sont attirés de nouveau et viennent ainsi successivement se charger et se décharger d'électricité. Les timbres résonnent chaque fois qu'ils sont frappés par les petits pendules.

En mettant des boulettes de moelle de sureau sur le plateau conducteur *d d*, *fig.* 230, approchant le plateau *p* que l'on met en communication avec la machine, l'électricité naturelle du plateau *d d* est décomposée par influence, le fluide vitré se perd dans le sol; le fluide résineux s'accumule dans les parties les plus voisines de *p*. Les boulettes de sureau qui s'y trouvent obéissent à l'attraction du plateau *p*, viennent s'y décharger du fluide résineux, y prennent du fluide vitré sont repoussées pour être attirées de nouveau, lorsque par influence elles se seront chargées encore d'électricité résineuse ; il en résulte un mouvement ascendant et descendant des boulettes. Cette expérience est connue sous le nom de grêle électrique; si l'on remplace les boulettes de sureau par la limaille de cuivre; les mêmes phénomènes d'attraction et de répulsion se produisent; l'expérience porte alors le nom de pluie électrique.

Electroscope. Les électroscopes sont des instrumens propres à déceler la présence de petites quantités d'électricité et à en faire connaître la nature. La petite boule de sureau suspendue à un fil de soie, dont on s'est servi déjà dans quelques expériences, est un véritable électroscope. L'électroscope le plus ordinairement employé, *fig.* 231, 232 et 233, se compose d'un vase en verre posé sur un plateau métallique; sa partie supérieure est munie d'une garniture en métal *g*, à laquelle sont suspendues librement deux pailles, deux feuilles d'or ou deux boules de sureau. Une certaine étendue du verre, autour de la garniture, est enduite de gomme laque pour empêcher l'électricité de se répandre sur les côtés. En touchant la garniture *g* à l'extérieur avec un corps électrisé, on lui communiquera une charge électrique, et comme les parties qui y sont suspendues sont très légères et très mobiles, elles obéissent à une répulsion même très faible, et l'on voit les pailles, les feuilles d'or ou les boules de sureau s'écarter l'une de l'autre. Dans la direction que les boules ou les feuilles d'or suivent en s'écartant, on place deux petits montans en métal *mm'*, *fig.* 231, communiquant avec le sol et terminés par deux boules; quelquefois on les remplace par deux feuilles d'étain *cc*, *fig.* 232, collée contre le verre. Ces montans remplissent la double condition de rendre l'appareil d'un emploi plus commode et d'augmenter sa sensibilité. Si en effet l'écart était assez grand pour que les feuilles d'or vinssent toucher le verre, celui-ci prendrait de l'électricité qu'il conserverait pendant long-temps et qui gênerait la marche de l'électroscope. Les montans, touchés par les feuilles d'or, livrent un passage dans le sol à cet excès d'électricité. En outre, les feuilles d'or, étant chargées de fluide électrique, agissent par influence sur l'électricité du montant, et par suite deviennent elles-mêmes plus électrisées; la répulsion qu'elles exercent l'une sur l'autre augmente en conséquence.

Au lieu de charger directement l'électroscope par le contact direct d'un conducteur électrisé, on peut agir sur lui par influence. Touchant avec le doigt la garniture *g*, on approche à distance un bâton de cire ou de résine frotté, et l'on retire le doigt avant d'éloigner le bâton. Il y a décomposition d'électricité par influence, le fluide de même nom se perd dans le sol à travers les corps, le fluide de nom contraire reste dans l'appareil; il détermine la répulsion entre les feuilles d'or, quand on a retiré le bâton. Si alors on approche avec précaution un corps chargé de l'une ou l'autre électricité, l'instrument pourra faire connaître la nature de cette électricité. Supposons que l'appareil soit chargé du fluide vitré, un corps chargé du même fluide décomposera, en s'approchant, de l'électricité naturelle et repoussant du fluide vitré dans les feuilles d'or, augmentera leur charge et par suite l'écartement; un corps chargé de fluide résineux en refoulant du fluide résineux, fournirait à la saturation du fluide vitré de l'appareil; en conséquence les feuilles d'or se rapprocheraient.

ÉLECTRICITÉ LATENTE OU DISSIMULÉE.

Un carreau de verre, *V fig.* 235, garni sur ses deux faces d'une feuille d'étain qui n'en occupe pas toute l'étendue, communiquant avec le sol par une chaîne *c*, et portant de chaque côté un petit pendule *pp'*, est mis en communication avec le collecteur de la machine électrique; le pendule *p* s'écarte du carreau, le pendule *p'* ne donne aucun indice de répulsion; en enlevant la chaîne *c* pour isoler le carreau et détruisant la communication avec la machine électrique, le carreau ne donne point d'étincelle, si on le touche avec le doigt sur la face *p'*, et donne une étincelle très faible, si on le touche sur sa face *p*. A ce moment, on le croirait dépouillé d'électricité; mais en mettant ses deux faces en communication avec le conducteur à manches isolans, *fig.* 236, il part une étincelle très forte, qui prouve que le carreau n'était pas dans l'état naturel. La face p, mise en communication avec la machine, se charge de fluide vitré, qui décompose l'électricité naturelle de la face p', refoule dans le sol le fluide vitré et fixe contre le verre le fluide résineux; celui-ci sature à distance l'électricité positive de p. La face p devient alors capable de prendre au collecteur une nouvelle quantité d'électricité, qui reproduit le même effet et augmente la charge du carreau. Quand toutes les communications sont interrompues, les deux électricités sont retenues l'une par l'autre sur les deux faces du carreau et se neutralisent à distance; seulement p contient un petit excès de fluide vitré, qui est indiqué par l'écart du pendule; les deux électricités, attirées l'une par l'autre, ne s'échappent pas par un conducteur qu'on leur présente séparément; elles sont retenues l'une par l'autre; on dit que c'est de l'électricité latente ou dissimulée. Si l'on présente aux deux faces du carreau un conducteur qui leur permette de se réunir, elles suivent ce conducteur et l'électricité naturelle est reproduite. Il est à remarquer que, pour une quantité d'électricité latente très forte, le verre ne résisterait pas à la tension des deux fluides; ils le perceraient d'un trou pour se réunir. Une plaque de soufre ou de résine, qui remplacerait le verre, se couvrirait de nombreuses fissures.

La propriété que possèdent les deux fluides électriques de passer ainsi à l'état latent par leur attraction mutuelle, a fourni le moyen de concentrer sur un point une plus forte charge de fluide électrique : c'est sur la dissimulation de l'électricité qu'est fondée la construction de plusieurs appareils importans.

Condensateur. Le condensateur a pour objet de faire connaître de faibles répulsions; il accumule l'électricité provenant d'une source faible qui, dans son état de tension, ne serait pas suffisante pour mettre en marche nos appareils les plus délicats. Le condensateur à feuilles d'or, *fig.* 237, est le plus usité.

L'électroscope ordinaire à feuilles d'or, *fig.* 231, est surmonté, *fig.* 237, d'un plateau métallique *c*, couvert sur sa surface supérieure d'une légère couche de vernis résineux. Sur ce plateau, on en met un second *c'* également en métal, vernis sur sa face inférieure et portant un manche isolant *m*. Veut-on accumuler dans le condensateur l'électricité d'une source à faible tension, on met le plateau supérieur en communication avec cette source, puis on touche avec le doigt la partie métallique nue de l'autre plateau. L'électricité s'accumule dans le plateau supérieur, agit par influence sur l'autre plateau, chasse l'électricité du même nom à travers le corps de l'opérateur et concentre le fluide de nom contraire dans les parties les plus rapprochées du deuxième plateau. Les deux fluides restent là, dissimulés l'un par l'autre ; l'enduit résineux est suffisant pour les empêcher de se réunir ; mais quand on enlève le plateau supérieur, le fluide de l'autre plateau, devenu libre, se répand dans toutes les parties conductrices inférieures de l'appareil et produit l'écartement des feuilles d'or. On pourrait encore mettre le plateau inférieur en communication avec la source et toucher avec le doigt le plateau de dessous. Volta s'est servi du condensateur pour démontrer la formation très faible de l'électricité qui se fait au contact de deux métaux.

Électrophore, *fig.* 238. Cet instrument se compose d'un plateau de résine *z z* et d'un plateau de bois *v v* couvert d'une feuille d'étain et armé d'un manche isolant *m*. On frotte le plateau de résine avec une peau de chat bien sèche ; il se charge ainsi d'électricité résineuse ; on pose dessus le plateau de bois, et l'on touche celui-ci avec le doigt pendant quelques instans. On enlève le plateau en le tenant par son manche de verre, et l'on en tire une étincelle en l'approchant d'un corps conducteur. L'électricité résineuse accumulée dans la résine décompose par son influence l'électricité naturelle du plateau de bois, refoule le fluide résineux dans le sol, et attire et dissimule le fluide vitré sur la face inférieure du plateau; c'est ce fluide vitré qui produit l'étincelle quand le plateau *v* est retiré. Ici la lame non conductrice, qui sépare ordinairement les deux fluides dans les expériences d'électricité dissimulée, est remplacée par la propriété non conductrice du plateau de résine. L'électrophore une fois chargé conserve long-temps son état électrique, l'air ne pouvant lui enlever que peu-à-peu l'électricité dont il est chargé. On se sert surtout de l'électrophore, dans les laboratoires de chimie, pour obtenir les étincelles nécessaires à la combustion des mélanges de gaz détonnans.

Lampe électrique, fig. 234. La lampe électrique est une lampe ordinaire à gaz hydrogène qui porte un électrophore. Le plateau supérieur *p* communique avec le sol au moyen d'une lame d'étain collée sur la résine; il se charge au contact et il se décharge quand tournant un robinet *i*, on le soulève à l'aide du cordon *ff* sur un conducteur *c c* qui propage l'étincelle entre deux pointes en avant du jet de gaz (*voy.* p. 58).

Bouteille de Leyde, fig. 239. Elle se compose d'un flacon en verre dont l'extérieur est recouvert en grande partie par une feuille d'étain. L'intérieur est rempli par des feuilles de clinquant, au milieu desquelles plonge une tige métallique *t*, qui traverse le goulot du flacon, qui est terminée au dehors par un bouton *b'*, et qui quelquefois est repliée en forme de crochet. La feuille d'étain *a a a a*, sur la panse extérieure de la bouteille, prend le nom d'armature extérieure; la tige *t* s'appelle le bouton, le crochet ou l'intérieur de la bouteille. L'espace *a g a g*, compris entre le goulot et l'étain est verni à la laque pour empêcher toute communication entre l'intérieur et l'extérieur de la bouteille.

Pour charger une bouteille de Leyde, on la tient par la panse, et l'on présente le crochet à la machine électrique.

Le fluide vitré s'accumule dans la bouteille ; le fluide résineux reste sur l'armature extérieure. On pourrait présenter la bouteille en la tenant par le bouton; alors le fluide vitré serait en dehors et le fluide résineux en dedans. La théorie est absolument la même que celle du carreau étincelant. On prouve d'une manière assez curieuse que les électricités intérieure et extérieure de la bouteille sont différentes. En posant la bouteille par sa panse sur un plateau de résine, on trace des figures sur ce plateau, puis on trace de nouvelles figures, cette fois en frottant le plateau avec le crochet de la bouteille; alors, au moyen d'un soufflet, on projette sur le plateau un mélange de soufre et de minium : le soufre s'attache sur les points électrisés vitreusement sous la forme de traits jaunes, hérissés de filets divergens; le minium forme des traits à contours arrondis sur les lignes électrisées résineusement : c'est ce que l'on nomme les figures de Lichtenberg.

On prouve, au moyen de la bouteille à armatures mobiles, que l'électricité est accumulée sur les deux surfaces de verre et non sur le métal. La bouteille mobile, *fig.* 240, se compose d'un vase en verre *vv'*, verni dans une certaine étendue de son bord supérieur, d'un vase intérieur en métal *cb*, et d'un autre vase extérieur *aa*, également en métal. On charge cette bouteille à la manière ordinaire; puis, essayant les deux armatures après les avoir enlevées, on les trouve dans l'état naturel. Mais si l'on recompose la bouteille en mettant les armatures en place, on peut alors tirer une forte étincelle en touchant à-la-fois les deux armatures; c'est que l'électricité était véritablement fixée sur le verre : les armatures servent à y répartir également l'électricité et à le décharger sur tous les points en même temps.

On peut décharger la bouteille de Leyde lentement ou d'une manière brusque.

En touchant une bouteille de Leyde avec une main sur

l'armature extérieure, avec l'autre sur le crochet, le corps sert de conducteur, la bouteille se décharge, et l'on reçoit une violente secousse; si la bouteille était grande et bien chargée, il y aurait danger à s'y exposer. On se sert alors de l'excitateur à manche isolant, *fig.* 236. Il arrive quelquefois quand la charge est forte que le verre ne peut suffire à maintenir les deux fluides séparés : la décharge se fait à travers la bouteille qui est percée; quelquefois c'est entre les deux armatures que la décharge se fait.

On décharge lentement une bouteille de Leyde, lorsqu'après l'avoir posée sur un isoloir, on touche alternativement et un grand nombre de fois son armature extérieure et le crochet; on peut encore la décharger lentement par le carillon électrique, *fig.* 241. Une bouteille de Leyde dont le crochet est garni d'un timbre est placée sur un plateau de bois à côté d'une tige qui porte un second timbre et qui supporte un petit pendule en métal suspendu par un fil de soie isolant. Le pendule attiré par le crochet vient s'y charger d'électricité, est repoussé, puis attiré par le timbre opposé qui communique avec l'extérieur de la bouteille; il s'y décharge, prend de l'électricité de nom contraire dont il va de nouveau se dépouiller sur le premier timbre. Ce mouvement se continue jusqu'à ce que la bouteille soit déchargée.

Batterie électrique. Une grosse bouteille, *fig.* 242, organisée comme la bouteille de Leyde, prend le nom de *jarre électrique;* la réunion de plusieurs bouteilles ou de plusieurs jarres s'appelle une batterie, *fig.* 243. Elle est construite de façon que tous les intérieurs des jarres communiquent ensemble et que tous les extérieurs sont aussi en communication entre eux. Les tiges *ttt* établissent la première communication; la seconde se fait par le moyen d'une feuille métallique qui garnit tout le fond de la caisse en bois qui porte les jarres; une petite chaîne *c* assure la communication des armatures extérieures avec le sol. On peut mettre sur une des jarres un petit pendule électrique qui permette de juger de la charge de la batterie. Pour mettre l'appareil en exercice, on fait communiquer les crochets avec une machine électrique au moyen d'une tige métallique; quand l'écart du pendule indique une charge suffisante, on enlève la tige de communication en la soulevant avec une baguette de verre repliée en crochet; on détruit la communication avec le sol et la batterie est chargée; on la décharge avec l'excitateur. Il est fort important ici d'opérer avec toutes les précautions nécessaires pour ne pas recevoir l'étincelle puissante que produit l'électricité dissimulée de toutes ces jarres.

La bouteille de Leyde et la batterie électrique, en permettant d'accumuler de plus fortes charges que les machines, facilitent le moyen de faire des expériences curieuses. On a souvent recours, comme moyen de diriger la charge, à un petit appareil qui prend le nom d'excitateur universel, *fig.* 244. Les deux tiges métalliques *t t* sont montées sur des pieds isolans *p p*; on met l'une d'elles en communication avec l'intérieur ou l'extérieur de la bouteille de Leyde ou de la batterie, et l'on établit la communication de l'autre avec l'armature opposée, au moyen de l'excitateur. L'étincelle part entre les deux boutons *b b*, et exerce ses effets sur les corps que l'on y a posés.

Choix des conducteurs. La bouteille de Leyde sert à prouver qu'en présence de plusieurs conducteurs, l'électricité choisit le meilleur. Tenant une bouteille avec la main, une chaîne de métal étant interposée entre la main et la bouteille, on peut, avec l'autre main, présenter l'extrémité opposée de la chaîne au crochet; on ne recevra pas la moindre secousse, toute l'électricité passera par le métal, à moins que celui-ci ne présente une solution de continuité ou qu'il ne soit trop mince.

Action sur les animaux. L'étincelle électrique produit une secousse douloureuse, qui se fait sentir surtout dans les articulations. Une forte décharge produirait une forte douleur jusque dans la poitrine; la décharge d'une forte batterie serait fort dangereuse à recevoir. Si plusieurs personnes se tiennent par la main, et que celles qui occupent les deux extrémités de la tige, touchent l'une le crochet, l'autre l'armature extérieure de la bouteille, toutes les personnes reçoivent en même temps la commotion.

Action sur les conducteurs. L'électricité qui traverse un fil de métal, placé entre les branches de l'excitateur universel, l'échauffe, le rougit ou le fond suivant son énergie. Van-Marum a fondu ainsi un fil de fer de 50 pieds de longueur. Les métaux sont souvent volatilisés; s'ils sont oxidables, ils brûlent par l'oxigène de l'air.

Action sur les corps non conducteurs. L'électricité qui rencontre un corps non conducteur ou un conducteur imparfait le brise en éclats : on perce une lame de verre, en l'interposant entre les extrémités *b b* de l'excitateur universel, où l'on a remplacé les boules par des pointes. Un carte posée sur le passage de l'étincelle électrique dans le petit appareil, *fig.* 245, appelé perce-carte, est percée de part en part; on remarque que la déchirure paraît s'être faite du dedans au dehors; ce qui porte à croire que c'est par une suite de décompositions successives que le fluide électrique a été transmis; on remarque encore que l'ouverture est plus rapprochée de la pointe par où débouchait le fluide résineux; ce qui tient à ce que l'air oppose plus d'obstacle à son passage qu'à celui du fluide vitré.

Disgrégation des corps et transport par l'électricité. En se détachant d'un conducteur, l'électricité en sépare une partie de la matière qui la compose, qu'elle abandonne à l'état de poudre et qu'elle peut transporter au loin. Une chaîne de fer, des morceaux de charbon fournissent une certaine quantité de matières pulvérisées; l'électricité, qui sort d'une boule d'argent, emporte une portion de ce métal qui pénètre profondément dans une lame de cuivre interposée entre l'argent et la boule de l'excitateur universel ; l'or entraîné dans la même circonstance peut percer une lame d'argent. La disgrégation par le fluide électrique se comprend aisément, puisque les particules matérielles de la surface, en raison de leur état électrique semblable, doivent exercer une répulsion les unes sur les autres ; cette répulsion peut dans certains cas être assez grande pour vaincre la force d'agrégation.

L'électricité enflamme les mélanges de gaz détonnans, elle peut décomposer l'eau, les sels, les alcalis ; elle dévie l'aiguille aimantée de sa direction, elle peut produire l'aimantation, toutes propriétés qui seront étudiées plus loin.

Lumière électrique. La lumière électrique se montre quand l'électricité est en mouvement ou qu'il y a rupture d'équilibre, pourvu que la tension soit suffisante. Un conducteur, au travers duquel se perd l'électricité d'une machine ordinaire, ne donne point de lumière électrique ; mais avec une machine puissante, Van-Marum a vu un fil de fer de 16 mètres s'envelopper d'une auréole brillante. Les deux électricités ne se comportent pas de même, lorsque l'une et l'autre sortent d'un conducteur par une pointe ; le fluide vitré forme une gerbe ou une aigrette brillante, tandis que le fluide résineux n'apparaît que comme une lueur ou comme un point lumineux ; cette différence paraît tenir à ce que l'air peut opposer plus d'obstacle à la marche du fluide résineux qu'à celle du fluide vitré.

La lumière électrique apparaît surtout quand on propage l'électricité par un conducteur qui présente des solutions de continuité ; à chaque point où le conducteur est interrompu, il se produit une étincelle, et si la charge est puissante un trait de feu en zigzag, *fig.* 246. La lumière électrique apparaît d'une manière curieuse dans quelques appareils. Le carreau étincelant, *fig.* 247, est un carreau de verre sur le quel on a collé un cordon d'étain, disposé en zigzag. Il communique par le haut avec une machine électrique et par le bas avec le sol. En établissant des solutions de continuité, suivant des contours réguliers, on voit les dessins que l'on a formés apparaître en traits de feu quand on fait passer de l'électricité. Dans le tube étincelant, *fig.* 248, les petites feuilles d'étain forment une spirale interrompue dans toute la longueur du tube. L'œuf philosophique est une bouteille, *fig.* 249, dans laquelle on fait arriver l'électricité au moyen de la tige *t*, la tige *t'* communiquant avec le sol. Lorsqu'on a laissé le vase rempli d'air, des étincelles partent entre les deux tiges conductrices ; quand on a fait le vide dans la bouteille, elle se remplit d'un jet lumineux. En introduisant de l'air petit à petit, on voit le jet se rétrécir de plus en plus, et bientôt on n'obtient que des étincelles. On a cherché l'explication de la lumière électrique sans arriver encore à rien de satisfaisant ; ce qui est constant, c'est que la réunion des deux fluides est accompagnée d'un dégagement de lumière.

ÉLECTRICITÉ ATMOSPHÉRIQUE.

L'air est dans un état habituel d'électricité ; cette électricité est le plus souvent vitrée, surtout par le beau temps. Dans les journées pluvieuses, l'état électrique de l'air est plus variable ; il change plusieurs fois dans la journée, quelquefois même d'instant en instant. Comme tout mouvement moléculaire met de l'électricité en liberté, on doit peu s'étonner d'en rencontrer dans l'air atmosphérique. Les causes principales qui la produisent sont le frottement des nuages contre l'air, celui des couches d'air les unes sur les autres ; l'évaporation de l'eau qui, lorsqu'elle est chargée de matières salines, fournit de la vapeur électrisée vitreusement, phénomène qui se produit à chaque instant sur la vaste étendue des mers. M. Pouillet ajoute à ces causes l'électricité vitrée qu'emporte la vapeur d'eau, qui résulte de la transpiration aqueuse des plantes.

L'électricité atmosphérique, en s'accumulant dans les nuages, finit par donner naissance aux orages. Bien que la ressemblance des effets de la foudre et de la bouteille de Leyde, eût fait présumer qu'ils avaient une cause commune, il était réservé à Franklin d'en fournir la preuve. Il éleva un cerf-volant par un temps orageux, et reconnut sur la corde les phénomènes de répulsion pareils à ceux que produit l'électricité de nos machines; il put en tirer plusieurs étincelles en en approchant le doigt. Les expériences de Franklin furent répétées en France par plusieurs physiciens, parmi lesquels il faut citer Charles D'Alibart et de Romas. En joignant à la corde du cerf-volant un fil métallique, on augmenta la conductibilité; l'on se mit à l'abri des décharges en tenant la corde par l'intermédiaire d'un cordon de soie, et en le déchargeant au moyen d'un excitateur communiquant à une pièce métallique enfoncée dans le sol. Ces sortes d'expériences sont dangereuses, et l'on ne doit négliger aucune précaution pour se mettre en sûreté.

Les nuages orageux sont dans un état de mouvement désordonné dans lequel le vent ne détermine pas seul leur direction, et où l'on peut reconnaître les effets des attractions et des répulsions électriques. Leur intérieur lui-même est le siège d'une sorte de mouvement de fermentation qu'un observateur a comparé à la surface d'un fromage plein de vers. Ces nuages se tiennent à des hauteurs très différentes; on en voit qui rasent la surface du sol; Bonguer en a observé dans les Andes à 5,000 mètres d'élévation.

Des nuages orageux partent les éclairs et la foudre, rarement d'un seul nuage, ordinairement d'un nuage à un autre, quelquefois d'un nuage à la terre. L'éclair est formé par la lumière électrique; un même nuage peut en fournir plusieurs. Les apparences avec lesquelles l'éclair se présente à nous peuvent se réduire à trois : tantôt c'est un trait de lumière instantanée, mince, à bords arrêtés en forme de zigzag, de l'éclat le plus vif, quelquefois d'une teinte purpurine ou violacée; sa longueur est parfois de plusieurs lieues; sa durée n'équivaut pas à la millième partie d'une seconde. Ce sont là les éclairs chargés de la foudre qui portent avec eux la mort et l'incendie. Plus souvent les éclairs occupent une grande surface sans avoir la blancheur et la vivacité des premiers; ils illuminent d'une lumière subite et instantanée le contour des nuages, quelquefois toute leur surface : de tous les éclairs, ce sont les plus communs; on peut en compter des milliers pendant un orage. Enfin, des éclairs beaucoup plus rares se forment sous l'apparence de globes de feu; leur marche est lente, leur durée de quelques secondes; l'œil peut les suivre facilement pendant leur trajet : leur formation est encore tout-à-fait inexpliquée.

Après l'éclair, le tonnerre se faire entendre, rarement comme un bruit instantané, presque toujours comme un roulement inégal. Qu'un éclair se produise sur un seul point, le son produit nous arrivera tout à-la-fois, et l'oreille n'entendra qu'un seul coup; mais que l'éclair ait une grande étendue, on le verra instantanément sur tous les points, tant est grande la vitesse de la lumière; mais on n'entendra le bruit que successivement, car le son ne marche qu'avec lenteur (340 mètres par seconde). Si l'éclair fuit devant l'observateur, le bruit lui arrivera peu-à-peu et durera aussi longtemps que l'éclair aura de fois 337 mètres de longueur. Si l'observateur est au milieu de l'éclair, le bruit produit au milieu lui arrivera d'abord, et successivement le bruit double fourni par les deux côtés de l'éclair. Quant au roulement, il peut provenir de ce que l'éclair en zigzag s'est successivement rapproché et écarté de l'observateur; de ce que le nuage, mauvais conducteur s'est déchargé par des éclairs successifs; de ce que les couches d'air traversées par le son, n'ayant ni la même densité ni la même sécheresse, vibrent d'une manière inégale; de ce que le bruit est répété par l'écho, phénomène qui se montre très remarquable dans les montagnes, mais qui se reproduit partout, même sur la mer, par la réflexion du son sur la surface des nuages. L'éclair précède toujours le bruit du tonnerre, mais il n'arrive qu'après la foudre; la rapidité du fluide électrique est telle, que celui qui a vu l'éclair n'a plus rien à craindre de la décharge qui l'a produit. Des personnes atteintes par la foudre, aucune n'a jamais rien vu ou entendu avant d'être frappée.

Les effets de l'électricité atmosphérique, en tenant compte de l'intensité, sont les mêmes que ceux produits par l'électricité de nos machines. Deux nuages chargés du même fluide se repoussent; ils s'attirent quand ils sont chargés de fluides contraires: souvent la décharge électrique se fait de l'un à l'autre. L'effet des nuages électriques sur la terre est de décomposer par influence l'électricité des corps terrestres et d'attirer vers la surface le fluide de nom contraire à celui du nuage. Si la charge électrique est assez grande et si le nuage est assez rapproché, l'étincelle part, et la terre est foudroyée.

La chute de la foudre sur un objet terrestre est déterminée par la nature de cet objet, par sa position et par sa forme. Les meilleurs conducteurs sont toujours atteints de préférence, fussent-ils cachés sous le sol, ou enfermés dans quelques masses de construction. L'eau, corps bon conducteur, est souvent frappée de la foudre; un nuage électrisé peut la soulever en montagne liquide; s'il approche davantage l'eau est foudroyée. Il est à remarquer que dans ce cas, les poissons sont tous tués, parce qu'étant meilleurs conducteurs, l'électricité se porte sur eux de préférence.

Les corps terrestres les plus élevés, et par conséquent les plus rapprochés du nuage électrique sont atteints de préférence; quelques pieds d'élévation de plus suffisent pour que l'objet soit frappé par la foudre plutôt que les corps environnans. Les formes pointues attirent la foudre par l'accumulation plus grande d'électricité qui s'y produit. Les arbres isolés sont souvent atteints par le tonnerre, parce qu'ils sont élevés, qu'ils conduisent bien le fluide électrique, et qu'ils communiquent profondément avec le sol par leurs racines. La foudre passe de préférence entre le bois et l'aubier; si elle pénètre plus profondément, elle brise les arbres, divise leur bois en lanière. Il faut se garder pendant l'orage de se mettre à l'abri sous les arbres; comme ce sont des conducteurs imparfaits, l'électricité les abandonne pour se jeter de préférence sur l'homme ou les animaux qui sont dans le voisinage.

Les édifices élevés sont souvent frappés de la foudre; elle atteint les meilleurs conducteurs, qu'ils soient à découvert ou non, et s'élance de l'un à l'autre. Après avoir parcouru la charpente de l'édifice, elle se jette sur les hommes qu'un sentiment religieux a appelé dans les églises. Le sonneur est souvent atteint, non que le bruit des cloches paraisse attirer le tonnerre, mais parce que la corde fournit à l'électricité un conducteur qu'elle parcourt de préférence.

On remarque quelquefois qu'un objet terrestre est foudroyé à une distance très grande du point où est tombé le tonnerre: c'est l'effet du choc en retour. Qu'un nuage électrique ait ses deux extrémités rapprochées du sol, et que la décharge électrique vienne à se faire par l'une d'elles, vers l'extrémité contraire, l'électricité du sol qui avait été décomposée par influence, se reproduit aussitôt, et la réunion des deux fluides peut occasioner des effets semblables à ceux de l'action directe de la foudre.

Quand la foudre atteint les corps conducteurs, elle les parcourt s'ils lui offrent un écoulement facile; elle les brûle, les vaporise, s'ils sont plus petits; elle aimante le fer, renverse les pôles des boussoles. Quand elle frappe des corps non conducteurs, elle les brise en éclats; et souvent les transporte à de grandes distances. Tombe-t-elle dans un lieu où se trouvent réunis des corps conducteurs et des corps non conducteurs, elle s'élance de préférence sur les premiers, éclate à son entrée, à sa sortie, et brise en éclat les masses non conductrices, qu'elle transporte parfois à de grandes distances. Elle enflamme les matières légères, charbonne au plus la surface des autres, passe trop vite pour les brûler profondément. Les effets calorifiques de la foudre se font surtout remarquer sur les métaux qu'elle fait entrer en fusion; elle fond les portions de roche qu'elle peut atteindre, et trace quelquefois son passage dans le sable en agglomérant la silice en longs tubes vitrifiés (*tubes fulminaires*).

Les hommes ont cherché les moyens de se préserver de la foudre. Le danger est imminent, mais les chances d'y échapper sont si nombreuses qu'on aurait tort de s'en effrayer beaucoup. Il est prudent pendant l'orage de ne pas chercher un abri sous les arbres, et si l'on est dans un appartement, de se tenir éloigné des ferrures et de la cheminée, car c'est par les cheminées que la foudre pénètre souvent dans l'intérieur de nos habitations, vu leur élévation et la couche de suie conductrice dont elles sont garnies. Franklin a conseillé de préserver les édifices du tonnerre au moyen de longues verges en fer, communiquant avec le sol, et fixées sur les parties les plus élevées du bâtiment. Ces barres portent le nom de paratonnerre. Quand un nuage chargé d'électricité passe au-dessus d'un paratonnerre, l'électricité naturelle de celui-ci est décomposée en plus grande quantité que celle des corps voisins, parce que le paratonnerre est formé par une substance conductrice, et parce qu'il est plus rapproché des nuages. La forme pointue qu'on lui a donné, accumule d'ailleurs une plus grande quantité d'électricité vers la pointe; on voit même souvent le fluide électrique sortir sous la forme d'une gerbe lumineuse : ce même phénomène produit à l'extrémité des mâts des navires a reçu des marins les noms de feu Saint-Elme, Castor et Pollux. Les particules d'air qui touchent le paratonnerre lui enlèvent une portion de son électricité ; elles sont alors attirées par le nuage où elles vont se décharger de l'électricité acquise et se charger du fluide contraire. Il en résulte un courant en sens inverse dont le résultat est de décharger le nuage de l'électricité qu'il contient et de diminuer par conséquent le danger. En tout cas, si l'explosion avait lieu, elle se ferait nécessairement sur la pointe du paratonnerre où le fluide électrique est accumulé en plus grande abondance. L'expérience montre que dans ce cas encore le bâtiment est préservé. On donne à chaque paratonnerre une hauteur de neuf mètres ; on le termine par une pointe de platine moins altérable et moins fusible que le fer. On établit une communication parfaite du paratonnerre avec le sol au moyen d'une barre de fer ou d'une corde métallique ; on en fait plonger l'extrémité dans un puits ou toute autre masse d'eau ; si l'eau manque dans le voisinage, l'extrémité du conducteur est divisée en plusieurs branches qui pénètrent dans le sol et que l'on entoure avec du charbon calciné. Pour éviter le choc latéral qui résulterait des décompositions par influence, on met toute la ferrure principale du bâtiment en communication avec le paratonnerre.

Une barre de neuf mètres paraît suffire à préserver autour d'elle un espace de dix-huit mètres. Elle devient le centre d'un cercle de trente-six mètres de diamètre que la foudre ne peut atteindre. On part de cette donnée pour multiplier les paratonnerres suivant l'étendue des bâtimens que l'on veut préserver.

ÉLECTRICITÉ GALVANIQUE OU DE COURANT.

En 1789, Galvani, médecin de Bologne, découvrit que les muscles d'une grenouille étant mis en communication avec les nerfs par l'intermédiaire d'un ou de deux métaux, il se produit des contractions violentes dans les membres de l'animal. Galvani, attribua ces effets à ce que le métal avait servi de conducteur au fluide nerveux pour passer des nerfs dans les muscles. Volta démontra plus tard que les contractions observées par Galvani dépendaient de l'électricité, et il admit que celle-ci s'était formée dans les métaux. D'après Volta, quand deux métaux différens sont mis en contact, ce seul fait du contact suffit pour qu'ils s'établissent dans des états électriques opposés. A cette propriété ignorée jusque-là, Volta donna le nom de force électro-motrice. Pour lui, le premier effet du contact était la décomposition du fluide naturel et son partage entre les deux pièces métalliques; le second était l'obstacle mis par la force électro-motrice à la réunion des deux fluides : singulière propriété, qui empêche l'électricité de passer librement dans de bons conducteurs. La vitesse de la force électro-motrice est excessive; on ne peut décharger les métaux du fluide électrique aussi vite qu'il s'y reproduit. Les corps qui s'établissent dans des états électriques opposés par le seul fait du contact sont dits électro-moteurs. On mesure leur puissance électro-motrice par la quantité d'électricité dont ils se chargent; cette quantité est différente suivant les métaux, mais constante pour chaque métal dans son association avec un autre électro-moteur.

Les métaux, dans la série suivante, sont rangés dans l'ordre de leur tendance à prendre l'électricité positive (vitrée) ou négative (résineuse). Chaque métal est positif avec ceux qui le suivent et négatif avec ceux qui le précèdent :

Antimoine. Arsenic. Fer.

Zinc.	Plomb.	Palladium.
Or.	Etain.	Platine.
Cuivre.	Argent.	Nickel.
Laiton.	Manganèse.	Mercure.
Rhodium.	Cobalt.	Bismuth.

Cette théorie de Volta l'a conduit à la construction d'un instrument qui a été l'origine des plus belles découvertes, et auquel les physiciens ont donné le nom de pile de Volta. Elle se compose d'une série plus ou moins étendue de disques en zinc, cuivre, et drap mouillé, *fig.* 251. Dans un pareil système, l'électricité se forme et s'accumule aux extrémités de l'instrument. Un disque de cuivre *c*, *fig.* 250, étant posé sur le sol, un disque de zinc *z* étant posé sur le cuivre, la force électro-motrice leur donne une charge électrique en rapport avec leur force électro-motrice; le zinc prend l'électricité positive + 1, le cuivre prend l'électricité négative — 1; mais cette électricité du cuivre se perd dans le sol, et son état est véritablement zéro. La condition du contact du zinc et du cuivre est que le premier ait un excès d'électricité + 1. En mettant au-dessus du zinc un corps conducteur, il prend de l'électricité au zinc, et la condition électro-motrice n'est plus satisfaite; il se décompose alors une nouvelle quantité de fluide naturel jusqu'à ce que le zinc et le conducteur qui le surmonte aient la charge électrique obligée + 1. Ce conducteur peut être formé par l'accumulation successive de disques de drap mouillé, de disques de cuivre, de disques de zinc, dont le système prendra une charge électrique + 1, comme on le voit en *B*, *fig.* 252. Mais chacun des couples zinc et cuivre qui forment ce conducteur doit, en raison de sa force électro-motrice, s'établir dans un état tel, que chaque disque de zinc ait encore cet excès d'électricité + 1, par rapport au cuivre qu'il surmonte, comme on le voit en *A*. Le second disque zinc a donc une charge électrique double du premier, la moitié provenant de ce qu'il fait partie du conducteur qui surmonte le premier zinc, l'autre moitié ayant pour origine sa force électro-motrice : tout le système conducteur au-dessus aura la charge électrique + 2, comme on le voit en *C*. Il en arrive autant pour le troisième zinc, qui aura une charge + 3; pour le quatrième, qui aura une charge + 4; et ainsi de suite : de manière que la quantité d'électricité positive sera plus grande à mesure que le nombre des disques aura augmenté. Quant au disque cuivre inférieur, il restera dans l'état zéro, car la pile, par sa construction, permet au fluide négatif (celui qui correspond au fluide positif accumulé dans la pile) de s'écouler librement dans le sol. En construisant la pile avec les mêmes élémens, mais en mettant le zinc en contact avec le sol et le cuivre au-dessus, le zinc est à l'état zéro, et l'électricité négative s'accumule en rapport avec le nombre des disques.

Quand une pile a été construite isolée, ou lorsqu'elle a été isolée après sa construction, l'électricité ne peut plus se perdre dans le sol; la pile est alors formée par la réunion de deux piles construites en sens inverse. L'état électrique est zéro au milieu, positif d'un côté, négatif de l'autre. En prenant ce zéro comme point de départ, l'électricité positive est accumulée du côté où les disques cuivre sont plus rapprochés de ce zéro, négative du côté où ce sont au contraire les disques zinc. Quand on met en communication les deux extrémités ou les deux pôles d'une pile ainsi construite, la pile se décharge par une étincelle; mais comme la force électro-motrice a une rapidité sans limite, la pile se recharge promptement, et l'on peut avoir une série non interrompue d'étincelles.

La pile de Volta, construite comme nous venons de le dire, a l'inconvénient d'exprimer le liquide contenu dans les disques de drap, de diminuer leur propriété conductrice, et, en outre, d'établir une communication entre les différentes parties de la pile, en mouillant les surfaces extérieurement. Volta, au moyen de sa *Pile à couronne*, avait évité cet inconvénient; elle est formée, *fig*. 253, de lames de zinc et de cuivre soudées bout à bout, et qui plongent dans des godets qui contiennent le liquide conducteur. On peut disposer l'appareil en cercle; de là son nom de pile en couronne. Le temps long qu'exige cet appareil pour être monté y a fait renoncer.

Cruikshanks a construit le premier *les Piles à auges*, *fig*. 260, qui sont encore assez employées maintenant. Les couples zinc et cuivre sont posés de champ; ils sont séparés les uns des autres par un intervalle dans lequel on met le liquide conducteur, et qui prend le nom d'auge. Tout est disposé dans une caisse de bois enduite de résine. Pour se servir de cet instrument, on remplit les auges avec le liquide conducteur, et l'on plonge dans chacune des auges extrêmes une lame de cuivre qui porte un fil métallique qui sert à puiser l'électricité. En réunissant plusieurs piles entre elles, on forme une batterie. Si les piles sont placées bout à bout, les zincs tournés tous du même côté, la batterie se compose d'une pile dont le nombre des élémens est augmenté. Si, au contraire, les piles sont placées les unes à côté des autres, et que la communication soit établie entre les pôles de même nom, l'on a une batterie dans laquelle le nombre des couples reste le même, mais qui agit comme si l'on s'était servi de couples d'une plus grande surface.

Dans la *Pile de Wollaston*, les élémens cuivre et zinc ont la forme qu'on leur voit dans les *fig*. 254 et 255, l'élément zinc *z* est placé entre l'élément cuivre *cc* qui est replié sur lui-même et qui présente beaucoup plus de surface. Le contact entre les deux métaux n'a lieu que sur une étendue fort restreinte en *a*, mais qui est tout-à-fait suffisante en raison de la rapidité de la production. Le fluide qui sort de chaque métal, n'a qu'une couche mince de liquide à traverser pour se porter sur le métal opposé. Tout ce système est adapté à une monture en bois, *fig.* 256, qui permet de le transporter facilement. On met le liquide conducteur dans des jarres *i i i i i*, et l'on y plonge les couples au moment où l'on veut mettre la pile en action; on les retire à l'instant où l'on veut que l'appareil cesse de fonctionner. On évite par cette manœuvre l'altération des métaux par la liqueur conductrice et le changement de nature de cette liqueur qui, ainsi qu'on le verra plus tard, affaiblit la conductibilité.

La *Pile de Hare,* modifiée par Faraday et J. Young, se compose de feuilles de cuivre et de zinc coupées dans la forme, *fig.* 257, et repliées comme on le voit *fig.* 258; on interpose le cuivre et le zinc, chaque cuivre se trouvant placé entre chaque angle zinc, chaque zinc entre chaque angle cuivre, *fig.* 259. Les appendices *a a a* d'une plaque de zinc et d'une plaque de cuivre voisines sont soudés ensemble; l'un des pôles de la pile, est terminé par un élément cuivre, l'autre par un élément zinc. Tout ce système d'élémens voltaïques est fixé dans un assemblage en bois; on le plonge d'un seul coup dans la liqueur conductrice, et on l'en retire à volonté. La disposition des élémens fait qu'ils tiennent peu de place et qu'ils n'exigent par conséquent qu'une petite cuve et peu de liqueur: l'expérience prouve d'ailleurs que ce système de construction est fort avantageux.

Les *Piles sèches* sont formées par des électro-moteurs peu énergiques entre lesquels on interpose un conducteur solide. La construction la plus habituelle est la suivante: du papier fort, rendu humide par ce qu'il a pu prendre de vapeur d'eau à l'atmosphère, est recouvert sur une face par une feuille de zinc laminé, et sur l'autre par de l'oxide de manganèse réduit en poudre impalpable, et que l'on étale avec un bouchon. On réunit un grand nombre de feuilles semblables, le manganèse de l'une étant en contact avec le zinc de l'autre. Au moyen d'un emporte-pièce, on en fait des disques que l'on superpose au nombre de plusieurs milliers ; ils constituent une pile que pour plus de sûreté on enduit d'un vernis de gomme-laque. Dans un pareil système, le zinc est positif, le manganèse est négatif, et l'humidité du papier sert de conducteur.

Les piles sèches sont toujours très faibles ; on n'en peut tirer d'étincelles, elles ne peuvent produire d'effets chimiques, mais les phénomènes d'attraction et de répulsion électrique s'y montrent très bien. Zamboni s'en est servi pour construire un petit appareil qui porte le nom de mouvement perpétuel de Zamboni. Il se compose de deux piles sèches, *fig.* 261, communiquant par leur base, et ayant les pôles contraires situés en *n p*; une petite boule creuse de métal *b*, librement suspendue entre les deux, va continuellement se charger et se décharger d'un pôle à l'autre.

L'électricité accumulée aux deux extrémités de la pile de Volta s'y trouve dans le même état que l'électricité de nos machines ; nous avons vu que sa quantité ou sa tension dépendait du nombre des disques; plus ceux-ci sont nombreux, plus l'épaisseur ou la tension de la couche électrique augmente. La grandeur des élémens augmente la quantité d'électricité, sans avoir d'influence sur la tension; sur deux piles formées du même nombre d'élémens, ces élémens ayant une grandeur différente, la tension est la même ; mais la quantité d'électricité est plus grande là où les élémens ont plus de surface, parce que la couche électrique avec la même épaisseur a plus d'étendue.

En approchant l'un de l'autre les fils de métal qui vont puiser l'électricité aux deux pôles, on a une succession d'étincelles qui proviennent de la combinaison des deux fluides électriques. Si l'on établit une communication non interrompue entre les deux pôles et si le fil conducteur est d'un diamètre un peu fort, on n'aperçoit aucun phénomène qui dénote la présence de l'électricité dans le fil ; on suppose que le fluide positif le parcourt dans un sens, et que le fluide négatif le parcourt dans l'autre; on dit alors que le fil est traversé par un courant.

DES COURANS ÉLECTRIQUES.

Le courant électrique, qui parcourt le conducteur qui réunit les deux pôles d'une pile et la pile elle-même, ne produit de phénomènes extérieurs qui puissent faire connaître sa présence, qu'autant qu'il est assez énergique pour échauffer le conducteur; mais il peut être décelé par l'action qu'il exerce sur l'aiguille aimantée.

Un courant, qui agit sur une aiguille aimantée, tend à la tourner en croix avec le sens du courant. L'action du courant peut être considérée comme se réduisant à des forces appliquées aux deux pôles de l'aimant, de directions opposées, perpendiculaires à l'axe du courant, et dont l'intensité varie en raison inverse de la simple distance. En plaçant une pile dans la direction du méridien magnétique, et en disposant le fil de cuivre conducteur qui réunit les deux pôles, de manière à ce que dans sa partie moyenne il ait la même direction que la pile, le pôle positif de la pile étant tourné vers le nord, une aiguille aimantée, placée au-dessus du fil, aura son pôle austral dévié à l'ouest; placée sous le fil, c'est vers l'est que le pôle austral se dirigera. L'aiguille étant placée sur la pile, les directions que prendra l'aiguille seront opposées; son pôle austral étant dévié à l'est, quand elle est sur la pile, et à l'ouest, quand elle est en dessous. La direction donnée à l'aiguille par le conducteur ou par la pile est donc opposée; de là est née l'idée d'un courant circulant en sens inverse dans la pile et dans le conducteur.

En changeant la direction de la pile, le sens des directions de l'aiguille change en même temps; mais, par une théorie facile que l'on doit à M. Ampère, on peut prononcer, toujours et sans hésitation, de quel côté l'aiguille sera déviée. Par une première convention, on admet que le courant part toujours du pôle positif de la pile. Si maintenant on suppose un homme couché dans le courant, celui-ci lui entrant par les pieds et lui sortant par la tête, cet homme, ayant les yeux tournés vers l'aiguille, aura toujours le pôle austral à sa gauche.

Le galvanomètre ou rhéomètre a été découvert par Scheiwger; il sert à reconnaître et à mesurer les courans électriques; il est fondé sur la déviation que les courans font éprouver à l'aiguille aimantée. Un fil de métal, entouré de soie, est replié un grand nombre de fois dans le même sens, sur un châssis en bois *bb*, *fig.* 262. La soie, qui enveloppe le fil, a pour objet d'empêcher le passage de l'électricité d'une des circonvolutions à l'autre. Qu'un courant d'une force donnée passe à travers un pareil système, il reviendra autant de fois dans la même direction que le fil fait de tours sur le châssis en bois; et chaque fois il agira avec une même force sur une aiguille aimantée placée au-dessus de ce châssis. L'action se renouvellera donc autant de fois que le fil aura été replié sur lui-même : si, par exemple, le fil fait 100 tours, l'action sera 100 fois ce qu'elle eût été si l'aiguille n'eût été influencée que par un seul passage à travers le fil. Il y a de ces galvanomètres multiplicateurs, dans lesquels le fil conducteur fait plusieurs milliers de tours sur le châssis.

Une aiguille aimantée, qui est sous l'influence d'un courant, obéit encore à l'action magnétique de la terre; on conçoit telle circonstance où les effets du courant pourraient en être modifiés ou même détruits. On a remédié à cet inconvénient en se servant, pour le multiplicateur, d'un système de deux aiguilles fixées ensemble, *fig.* 218, et disposées à pôles opposés; à l'aide de cet artifice, l'action de la terre s'exerce d'une manière inverse et égale sur chacune des deux aiguilles et se trouve par cela même annulée. Cette aiguille double ou astatique, ainsi soustraite au magnétisme terrestre, obéit facilement aux courans les plus faibles. L'aiguille double étant suspendue par un fil de soie de manière à ce qu'une des aiguilles soit au-dessus du galvanomètre, et que l'autre soit placée entre les deux séries de tours supérieurs et inférieurs, *fig*. 262, cette aiguille centrale est tournée du même côté par un courant qui traverse le fil au-dessus et au-dessous d'elle; on s'en rendra compte facilement en se rappelant que le courant traverse dans une direction opposée les parties supérieures et les parties inférieures du fil, et que l'aiguille centrale est située au-dessous des premières et au-dessus des secondes. Quant à l'aiguille supérieure, elle est située au-dessus des deux courans : comme ils marchent en sens inverse, chacun d'eux tend à la tourner en sens opposé ; mais le courant supérieur étant plus rapproché, a par cela même une plus forte action sur l'aiguille ; son effet s'ajoute à celui qui dévie l'aiguille inférieure à laquelle elle est fixée. Pour bien comprendre ces effets sur l'aiguille du galvanomètre, il faut supposer le courant entrant par l'une des extrémités du fil et sortant par l'autre ; puis rechercher, dans la supposition d'un homme couché dans le courant qui parcourt les fils supérieurs et dans celui qui parcourt les fils inférieurs, quelle doit être la déviation des aiguilles sous l'influence double de ces courans en sens inverse.

Le sens du courant qui parcourt le galvanomètre est donné par la direction de l'aiguille ; pour le trouver, il faut en revenir à la supposition de l'homme couché, le tourner de manière à ce qu'il ait le pôle austral de l'aiguille supérieure à sa gauche, et conclure que le courant lui entre par les pieds, ou que c'est de ce côté que débouche l'électricité positive.

La force du courant est donnée par la quantité dont l'aiguille est déviée. Quand on veut mesurer la force comparative de deux courans, on se sert du galvanomètre double ; il est construit avec deux fils. On fait passer un courant en sens inverse dans l'un et dans l'autre. Si les courans sont égaux, leur action, qui s'exerce en sens opposé sur l'aiguille, se détruit mutuellement; s'ils sont inégaux, le plus fort l'emporte.

L'électricité de courant ou l'électricité en mouvement se produit toutes les fois qu'il y a mouvement moléculaire. Volta l'a fait naître par le contact de métaux différens, M. Peltier, en tirant des fils à la filière, ou même en les infléchissant; elle se produit, quand la chaleur se propage dans les corps ou par l'action d'un aimant sur un corps conducteur; elle se montre toutes les fois qu'il y a action chimique, enfin on voit apparaître un courant toutes les fois qu'on livre passage à travers un fil conducteur aux deux fluides qui se produisent par le frottement ou toute autre action mécanique, pourvu que les deux fluides parcourent le fil conducteur en sens contraire; il suffit de présenter les deux extrémités du fil du galvanomètre terminées en pointes fines à une certaine distance des deux surfaces d'une bouteille de Leyde, pour qu'un courant parcourt le fil et dévie l'aiguille aimantée.

La production des courans par la chaleur qui constitue les phénomènes thermo-électriques a été découverte par Seebeek en 1821. On peut les résumer ainsi : il y a formation d'un courant toutes les fois que la chaleur se propage dans un corps. Une molécule a, *fig.* 263, étant en contact avec une source de chaleur s, la molécule a prend l'électricité positive, tandis que l'électricité négative est chassée dans tous les sens. Mais une seconde molécule a' s'échauffe bientôt aux dépens de a, lui prend l'électricité positive et lui envoie l'électricité négative; le même effet a lieu de a' à a'', de a'' à a''', etc. Il s'opère donc, dans toute l'étendue du fil, une suite de décompositions et de recompositions, de telle sorte que le fluide positif marche de l'extrémité chaude à l'extrémité froide, et le fluide négatif en sens contraire. Si cet effet a lieu sur un fil ou un corps homogène, le courant n'est pas indiqué par l'aiguille aimanté, parce que les mêmes effets se produisant à droite et à gauche du point chauffé, il se fait des courans en sens inverse qui se détruisent mutuellement. Il n'en serait plus de même, si la propagation de la chaleur n'était pas égale des deux côtés; là où elle se ferait plus facilement, il y aurait excès dans l'action électrique et ce courant l'emporterait. On fait naître un courant thermo-électrique avec un même métal, en établissant en quelque point un bourrelet ou un contournement qui affaiblisse la propagation de la chaleur; il suffit encore pour la produire, de couper le fil conducteur en un point, et de réunir les deux bouts en contournant le fil en forme d'anneau. Les courans thermo-électriques se manifestent avec plus d'énergie encore, lorsqu'on associe ensemble deux métaux différens; soit en contournant ensemble leur extrémité, soit en les réunissant par une soudure.

L'énergie du courant thermo-électrique et le pouvoir thermo-électrique de chaque métal augmentent avec la température, mais non suivant une même loi pour tous les métaux. Quand on réunit par une soudure deux métaux, et que l'on chauffe la soudure, le courant part du métal dont le pouvoir thermo-électrique est le plus grand. Dans la série suivante, chacun des métaux est positif avec ceux qui le précèdent, négatif avec ceux qui le suivent : bismuth, platine, plomb, étain, cuivre, or, argent, zinc, fer, antimoine.

L'action chimique est peut-être la cause la plus puissante de la production des courans. On doit surtout à M. Becquerel une nombreuse série d'expériences qui mettent cette vérité hors de doute.

Dans les phénomènes chimiques ordinaires, l'électricité ne se manifeste pas, vu que les deux fluides se combinent dans la liqueur à mesure qu'ils viennent d'être séparés; mais, en modifiant convenablement la disposition des appareils, on parvient à soustraire une partie du fluide électrique à cette recomposition. L'appareil le plus simple, *fig*. 266, se compose d'un petit vase dans lequel on met un liquide; on y fait plonger de petites plaques de métal destinées à conduire l'électricité. Celle de ces plaques qui ne doivent servir que de conducteur est faite avec un métal inattaquable, le platine, par exemple; l'autre sur laquelle l'action chimique doit s'exercer porte un fil métallique qui va transmettre l'électricité au galvanomètre. Quelquefois on fait communiquer plusieurs vases l'un avec l'autre, *fig*. 267; la communication s'établit avec un petit tube de verre recourbé plein de liquide, ou avec une mèche d'amiante ou de coton humectée.

Toutes les fois qu'il n'y a pas action chimique entre les corps, on ne voit apparaître aucun indice de courant.

Quand un métal est attaqué par un acide, le courant part du métal; l'électricité positive débouche dans le liquide, l'électricité négative passe par le conducteur fixé au métal attaqué. Quand deux métaux sont attaqués (cuivre et zinc dans l'acide sulfurique affaibli), le courant va du métal le plus attaqué (zinc) au liquide. Un morceau de fer et d'arsenic étant traité comparativement par un acide faible et par une dissolution de potasse, dans le premier cas, le fluide négatif part du fer, qui est plus fortement attaché; dans le second, il part de l'arsenic, sur lequel l'alcali a plus d'action.

Un même métal étant plongé dans deux liqueurs différentes, le courant va de la plaque métallique qui est plus fortement attaquée, au liquide.

Le contact de deux dissolutions donne très fréquemment naissance à un courant électrique. L'expérience se fait au moyen de l'appareil, *fig*. 267. La communication entre les deux vases se fait avec une lame de platine sur laquelle on pose une mèche d'amiante. Les électricités sont enlevées par les lames de platines qui plongent dans chacun des vases. Les deux liquides différens, qui occupent les capsules, communiquent ensemble le long de la mêche d'amiante ; le courant s'établit aussitôt que le contact a lieu.

Quand un acide et un alcali se combinent, l'acide prend l'électricité +, l'alcali l'électricité —. Quand l'eau est mise en contact avec un acide, elle prend l'électricité —, et par conséquent l'eau se comporte comme une base ; mais quand l'eau est mise en contact avec une dissolution alcaline, c'est l'eau qui prend l'électricité +, et par conséquent elle se comporte comme un acide.

Conductibilité pour les courans.

Les métaux sont les meilleurs conducteurs des courans électriques, mais l'ordre dans lequel ils se rangent sous ce rapport est encore mal déterminé ; ce qui tient à l'impossibilité où l'on a été jusqu'à présent de déterminer d'une manière absolue et la nature et l'intensité des courans. Suivant Davy, les métaux doivent être rangés, relativement à leur conductibilité pour les courans, dans le même ordre de conductibilité que pour le calorique ; d'autres observateurs ne sont pas d'accord avec lui. Davy et Becquerel s'accordent à dire que la conductibilité d'un même fil métallique est proportionnelle à la section du fil, et en raison inverse de sa longueur.

Parmi les liquides, les solutions acides et salines et surtout les solutions acides sont les meilleurs conducteurs. L'eau pure conduit fort mal, mais elle est essentielle à la propriété conductrice de certains corps ; c'est ainsi que les acides sulfurique et nitrique concentrés transmettent fort mal l'électricité, tandis que les mêmes acides étendus sont de bons conducteurs. La conductibilité d'une solution croît avec la quantité de matière dissoute, jusqu'à une certaine limite qui arrive plus tôt pour les substances plus conductrices, et passé laquelle une nouvelle quantité de substance dissoute est sans effet. Si l'on dissout en même temps plusieurs sels, chacun d'eux agit comme s'il était seul et la conductibilité générale en est augmentée. Les matières non conductrices acquièrent un pouvoir conducteur très fort lorsqu'elles ont été liquéfiées par la chaleur. Quelques-unes de ces substances font exception, telles sont, suivant M. Faraday, le soufre, le phosphore, l'iodure de soufre, les sulfures d'arsenic, l'acide acétique cristallisé et les résines. Si on examine la conductibilité de plusieurs sels fondus ensemble, on trouve qu'elle ne dépasse jamais celle de la matière saline qui est le meilleur conducteur : ainsi un mélange de nitre, de sulfate de zinc et d'alun ne dépasse jamais la limite de conductibilité qui appartient au nitre.

Lorsqu'un courant traverse un conducteur, il perd davantage, à mesure que la couche à traverser est plus épaisse : c'est certainement là une des causes qui concourent aux bons effets de la pile de Hare. Un courant qui traverse un conducteur liquide se partage en filets divergens ; la divergence est plus grande à mesure que le liquide est moins bon conducteur.

Tout changement de conducteur diminue l'intensité du courant ; il y a peu de perte de métal à métal, mais il y en a beaucoup de métal à liquide, et de liquide à métal ; la perte est plus grande quand le courant passe du bon conducteur dans le mauvais. Deux métaux étant plongés dans un même liquide, le courant entre et sort plus facilement par le métal qui est le plus attaqué.

Un courant qui traverse un diaphragme métallique interposé dans un liquide perd d'autant moins que le courant est plus fort. Si l'on place successivement plusieurs diaphragmes, le courant qui a traversé le premier perd moins en passant à travers le second, moins à travers le troisième, et ainsi de suite ; de sorte qu'un courant, qui a traversé un écran, passe avec moins de perte à travers un écran semblable. C'est un effet tout-à-fait analogue à celui que présentent les rayons calorifiques et lumineux que l'on tamise à travers des écrans, et l'on est porté à croire qu'un courant électrique est composé de plusieurs courans, de même qu'un rayon de chaleur ou de lumière est composé de rayons différens.

Dans les conducteurs, qui ont servi à transmettre un courant au milieu d'une solution saline, il se produit un courant en sens inverse du premier, si l'on interrompt la communication avec la pile. Les courans, qui naissent ainsi, sont appelés courans secondaires ; on désigne encore cette propriété sous le nom de polarité électrique. La durée des courans secondaires dépend de l'énergie de l'action galvanique qui les a précédés. La pile secondaire de Ricter est basée sur cette propriété des conducteurs. On construit une pile avec un seul métal cuivre, par exemple, et des disques de carton humectés avec une dissolution saline. Une pareille pile ne donne pas de courans sensibles, mais si on la fait traverser par un courant, puis que l'on interrompe celui-ci, la pile donne alors un courant en sens inverse. Sous l'influence du courant l'acide et l'alcali de la solution saline se déposent sur chaque face opposée du disque cuivre et y adhèrent par l'effet de l'attraction moléculaire ; lorsqu'on a interrompu le courant, on a une pile formée d'alcali et d'acide, qui donne un courant en sens inverse du premier. Cette adhérence de particules acides et alcalines au conducteur paraît être de même nature que l'attraction moléculaire qui détermine le dépôt de la vapeur d'eau à la surface des corps, l'absorption du gaz par les substances poreuses et la condensation des gaz hydrogène et oxigène par l'éponge de platine.

THÉORIE CHIMIQUE DE LA PILE.

On ne peut révoquer en doute que l'action chimique, qui se produit sur les élémens de la pile de Volta, ne concourt puissamment au développement de l'électricité. Il est au contraire devenu fort douteux que le contact de métaux différens soit pour quelque chose dans la production des courans. Les physiciens, qui admettent ces effets de contact, sont obligés au moins de convenir que la portion d'action qui en provient est excessivement limitée.

Quand un élément, zinc et cuivre, plonge dans un liquide acide, le zinc est attaqué, l'électricité positive passe dans le liquide, l'électricité négative dans le couple voltaïque. Le même effet se produit dans chacune des auges, et dans chacune d'elles le fluide positif, débouchant dans le liquide, va se combiner avec le fluide négatif qui a passé dans l'élément voltaïque précédent; le même effet, se reproduisant pour chaque couple, il ne reste de libre que l'électricité positive du liquide de la dernière auge zinc, et l'électricité négative de la dernière auge cuivre, *fig.* 264; de telle sorte que la quantité d'électricité dans ces auges extrêmes est la même que s'il n'y avait eu qu'un seul élément en action. Cela est contraire aux faits, et demande que l'explication théorique prenne plus d'extension.

Il faut admettre encore qu'au moment de la séparation que produit l'action chimique, chaque fluide reçoit une impulsion en sens contraire qui le pousse à distance et le soustrait à la combinaison. C'est précisément cette marche des deux électricités qui constitue l'état du courant. Obéissant à l'impulsion reçue, l'électricité traverse le système de conducteur qui lui présente la pile et s'accumule en plus grande quantité à mesure qu'elle avance, le fluide positif allant vers l'extrémité zinc, le fluide négatif vers l'extrémité cuivre. On peut se faire une idée juste de cette action au moyen de la *fig.* 265, dans laquelle on voit une pile composée de 4 élémens accumuler au pôle cuivre une quantité d'électricité négative — 4 et au pôle zinc une quantité d'électricité positive + 4. Si les phénomènes étaient aussi simples, la tension de la pile croîtrait en raison directe du nombre des élémens, ce qui n'est pas; il y a accroissement, mais dans un plus faible rapport. Il faut remarquer qu'il y a perte d'une partie de l'électricité, parce que le courant traverse le conducteur que forme la pile elle-même, et surtout parce qu'il y a à chaque instant changement de conducteur, de liquide à métal et de métal à liquide, circonstance la plus défavorable à la transmission complète du courant.

Dans les piles à grandes plaques peu nombreuses, l'électricité arrive plus vite aux deux pôles et avec moins de perte, et si on l'y puise avec d'excellens conducteurs d'un diamètre suffisant, elles fournissent réellement une plus grande quantité d'électricité. Ces piles à grandes plaques sont surtout convenables pour les expériences électro-magnétiques qui se font toujours avec des conducteurs métalliques.

Dans les piles à plaques nombreuses, pour une même surface employée, la pile fournit moins d'électricité au deux pôles. Mais l'électricité qui y parvient, ayant traversé déjà une nombreuse série de conducteurs, est par cela même plus propre à traverser des conducteurs nouveaux. Ces piles sont par cela même plus utiles pour les décompositions chimiques qui s'opèrent toujours sur des conducteurs imparfaits; elles sont aussi plus favorables pour les phénomènes calorifiques vu que l'on emploie alors des fils minces qui peuvent être assimilés à des conducteurs imparfaits.

L'électricité continuant à se produire, sa quantité augmente à chaque instant dans les auges extrêmes, jusqu'à un certain terme qui constitue le maximum de tension de la pile. Pour concevoir ce phénomène de tension, il faut réfléchir que l'électricité des auges extrêmes n'y est pas isolée, elle tend à rentrer dans la pile qui lui offre un conducteur en suivant une direction inverse de celle qui l'a amenée; elle s'y propage mal, parce que la pile est un conducteur imparfait, mais elle s'y propage d'autant mieux que la charge électrique des auges extrêmes est plus forte; celle-ci allant toujours en augmentant, le maximum arrive quand la perte par le retour des courans compense la quantité d'électricité que l'action chimique accumule aux pôles.

La présence de deux métaux n'est pas absolument indispensable pour la construction d'une pile, mais elle est la circonstance la plus favorable, parce qu'elle offre deux excellens conducteurs au courant; deux plaques du même métal seraient également attaquées et donneraient naissance à deux courans en sens inverse, dont les effets se détruiraient mutuellement; si les deux métaux sont différemment attaquables, le courant le plus fort se fait seul apercevoir, mais il est réellement diminué et dout l'effet du courant le plus faible; aussi la présence d'un métal inattaquable qui ne remplit que les fonctions de conducteur donne des effets plus marqués. Pour former une chaîne galvanique les métaux sont rangés dans l'ordre suivant; le courant est d'autant plus énergique qu'il est produit par deux métaux plus éloignés dans la série : graphite, platine, or, argent, mercure, plomb, cuivre, étain, fer, zinc.

A mesure qu'une pile agit, son énergie diminue, parce que le liquide forme de nouveaux produits qui, d'une part, font disparaître une partie de la substance conductrice, et de l'autre font naître de nouveaux principes composés, dont les propriétés comme corps conducteurs sont différentes. Dans la pile zinc et cuivre, alimentée par une liqueur acide, une partie de cuivre métallique est transportée sur le zinc opposé, et celui-ci se trouve placé entre deux couches cuivre, d'où résulte des courans en sens inverse qui se détruisent plus ou moins complètement. L'action est plus durable lorsqu'on met chaque métal dans une case séparée et que l'on dissout les dépôts à mesure qu'ils se forment ou que l'on emploie des liquides qui ne peuvent en produire. M. Becquerel a obtenu d'excellens résultats en interposant une solution de nitrate ou de sulfate de cuivre dans l'auge cuivre et une solution de sulfate de zinc ou mieux de sel marin dans l'auge zinc. Depuis, M. Peclet a modifié la construction de cette pile de la manière suivante, *fig.* 269. Une auge en cuivre *c c c* porte sur le côté un petit auget qui communique avec l'auge principale par un diaphragme percé de trous. Un sac étroit *s s s* fait avec une membrane, de la peau ou de la grosse toile est placé au milieu de l'auge, et dans ce sac, on met une plaque de zinc *z z z* fléchie à sa partie supérieure, de manière à pouvoir être mise en contact avec l'auge en cuivre voisine en *i i*; on multiplie à volonté les systèmes pour avoir des piles plus ou moins fortes. On verse dans le sac de toile une dissolution saturée de sulfate de zinc, et dans l'auge de cuivre une dissolution saturée de sulfate de cuivre; et pour qu'elle s'entretienne en cet état, on met des cristaux de sulfate de cuivre dans les petits augets latéraux. Une semblable pile conserve pendant fort long-temps une égalité d'action, et son énergie est au moins comparable à celle d'une pile ordinaire chargée avec une liqueur acide. M. Becquerel a vu sous l'influence du courant qu'elle produit l'aiguille du galvanomètre rester déviée pendant plus d'une heure d'une quantité absolument égale. Ces piles ont reçu le nom de piles à courant constant.

Ces piles ont une grande énergie, parce que le courant est produit non-seulement par l'action des liqueurs sur les métaux, mais encore par celle des deux liqueurs l'une sur l'autre; d'où résulte un deuxième courant dans le même sens que le premier.

EFFETS PHYSIQUES DE LA PILE.

Un courant électrique qui traverse un conducteur élève sa température. La chaleur qui se produit paraît être due à la résistance que l'électricité éprouve à passer. Children a montré en effet que les métaux les moins bons conducteurs sont ceux qui s'échauffent le plus.

Les piles formées d'un grand nombre de couples sont les plus propres à ce genre d'expériences.

Les expériences les plus curieuses qui aient été faites sur le développement de la chaleur par les courans sont dues à Children ; il opérait avec une pile de 21 couples présentant une surface totale de 32 pieds. Tous les métaux ont été fondus : un fil de platine, de plus de cinq pieds de longueur et de $\frac{11}{100}$ de pouce d'épaisseur, fut tenu au rouge blanc dans toute son étendue ; une petite barre de platine de 2 lignes de côté et de 2 pouces de longueur entra en fusion.

Davy a obtenu avec la pile un phénomène d'incandescence dont la vivacité ne peut être comparée qu'à celle du soleil, en faisant déboucher dans le vide le courant formé par une pile énergique. Un vase en verre, *fig.* 249, disposé de manière à ce qu'on puisse y faire le vide, reçoit deux tiges métalliques tt', qui passent dans des boîtes à cuirs qui peuvent les approcher jusqu'au contact et les éloigner à volonté ; on attache au bout de chaque tige un petit cône fait avec du charbon fortement calciné que l'on a éteint dans le mercure. Après avoir fait le vide dans l'appareil, on approche presqu'au contact les deux pointes de charbon, et l'on fait passer le courant ; une lumière éblouissante se montre entre les pointes, et, en écartant peu-à-peu les tiges, on obtient un faisceau étincelant de lumière qui remplit tout l'appareil.

Les courans électriques peuvent produire l'aimantation

des corps magnétiques. Lorsqu'un fil conducteur est traversé par un courant, il acquiert la propriété d'attirer le fer; il la perd aussitôt que le courant vient à cesser. En contournant un fil d'acier en hélice autour d'un tube de verre, en plaçant, suivant l'axe de ce tube, une tige d'acier qui en occupe toute la longueur, il suffit pour l'aimanter de faire passer un courant dans l'hélice pendant quelques instans. Les pôles de l'aimant se forment toujours dans une direction telle, qu'un observateur étant couché dans une des spires de l'hélice, et regardant le morceau d'acier, le courant lui entrant par les pieds, le pôle austral se formera à sa gauche. Le fer doux peut aussi être aimanté par les courans; mais, comme il n'a pas de force coërcitive, l'aimantation est passagère. On a construit par ce moyen des aimans d'une grande puissance. On enveloppe les deux bobines en fer doux, *fig.* 271, avec les spires d'un conducteur métallique entouré de soie. Quand un courant passe dans le conducteur, le fer a les propriétés d'un aimant; il les perd aussitôt que le courant est interrompu. On a fondé sur cette action la construction de machines de force, dans lesquelles la force motrice consiste réellement dans l'action alternative produite par ces aimans passagers.

Les aimans peuvent à leur tour produire des courans électriques. Un aimant qui est en repos par rapport à un conducteur ne manifeste aucune action sur celui-ci; mais, s'il s'approche ou s'il s'éloigne du conducteur, il se produit aussitôt un courant. Quand l'aimant s'approche, le courant qui traverse le conducteur marche en sens inverse de celui qui aurait pu donner à un morceau d'acier la disposition magnétique qui appartient à l'aimant. Le courant est direct, c'est-à-dire en sens contraire du précédent, lorsque la distance de l'aimant au conducteur vient à augmenter. Pour démontrer cette action des aimans, on se sert de plusieurs appareils : l'un d'eux est une bobine *a*, *fig.* 270, autour de laquelle est enroulé un long fil métallique couvert de soie;

les deux extrémités du fil sont attachées au galvanomètre. En plongeant un faisceau aimanté *b* dans la bobine, on voit l'aiguille se mettre en mouvement ; elle prend un mouvement en sens contraire, lorsqu'on retire l'aimant. Un montant en fer est enveloppé par les nombreux tours d'un fil conducteur entouré de soie ; un fort aimant en fer à cheval, placé au-dessous, peut recevoir un mouvement de rotation qui le rapproche et l'éloigne alternativement de l'aimant ; il en résulte un courant dans le fil conducteur chaque fois que le pôle de l'aimant s'éloigne, ou se rapproche du montant ; ce courant peut être démontré par le galvanomètre, mais quand on imprime un mouvement de rotation continu à l'aimant, le courant est assez puissant pour se manifester par une série d'étincelles ou par la décomposition de l'eau. Bien entendu que les courans qui se succèdent sont les uns directs, les autres inverses, puisque l'aimant s'éloigne et s'approche tour-à-tour.

Un courant, qui traverse un fil conducteur, fait naître un courant dans un fil voisin ; ce nouveau courant prend le nom de *courant par induction*, il se manifeste au moment où le courant électrique commence à traverser le fil voisin, et au moment où il cesse. Le courant qui commence fait naître un courant par induction dans le même sens ; le courant, qui finit, fait naître un courant par induction en sens contraire.

Les courans, qui traversent les conducteurs, exercent les uns sur les autres des phénomènes d'attraction ou de répulsion : 1° deux courans parallèles s'attirent s'ils sont dirigés dans le même sens ; ils se repoussent, s'ils sont dirigés en sens contraire ; 2° l'effet est le même entre un courant droit et un courant sinueux, pourvu que les sinuosités s'éloignent peu du parallélisme ; 3° dans les courans qui ne sont pas parallèles, on appelle point de croisement, le point où ces courans se rencontrent, ou s'ils ne se rencontrent pas, le point de leur plus courte distance. Dans ces courans croisés, il y a attraction entre les parties qui vont l'une et l'autre en s'approchant ou l'une et l'autre en s'éloignant du point de croisement, et répulsion entre les parties qui vont l'une en s'éloignant, l'autre en s'approchant du point de croisement. Deux courans croisés tendent toujours à devenir parallèles pour marcher dans le même sens.

On conçoit très bien qu'avec des appareils qui laissent toute mobilité aux conducteurs traversés par les courans, ces attractions et répulsions puissent être facilement appréciées, et qu'il en résulte dans certaines circonstances un mouvement de rotation.

Une propriété importante est celle que présente un système de petits courans fermés, égaux et équidistans, qui ont tous leurs centres disposés sur une ligne droite ou courbe. Un pareil système réalisé s'appelle un *Solénoïde* ou un cylindre électro-dynamique; on l'obtient en contournant un fil, comme on le voit *fig.* 272, de manière à avoir des cercles parallèles entre eux, séparés par de petites lignes droites perpendiculaires à leur axe *ab*, et en ramenant l'extrémité du fil suivant *c d*, de manière à ce qu'il ait la même direction que l'axe du solénoïde. Quand un courant traverse un pareil fil, les effets de *a b* et de *c d* se détruisent mutuellement, puisque le courant les parcoure en sens contraire, et il ne reste que les effets des courans circulaires. On remplace commodément le solénoïde par un fil conducteur entouré de soie et formant une spirale continue; on fait revenir le fil en ligne droite suivant l'axe. Ce fil droit neutralise l'effet de l'obliquité de chaque tour de la spire.

Lorsqu'un solénoïde est librement suspendu, et qu'il est traversé par un courant, chacun des courans circulaires tend à se placer perpendiculairement au méridien magnétique. L'axe du solénoïde se comporte comme le ferait une aiguille aimantée librement suspendue. Le côté, qui se trouve vers le nord, est celui pour lequel le côté ascendant du courant se trouve à droite de l'observateur qui regarde en face un des anneaux circulaires, et le courant qui se tourne vers le sud est celui pour lequel le côté ascendant du courant est à gauche de l'observateur ; du reste, les extrémités opposées du solénoïde sont attirées et repoussées par un aimant, à la manière d'une aiguille aimantée.

Ces propriétés des solénoïdes ont conduit à une théorie du magnétisme différente de celle que nous avons exposée. Dans cette théorie, chaque molécule est entourée par des courans électriques qui se meuvent en tous sens autour d'elle. Un aimant est un faisceau formé par des files de telles molécules parallèles à son axe. Dans une même section perpendiculaire à cet axe tous les circuits particuliers peuvent être représentés par un seul circuit circulaire et toutes les files perpendiculaires peuvent être regardées comme formées de circuits marchant dans le même sens et parallèles entre eux; c'est précisément le solénoïde. Que l'on vienne à couper au milieu un solénoïde, *fig.* 273 et 274, chacune des extrémités séparées formera un pôle différent, ils exerceront un attraction l'une sur l'autre. En ne considérant en effet que les deux derniers anneaux, ils sont parcourus par des courans parallèles qui marchent dans le même sens, et qui, par conséquent, doivent s'attirer; un solénoïde coupé en deux donnera donc deux aimans comme le fait un aimant lui-même. La terre elle-même peut être considérée comme un aimant; le courant terrestre est dirigé de l'est à l'ouest, et dans chaque lieu; il est dans un plan perpendiculaire à l'aiguille d'inclinaison, il intervient dans tous les mouvemens d'électro-dynamiques.

EFFETS PHYSIOLOGIQUES DE LA PILE.

En touchant avec les doigts mouillés les conducteurs qui communiquent avec les pôles d'une pile, on reçoit une secousse dont l'énergie dépend un peu de la susceptibilité nerveuse de l'observateur et beaucoup de la force de la pile ; cette secousse se fait sentir dans le bras, dans l'avant-bras, jusque dans la poitrine ; elle pourrait être funeste, si elle provenait d'une pile composée d'un très grand nombre d'élémens. Le courant qui passe à travers le corps n'agit pas de la même manière dans toutes ses parties ; celui qui descend le trajet des nerfs produit des secousses, et paraît avoir peu d'effet sur la sensibilité, tandis que celui qui parcourt les nerfs en remontant vers leur point de départ a une action très vive sur la sensibilité. Si, par exemple, on reçoit la décharge de la pile à travers les deux bras, celui qui est en communication avec le pôle positif, et dans lequel par conséquent le courant remonte les nerfs, éprouve une sensation douloureuse, tandis que le second est le siège de secousses sans douleurs. Un courant qui peut atteindre les nerfs de l'œil produit une sensation lumineuse, celui qui traverse le conduit auditif fait entendre un bourdonnement, de sorte que tous les organes des sens peuvent être mis en activité par les courans électriques.

Les expériences nombreuses faites sur les cadavres ou sur les animaux vivans ne laissent aucun doute sur l'énergie d'action qui peut résulter de l'action des courans sur les corps des animaux. Avec un courant suffisamment fort et convenablement dirigé, le docteur Ure a donné presque l'apparence de la vie à des cadavres ; Wilson Philips a rétabli la digestion suspendue chez un lapin par la section des nerfs qui se rendent à l'estomac ; on a ramené à la vie des animaux asphyxiés. De pareils résultats pouvaient faire espérer que l'emploi thérapeutique des courans électriques serait favorable à la guérison des maladies. Quelques cas de névrose, de paralysie, de rhumatisme ont été guéris par ce moyen, mais il est vrai de dire qu'il s'est montré singulièrement capricieux et que les insuccès ont été plus nombreux que les réussites. Les physiologistes ont voulu établir sur l'action des courans une explication des phénomènes vitaux. M. Matteuci a vu dans l'électricité le fluide nerveux lui-même ; M. Donné a voulu voir dans le corps humain un assemblage symétrique de piles, les organes qui sécrètent des humeurs acides occupant les pôles positifs, les organes qui sécrètent des liqueurs alcalines occupant au contraire les pôles négatifs. Les végétaux ayant fourni des courans, quand on a plongé dans des parties différentes les deux extrémités du fil d'un galvanomètre, ils ont pu être appelés à l'appui de ces théories électro-vitales; mais il vrai de dire que les phénomènes ne se prêtent pas à ces explications, et que de longtemps encore, jamais sans doute, nous n'arriverons à trouver l'explication du phénomène de la vie.

Certains êtres organisés, plantes ou animaux, sont munis d'appareils qui produisent de l'électricité ; parmi les plantes, il faut compter quelques bissus, et entre autres le bissus phosphoreux qui est phosphorescent. La même propriété se retrouve dans les feuillets membraneux de la face inférieure de l'agaric de l'olivier. La phosphorescence se montre quand ce champignon commence à croître, elle dure pendant plusieurs nuits de suite. Le taupin cucujo, commun dans l'Amérique méridionale, porte de chaque côté du corselet une tache jaunâtre qui, pendant la nuit, est assez éclairante pour qu'on puisse lire l'écriture. Les Indiens attachent plusieurs de ces insectes à leur chaussure pour s'éclairer dans leurs voyages nocturnes. Le ver luisant d'Europe ou le lampyre est bien connu par sa phosphorescence; cette propriété réside dans des taches, situées sur les trois derniers anneaux de l'abdomen ; c'est un organe que Macuaire a trouvé composé de fibrilles ramifiées et entrelacées. Si l'on coupe la tête d'un lampyre, que l'on enfonce un conducteur métallique jusque près des taches, et qu'on fasse passer un courant, une lumière vive apparaît aussitôt. L'origine électrique de ces lueurs phosphorescentes est rendue plus certaine encore par les observations que M. Ehrenberg a faites sur les infusoires et les annelides qui rendent la mer lumineuse. La lueur diffuse que ces animaux répandent s'est montrée au microscope, formée par la réunion d'une multitude de petites étincelles qui partent de toutes les parties du corps de l'animal. Certainement la phosphorescence du bois pourri et d'autres matières organiques en décomposition n'a pas une autre origine.

Parmi les poissons, il en est un petit nombre qui possèdent un organe électrique, qui leur sert en même temps de moyen d'attaque et de défense. Ces animaux sont quatre espèces de torpilles, le *torpedo,* le *tetrodon electricus*, le *silurus electricus,* le *gymnotus electricus :* ce dernier est le plus puissant de tous ; c'est une grande anguille de 5 à 6 pieds de long, dont l'organe électrique occupe le tiers de la longueur du corps. Tous ces poissons électriques ont cela de commun que leur peau est molle et enduite d'un mucus visqueux, beaucoup plus conducteur que l'eau. L'organe électrique a été étudié par les anatomistes et les physiciens, qui l'ont trouvé composé d'espaces membraneux remplis d'une matière gélatineuse, dans laquelle aboutissent beaucoup de nerfs. Ils n'ont pu expliquer d'une manière satisfaisante comment cet appareil se charge d'électricité, et peut s'en décharger à la volonté de l'animal. Le gymnote, le plus puissant de tous, peut aller frapper sa proie à distance, à travers l'eau et dans la direction qu'il choisit ; la torpille, moins vigoureuse, n'agit qu'au contact. Les décharges peuvent se succéder avec rapidité ; mais bientôt l'animal se fatigue ; il a besoin de repos et d'une nourriture abondante pour se refaire. Les torpilles sont communes dans la Méditerranée, et surtout dans l'Adriatique ; les pêcheurs sont avertis de leur présence dans les filets par les décharges qu'ils reçoivent au moment où ils veulent les tirer ; les gymnotes sont abondans dans les fleuves de l'Amérique méridionale, et surtout dans l'Orénoque et ses affluens. M. de

Humboldt rapporte que l'on a été obligé de changer la direction d'une route qui traversait le gué d'une petite rivière, parce que, chaque année, les gymnotes y tuaient beaucoup de mulets ; non que la décharge d'une de ces anguilles soit suffisante pour donner la mort à un mulet, mais elle peut le renverser, et l'animal périt noyé. C'est bien l'électricité qui produit la décharge des animaux électriques ; la main armée reçoit une secousse plus forte que la main nue ; les corps non conducteurs interrompent l'action. On a pu s'en servir pour faire naître un courant, produire l'aimantation des aiguilles, et même donner naissance à des étincelles électriques.

EFFETS CHIMIQUES DE LA PILE.

Les courans électriques détruisent tous les composés chimiques ; les composans sont transportés aux deux pôles de la pile. La première observation de ce genre a été faite par Carlisle et Nicholson, qui ont vu l'eau se décomposer sous l'action d'un courant, l'oxigène se porter au pôle positif et l'hydrogène au pôle négatif. MM. Gay-Lussac et Thenard ont donné depuis un petit appareil très commode pour produire cette décomposition ; c'est un entonnoir tronqué, *fig.* 275, dont la douille est fermée par un bouchon mastiqué que traversent deux fils de platine. Les bouts intérieurs des fils plongent dans deux petites cloches pleines d'eau ; les bouts extérieurs sont en communication avec les deux pôles d'une pile. Les deux gaz se produisent et se séparent ; on trouve un volume de gaz oxigène au pôle positif et deux volumes de gaz hydrogène au pôle négatif. La décomposition des sels, par la pile, met parfaitement en évidence le phénomène de transport. L'expérience se fait avec facilité dans un petit tube de verre recourbé en forme de siphon ; en mettant dans ce tube une dissolution de sulfate de soude, colorée par de la violette et en plongeant les deux conducteurs d'une pile, l'acide se porte au pôle positif et fait passer la couleur au rouge, l'alcali se porte au pôle négatif, et fait tourner la couleur au vert. Le transport peut être facilement exécuté, d'un vase dans un autre; on se sert de l'un des deux appareils des *fig*. 268 et 276. La communication entre les tubes est établie avec une petite mèche d'amiante, ou avec un petit tube de verre rempli d'eau. Les particules transportées par le courant traversent la série de vases pour se rendre chacune au pôle qui la sollicite; elles ne sont arrêtées qu'autant qu'elles rencontrent en route quelque agent qui puisse les transfomer en un composé insoluble; c'est ainsi que la baryte est arrêtée par l'acide sulfurique, et l'acide sulfurique par la baryte.

Plusieurs théories ont été données successivement pour expliquer la décomposition et le transport des élémens sous l'influence des courans; aucune d'elles n'est véritablement satisfaisante; nous ne rapporterons que l'explication données par M. Delarive, explication tout-à-fait hypothétique, mais qui a du moins cet avantage qu'on ne peut la prendre que pour une hypothèse. Pour M. Delarive, les courans sont doués d'affinité pour les molécules chimiques; ils détruisent les composés chimiques par l'effet de cette affinité, et emportent avec eux les molécules. Par exemple : quand un courant traverse l'eau, le courant positif prend l'hydrogène et l'emporte avec lui, le courant négatif prend l'oxigène et l'entraîne dans sa marche. Tant que le courant traverse un conducteur liquide, il peut transporter les molécules avec lui, mais quand il arrive au pôle métallique, lui seul peut s'y introduire; il y dépose les molécules matérielles. L'oxigène a été ainsi transporté au pôle positif, et l'hydrogène au pôle négatif de la pile.

On doit à M. Faraday, des observations générales sur la puissance de décomposition des courans :

1° Un courant a un pouvoir chimique en rapport avec la

quantité absolue d'électricité; de telle sorte que la quantité de matière décomposée dépend de la quantité absolue d'électricité que l'on a fait passer;

2° Un même courant détruit des proportions chimiques semblable de composés très différens; il est important de remarquer que le rapport consiste ici, non dans le poids de la matière décomposée, mais dans le nombre de proportions ou équivalens chimiques qui sont détruits. Par exemple : un même courant détruit une proportion d'eau (112,26), une proportion d'acide hydrochlorique (452,13), une proportion de nitrate de baryte (1634), etc.;

3° La quantité chimique détruite par un courant est égale à la quantité chimique qui a produit le courant; de sorte que le courant que produit une proportion de zinc en se dissolvant, décompose précisément une proportion chimique d'eau, d'un oxide, d'un acide ou d'un sel.

Les courans qui ont une origine chimique commune, et par conséquent, une puissance chimique semblable, ont cependant une intensité physique différente. Les courans qui proviennent de la dissolution d'une proportion de zinc ou d'une proportion de cuivre agissent avec la même puissance sur les combinaisons; mais ils sont loin d'avoir une action pareille sur l'aiguille aimantée; le zinc donne un courant plus fort que celui du cuivre. Ceci conduit à la même conséquence qui a été déjà déduite du passage des courans à travers les conducteurs, savoir : qu'il y a des courans de diverses natures.

On peut établir que pourvu qu'on se place dans des circonstances convenables, tous les composés chimiques sont détruits par la pile, et leurs élémens sont portés aux pôles contraires; mais cette action principale est souvent accompagnée de phénomènes secondaires qui donnent naissance à des produits nouveaux. Lorsque par exemple, le conducteur qui occupe le pôle positif est oxidable, il arrive presque toujours que l'oxigène s'y combine; avec un conducteur en fer il se fait de l'oxide de fer ; avec un conducteur en charbon, il se fait de l'acide carbonique ou de l'oxide de carbone.

En faisant passer un courant à travers une dissolution faible d'acétate de potasse, au lieu d'avoir de l'acide acétique et de l'oxigène au pôle positif, de l'hydrogène et de la potasse au pôle négatif, il se dégage au premier de l'acide carbonique et de l'oxide de carbone, et au second de l'hydrogène carboné. Ces phénomènes secondaires peuvent être utilisés comme on le verra dans la suite pour faciliter certaines décompositions ou produire des combinaisons nouvelles.

Réduction des oxides. La pile réduit les oxides métalliques; l'oxigène se porte au pôle positif, le métal au pôle négatif. L'opération ne se fait bien qu'autant que l'on opère sur des oxides fondus, parce qu'en cet état ils permettent la propagation du courant. MM. Berzélius et Pontin ont montré que la présence du mercure au pôle négatif, facilite singulièrement la réduction des oxides; on forme avec l'oxide humide une petite coupe que l'on place sur une plaque de métal et dans laquelle on met du mercure. Le pôle positif est mis en communication avec la plaque ; c'est là que se porte l'oxigène : le pôle négatif est plongé dans le mercure ; le radical de l'oxide s'y porte et s'y amalgame.

Réduction des acides. Les acides sont décomposés par la pile, mais dans la décomposition, on voit presque toujours apparaître des phénomènes secondaires qui prennent leur origine dans la décomposition de l'eau qui accompagne la décomposition des acides ; ainsi, l'acide sulfureux donne naissance à de l'hydrogène sulfuré au pôle négatif et à de l'acide sulfurique au pôle positif ; l'acide nitrique faible, donne de l'oxigène et de l'hydrogène, l'acide nitrique fort, de l'oxigène et du gaz nitreux.

Décomposition des sels. Les sels sont détruits par la pile qui transporte l'acide au pôle positif et la base au pôle négatif. L'eau est décomposée en même temps, et son hydrogène ramène souvent à l'état de métal l'oxide qui se porte en même temps que lui au pôle négatif. L'apparition du métal ne résulte jamais de l'action directe de la pile sur le sel, mais de l'action secondaire de l'hydrogène sur l'oxide métallique. On favorise singulièrement ces réductions en transportant au pôle négatif une petite quantité d'alcali, soude ou potasse qui précipite l'oxide et le présente à l'état naissant à l'action de l'hydrogène. Dans un tube en siphon, *fig.* 277, M. Becquerel fait mettre par exemple, un peu d'argile pure *a a*, tassée et humide pour garnir le fond du tube; dans une des branches du siphon *p*, il met du sel marin en dissolution, et dans l'autre *n* une dissolution de nitrate de cuivre. Deux plaques de cuivre plongent dans les liqueurs, et sont réunies par un fil *f*. Ici il y a deux causes qui concourent à former le courant : 1° l'action de la dissolution du nitrate sur le sel marin; le nitrate de cuivre prend l'électricité positive qui passe par le cuivre qui y est plongé, et va former le pôle positif en *p*; 2° le second courant est dans le même sens; il provient de ce que la lame plongée dans le sel marin est plus attaquée que l'autre. Le fluide négatif est pris par le métal qui le transmet de *p* en *n* et le fluide positif va, de la dissolution de sel à la dissolution de cuivre, et de là traverse le métal pour venir déboucher de *n* en *p*. La soude du sel marin qui se rend au pôle négatif *n* y précipite d'oxide de cuivre qui est réduit à mesure par l'hydrogène; une force très faible a suffi à la décomposition. M. Becquerel a ramené le fer à l'état métallique, au moyen d'une disposition analogue; un vase en verre contient de l'eau, on y plonge deux tubes droits ouverts, qui sont garnis dans le fond avec de l'argile humide; l'on met dans un des tubes une dissolution de sel marin, dans l'autre une dissolution de chlorure de fer, puis on plonge dans chaque dissolution une lame de platine que l'on met en communication avec une pile de quatre ou cinq paires.

Ici encore, la soude du sel marin qui se porte au pôle négatif, facilite la réduction de l'oxide de fer par l'hydrogène. M. Becquerel est parvenu au moyen de procédés analogues à séparer le magnésium, le zirconium, le chrôme, etc.

Quand on met une lame de métal dans une dissolution saline, il arrive quelquefois que le métal dissous est précipité à l'état métallique et remplacé par le métal plongé. En général, les métaux qui ont plus d'affinité pour l'oxigène précipitent de leur dissolution ceux qui ont une affinité moindre.

Les sels dont les dissolutions ne sont pas réduites par les métaux, sont les sels à base d'oxide terreux ou alcalins, et les sels de manganèse, zinc, fer, chrôme, cobalt, cérium, urane, titane, nickel.

Les sels d'argent, de palladium, de rhodium, de platine, d'or, d'osmium et d'iridium sont réduits par le fer, le zinc, le manganèse, l'étain, l'antimoine, l'arsenic, le bismuth, le plomb, le cuivre, le tellure, le mercure.

Les sels de mercure sont réduits par le zinc, le manganèse et les métaux qui les suivent dans la série précédente. L'acétate de plomb est réduit par le cuivre; le nitrate d'argent est réduit par le cobalt.

Dans la série suivante, donnée par M. Berzelius, chaque métal est réduit par ceux qui viennent après lui : or, argent, mercure, bismuth, cuivre, étain, zinc.

L'action commence par l'affinité plus forte du métal précipitant, qui enlève l'oxigène au métal dissous, se substitue à lui et le sépare à l'état métallique. A cette première action chimique et moléculaire en succède bientôt une seconde beaucoup plus vive, et qui provient du phénomène voltaïque qui résulte du dépôt du métal précipité sur le métal précipitant. Là se trouve réalisée la circonstance de deux métaux différens dans une liqueur qui exerce sur chacun d'eux une action inégale. Le métal précipitant plus fortement attaqué devient le pôle positif d'une pile dont le métal précipité est le pôle négatif; l'oxigène provenant de la décomposition de l'eau, l'acide provenant de la décomposition du sel, se portent tous deux au pôle positif, où ils oxident et salifient le métal précipitant, tandis que l'hydrogène de l'eau et l'oxide qui servait de base au sel sont portés tous deux au pôle négatif; là, l'hydrogène réduit l'oxide, et une nouvelle quantité de métal se dépose. En suspendant, dans un bocal plein d'une dissolution d'acétate de plomb, un morceau de zinc attaché avec des fils de cuivre qui s'avancent dans la liqueur en plusieurs directions; le plomb réduit se sépare en lamelles cristallines qui se déposent en simulant une végétation qui avait reçu des anciens le nom d'arbre de Saturne; ils appelaient arbre de Diane le dépôt métallique produit par le mercure dans le nitrate d'argent. Dans ce cas, le métal déposé est un alliage d'argent et de mercure.

Davy avait conçu le projet de soustraire à l'action destructive de l'eau de la mer le cuivre qui double les navires. Ce métal est attaqué par l'eau salée; l'oxigène et le chlore qui proviennent de la décomposition de l'eau et du chlorure se portent sur le métal et le corrodent en formant de l'oxide et du chlorure de cuivre. Davy proposa d'attacher à la doublure des vaisseaux un métal oxidable, tels que le zinc, le fer ou la fonte. De ce moment, le cuivre devenait négatif; le chlore et l'oxigène se portaient sur l'autre métal, et l'hydrogène et les bases alcalines ou terreuses se rendaient seules au pôle négatif occupé par le cuivre. L'expérience a bientôt montré qu'il ne fallait pas employer une grande surface de métal positif; autrement la chaux et la magnésie s'incrustaient en abondance sur le cuivre, et devenaient bientôt le repaire d'animaux et de végétaux marins qui gênaient la marche du navire. Davy pensait que le métal positif ne devait occuper que la 150e partie de la surface totale. Ces expériences, qui présentaient le plus haut intérêt, n'ont pas été suivies depuis le mort de Davy.

La galvanoplastique est un art nouveau dans lequel on fait des médailles, des bas-reliefs en déterminant un dépôt de cuivre sur des moules, au moyen d'un courant électrique. Le métal se dépose avec une telle perfection, que les nombreux détails du moule se trouvent reproduits avec la plus grande exactitude. On se sert avec avantage d'un moule en métal; mais on peut le remplacer par un moule en plâtre, en terre, en soufre, en cire : les moules en stéarine sont, suivant M. Jacobi, ceux qui offrent le plus de perfection. La surface des moules non conducteurs doit être rendue conductrice en la frottant avec un peu de cuivre en poudre fine, ou mieux avec de la plombagine parfaitement broyée. Il y a bien des manières de produire la précipitation; nous indiquerons ici un des procédés.

Un moule en métal *m*, *fig.* 278, est placé sur le fond d'un vase en verre *V*; il est attaché à un fil *f* qui sort de la liqueur : on a le soin d'enduire de cire le fil conducteur et toute la partie du moule que l'on ne veut pas couvrir par le dépôt de cuivre. On verse une dissolution de sulfate de cuivre dans le vase *V*, et l'on y suspend des cristaux du même sel pour entretenir la dissolution saturée. On introduit alors un cylindre de verre *V'*, fermé en bas par une vessie *v*, on y met une dissolution de sel marin et une lame de zinc *z*, suspendue à un fil de cuivre *f'*. On réunit les deux fils conducteurs *ff'*, et l'action commence; elle détermine un dépôt de cuivre sur le moule : après trois à quatre jours, on peut enlever la médaille formée.

En déterminant le dépôt du cuivre sur une plaque où un dessin en relief avait été fait avec une couleur composée d'oxide de fer et d'essence, M. Kobell a obtenu des planches qui donnent à l'impression en taille-douce des épreuves qui imitent les dessins au lavis.

M. Delarive a appliqué l'électrochimie au dorage. Un vase fermé par une vessie contient une faible dissolution d'or; il est plongé dans un autre vase qui contient une eau très faiblement acidulée. Une lame de zinc et l'objet à dorer bien décapé sont mis en communication par un fil conducteur, puis le zinc est plongé dans l'eau acidulée et l'objet à dorer dans la dissolution d'or. Après une ou deux minutes, on enlève ce dernier; on le frotte avec soin et on l'immerge de nouveau. Après trois à quatre immersions, il est recouvert d'une couche d'or suffisante.

Quelques physiciens, M. Becquerel surtout, ont utilisé les phénomènes secondaires qui se produisent par l'action de la pile, pour produire des combinaisons très variées, dont quelques-unes n'ont pu encore être obtenues par les procédés ordinaires. Nous rapporterons ici quelques exemples seulement pris parmi ces réactions. Lorsqu'un conducteur traverse une dissolution de nitrate de plomb, il se dépose au pôle positif de la pile une petite quantité d'oxide rouge de plomb. En opérant avec une dissolution de nitrate d'argent, le fil qui amène l'électricité positive se couvre d'aiguilles cristallines formées par du peroxide d'argent. Si l'on attache un morceau d'arsenic à l'extrémité du conduit négatif, l'hydrogène se combine à l'arsenic, et produit un composé solide d'arsenic et d'hydrogène.

M. Becquerel a obtenu le protoxide de cuivre cristallisé, en réduisant le nitrate de cuivre par un courant électrique très faible. Dans une éprouvette, *fig.* 279, il mit une dissolution de nitrate de cuivre, mélangée d'oxide de cuivre; par le repos, il se fit deux couches, l'une inférieure, formée par de l'oxide de cuivre humecté par une partie de la dissolution; l'autre supérieure, formée par une dissolution transparente de nitrate de cuivre. Une lame de cuivre fut plongée en même temps dans les deux couches. Dans la dissolution inférieure; il se fit lentement du sous-nitrate de cuivre par l'action de l'oxide sur le nitrate neutre. Le contact de deux liqueurs, devenues différentes, produisit un courant très faible, mais qui suffit au transport du deutoxide de cuivre, et de l'hydrogène au pôle négatif, et à la réduction partielle de cet oxide; le protoxide de cuivre se déposa en cristaux sur la partie supérieure de la lame métallique.

M. Becquerel pense avec raison que l'action de courans faibles et continus concourt activement à la formation d'une grande partie des composés minéraux que la nature nous offre; en effet, pour que des phénomènes de décomposition, de transport et de réduction s'établissent, il suffit que trois corps différens soient en présence, dont un au moins soit liquide, et dont l'autre soit assez conducteur pour soustraire les fluides électriques à leur combinaison immédiate. On comprend que ces circonstances doivent souvent se trouver réalisées.

LUMIÈRE.

Deux théories ont été appliquées aux phénomènes qui se rapportent à l'étude de la lumière, savoir : la théorie de l'émission et celle des ondulations. La théorie de l'émission, donnée par Newton et dont se servent encore d'illustres physiciens, consiste à regarder la lumière comme un corps excessivement subtil, lancé du soleil, des astres et de tous les corps lumineux, et traversant l'espace avec une excessive vitesse. La sensation de la vue est produite par ce fluide qui pénètre à travers l'œil jusqu'à la rétine. La théorie des ondulations, dont Descartes s'est servi le premier, est maintenant presque généralement adoptée ; d'après cette théorie, l'espace est rempli par un fluide très subtil, qui prend le nom d'éther. Les corps lumineux mettent ce fluide en mouvement ; et de proche en proche, ce mouvement se communique aux corps ; son action sur l'œil produit la vision. Nous nous servirons ici de la théorie de l'émission, cette théorie étant plus simple et plus commode pour l'exposition des propriétés les plus usuelles de la lumière, les seules dont il sera question dans cet ouvrage.

OPTIQUE.

Le nom d'optique s'emploie pour exprimer tout ce qui a rapport à l'étude de la lumière ; il est encore appliqué spécialement à l'étude de la marche de la lumière en ligne droite.

La lumière marche en ligne droite. On sait en effet que lorsqu'entre un objet et l'œil se trouve placé un obstacle que la lumière ne peut traverser, cet objet cesse d'être visible. Cette connaissance de la marche de la lumière en ligne droite sert à déterminer exactement la position d'un objet. Par exemple, lorsqu'un chasseur a l'œil fixé dans la direction de son fusil, il est certain que la pièce de gibier qu'il aperçoit au loin est exactement dans la même direction que le canon ; le rayon lumineux, qui lui en apporte la sensation, ayant parcouru une ligne droite pour arriver jusqu'à lui.

La lumière parcourt près de 80,000 *lieues par seconde*. Elle nous vient du soleil en 8 minutes 13 secondes. Elle met une heure et 18 minutes à nous arriver de Saturne ; la lumière des étoiles les plus rapprochées ne nous arrive qu'après plus de trois années, il en est d'autres qui sont tellement éloignées que la lumière met quelques milliers de siècles pour parcourir l'espace qui les sépare de nous.

Voici comment Rœmer a pu déterminer cette vitesse de la lumière. La terre *t*, *fig*. 280, parcourt en un an son orbite autour du soleil ; de tous les points, on peut apercevoir Jupiter avec son satellite *s*. Celui-ci dans son mouvement, entre et sort alternativement de l'ombre de la planète. Il y a un intervalle de quarante-deux heures et demie entre deux émersions consécutives en *e* ou entre deux immersions consécutives du satellite en *i*. On peut donc, l'une d'elles ayant été observée, calculer exactement à quelle heure un autre se fera à son tour ; or, si après avoir observé du point *a* on fait une nouvelle observation quand la terre est parvenue en *b*, on trouve que l'émersion du satellite est en retard ; si au contraire, la première observation est faite quand la terre est en *d*, l'immersion observée plus tard en *c*, se trouvera en avance sur le calcul. La différence provient de ce que la lumière qui apparaît en *e*, met plus de temps pour arriver en *b* qu'en *a*, et qu'il lui en faut moins pour arriver de *i* en *c* que de *i* en *d*. Or comme la distance de *a* à *b*, de *d* à *c* est connue, il est facile de calculer la vitesse de la lumière.

Un point lumineux lance des rayons de lumière dans toutes les directions. Fig. 281. Il en émane à chaque instant une multitude de rayons divergens. Un seul de ses rayons est trop faible pour être sensible; la réunion de plusieurs rayons forme nécessairement un faisceau conique, *fig.* 281. Cette réunion de rayons lumineux porte le nom de pinceau quand elle est très petite, de faisceau quand elle est plus considérable. Bien qu'un faisceau de lumière soit toujours essentiellement conique, dans un faisceau qui arrive de très loin, des astres, par exemple, la divergence est si faible, que l'on considère sans inconvéniens les rayons comme parallèles.

Un faisceau de lumière qui tombe sur un obstacle y forme une image lumineuse. La grandeur de l'image et sa vivacité changent en raison inverse l'une de l'autre. En effet, à mesure que l'on s'éloigne du point de départ, les rayons plus écartés forment une image plus étendue, mais éclairée d'une lumière moins vive. L'intensité de la lumière diminue en raison du carré de la distance. ette diminution de lumière, à mesure que l'on s'écarte d'un point lumineux, nous explique pourquoi nous voyons moins distinctement les objets éloignés, et pourquoi même nous cessons de les voir quand leur éloignement est très grand. Le moment où l'on cesse d'apercevoir un corps, dépend de sa lumière originelle et de sa couleur; les couleurs vives, comme le blanc, le rouge, le jaune, s'aperçoivent de plus loin, les surfaces polies qui réfléchissent beaucoup de lumière cessent aussi plus tard d'être aperçues. La sensibilité de chacun à aussi une influence sur le résultat; il y a des personnes qu'une vive lumière fatigue et qui voient distinctement avec une lumière plus faible; les animaux nocturnes sont dans ce cas; les hiboux, les chats ont une membrane qui ferme à volonté l'ouverture de l'œil et qui mesure la quantité de lumière qui doit y pénétrer.

Un corps lumineux est composé d'une multitude de points lumineux, d'où partent à chaque instant des rayons dans toutes directions; *fig.* 282; ces rayons se croisent, mais sans se gêner dans leur marche. L'image qui vient se former sur un écran placé en avant d'un corps lumineux est formée par la réunion des faisceaux de lumière qui arrivent sur cet écran, dans les directions les plus différentes; on démontre cette marche simultanée des rayons lumineux par l'expérience suivante : *fig.* 283, trois faisceaux de lumière viennent traverser l'ouverture d'un écran *e*, et tombent sur un plan *p p* placé à quelque distance; l'un de ces faisceaux *r*, est formé de lumière rouge, un autre *b* de lumière blanche; un troisième *j* de lumière jaune; ils se croisent tous au passage de l'écran, et viennent former sur le plan *p* des images distinctes, *j'* jaune, *b'* blanche, *r'* rouge. Si plusieurs personnes peuvent voir en même temps un objet, assister ensemble au spectacle, c'est qu'il part de tous les points de ces objets, des rayons de lumière en toutes directions; l'œil de chaque observateur reçoit nécessairement quelqu'un de ces faisceaux lumineux. En faisant entrer un rayon solaire dans une chambre par une très petite ouverture, il se fait une image ronde; c'est que l'ouverture reçoit comme rayons extrêmes ceux qui sont lancés obliquement par le bord de l'astre ; c'est par la même raison que sous un arbre touffu, les rayons qui peuvent pénétrer peignent sur le sol une image ronde du soleil s'ils sont perpendiculaires, une image elliptique s'ils tombent obliquement.

Un obstacle placé devant un faisceau lumineux l'empêche de passer, et il en résulte une ombre qui occupe tout l'espace qui aurait été occupé par le faisceau lumineux intercepté.

Il en résulte que l'ombre comme la lumière augmente suivant la loi du carré des distances.

La forme de l'ombre dépend de la grandeur relative du corps éclairant et du corps éclairé ; si leur grandeur est la même, *fig.* 284, l'ombre a la largeur de l'obstacle et elle est très allongée ; le corps lumineux est-il plus petit que l'obstacle, l'ombre a la forme d'un cône tronqué, *fig.* 285 ; telle est l'ombre de la terre formée par la lumière de la lune ; si le corps lumineux est plus grand que l'obstacle, l'ombre est un cône, *fig.* 286, telle est l'ombre de la terre éclairée par le soleil.

Un obstacle qui reçoit de la lumière d'un grand nombre de points intercepte par conséquent des cônes lumineux dont la direction est fort différente ; mais les portions de ces faisceaux qui ne tombent pas sur l'écran viennent éclairer une partie de l'espace derrière lui. Tout ce qui, derrière un écran, ne reçoit pas de lumière conserve le nom d'ombre, et l'on appelle pénombre les points qui, étant dans l'ombre par rapport à certains faisceaux, reçoivent au contraire de la lumière de certains autres.

La lumière qui pénètre par une très petite ouverture donne en même temps l'ombre et la pénombre ; elles se dessinent en anneaux alternatifs noirs et éclairés. Dans l'ombre générale que forme un corps, le même phénomène se reproduit certainement ; mais les ombres et les clairs se superposent, de manière que les points obscurs et lumineux des différens systèmes se recouvrent et se détruisent.

CATOPTRIQUE.

La catoptrique est l'histoire de la réflexion de la lumière.

Quand des rayons de lumière tombent sur une surface, une partie s'éteint, une partie s'éparpille, une partie est réfléchie régulièrement. Les corps qui absorbent beaucoup de lumière sont dits obscurs ; ceux qui en réfléchissent beaucoup, mais en toutes directions, sont dits resplendissans : on appelle miroirs les corps qui réfléchissent les rayons de lumière dans un ordre régulier. L'inclinaison des rayons incidens a une influence marquée sur les résultats ; il y a d'autant plus de rayons réfléchis qu'ils tombent sous un angle plus oblique : des rayons de lumière qui arrivent perpendiculairement sur une surface sont réfléchis irrégulièrement et la rendent éblouissante. La nature des corps entre aussi pour beaucoup dans le phénomène. Les métaux polis sont les réflecteurs par excellence ; les corps durs et polis réfléchissent aussi très bien. Les substances blanches ou dont la couleur approche du blanc réfléchissent un plus grand nombre de rayons que les substances de couleurs sombres.

Toute l'histoire de la catoptrique se réduit à ces deux lois : 1° *Le plan de réflexion coïncide avec le plan d'incidence*, c'est-à-dire que le rayon incident et le rayon réfléchi sont toujours compris dans un même plan ; 2° *l'angle de réflexion est égal à l'angle d'incidence*. Dans la *fig.* 287, les rayons *ef*, qui tombent sur le miroir *ab*, se relèvent suivant *ce'*, *cf'*, en faisant un angle de réflexion égal à leur angle d'incidence par rapport au miroir plan *ab*.

Réflexion sur les miroirs plans. Lorsque des rayons sont réfléchis sur une surface plane, le rapport entre ces rayons n'est pas changé ; les rayons parallèles se relèvent parallèles, *fig.* 288 ; les rayons divergens conservent leur degré de divergence, *fig.* 289 ; les rayons convergens restent convergens au même degré, *fig.* 290.

Les miroirs métalliques sont les plus parfaits de tous : les rapports des rayons réfléchis aux rayons incidens s'y conservent exactement. Il n'en est pas de même des miroirs formés d'un plan de glace garni en arrière d'une surface métallique ; ils donnent lieu en même temps à deux réflexions, l'une sur la surface de la glace, l'autre sur la surface du mercure : cette circonstance rend leur emploi impossible pour la construction des télescopes.

Dans un miroir plan, on voit l'image de l'objet en arrière du miroir, aussi éloignée en arrière que l'objet l'est lui-même en avant. Soit *cd*, *fig.* 291, un rayon qui tombe sur un miroir *ab*; ce rayon est réfléchi suivant *de*, et l'œil, placé en *e*, l'aperçoit dans la direction *ef*, car il juge toujours un objet dans la direction du rayon droit qui lui arrive. Mais la lumière qui arrive d'un point lumineux à l'œil n'est pas un simple rayon, mais un faisceau de lumière. Un point lumineux *p*, *fig.* 292, envoie un faisceau de lumière sur le miroir *ab*; ce faisceau est réfléchi en *o*, où l'œil le reçoit : celui-ci juge le point lumineux en *p'*, c'est-à-dire à l'extrémité du faisceau qu'il reçoit, en arrière du miroir, du même côté que *p*, et aussi éloigné en arrière que *p* est éloigné en avant. C'est ainsi que nous voyons les objets espacés derrière un miroir comme ils le sont devant. Si nous nous plaçons devant un miroir notre image avance quand nous avançons, recule quand nous reculons; mais ce qui est à droite par rapport à nous est à gauche par rapport à notre image : de là la difficulté de conduire ses mains; trompé par la position des images, nous allons chercher d'un côté ce qui se trouve réellement de l'autre.

Quand des miroirs sont disposés convenablement, une image peut s'y répéter plusieurs fois ; mais à chaque fois la nouvelle image est vue plus éloignée : cet effet résulte de la réflexion successive du même faisceau alternativement sur l'un et l'autre miroir. Or, comme ce faisceau va en s'élargissant de plus en plus, l'œil qui le perçoit juge l'objet plus éloigné à mesure que la sensation lui est fournie par un cône dont les rayons sont plus écartés et iraient se réunir à la plus grande distance. On a un exemple remarquable de ces répétitions d'images dans un appartement orné d'un lustre dont l'image se répète dans les glaces en s'éloignant et en se rapetissant de plus en plus.

Réflexion sur les surfaces courbes. La réflexion sur les surfaces courbes est conforme à la loi générale de réflexion. Pour se rendre aisément compte de ses effets, il faut concevoir qu'une surface courbe (nous prenons une sphère pour exemple) est composée d'une multitude de points, qui chacun peut être considéré comme un plan, ou comme occupant le centre d'un petit plan sur lequel viendrait tomber perpendiculairement un rayon droit partant du centre de la sphère. Ainsi, *fig.* 293, la circonférence de la sphère peut être représentée par de petits plans successifs *a. b. c. d.*, inclinés les uns aux autres, et coupés perpendiculairement par les rayons qui partent du centre de la sphère. Sur chacun de ces plans, un rayon, qu'il arrive en dehors ou en dedans, sera réfléchi conformément à la loi de réflexion sur les surfaces planes; et de cette réflexion particulière de chaque rayon sur plusieurs plans voisins résulteront les effets produits par les miroirs concaves ou convexes sur un faisceau de rayons. Ainsi, par exemple, *fig.* 294, les rayons *e f*, qui tombent sur les deux plans *p p'* qui font partie d'une surface concave, sont réfléchis chacun en formant un angle de réflexion égal à l'angle d'incidence, et suivent les nouvelles directions *e' f'*, qui les réunissent en *g*.

L'effet général des miroirs concaves est de rendre les rayons plus convergens qu'ils ne l'étaient au moment de leur incidence, ainsi qu'on a pu en juger par la *fig.* 294.

Un miroir concave, formé par une portion de sphère; présente quelques propriétés qui sont une conséquence de la courbe de ce miroir ; 1° des rayons qui partent du centre de courbure d'un pareil miroir, du point *c*, *fig.* 293, seront réfléchis en *a b c d*, et retourneront à leur point de départ ; 2° des rayons partis du point *f*, situé à moitié distance entre la surface du miroir et son centre de courbure *c*, *fig.* 296, se relèveront parallèles ; s'ils tombaient parallèles sur le miroir, ils viendraient tous passer au point *f*; ce point est appelé le foyer principal du miroir ; un objet lumineux, qui y est placé, envoie sur le miroir des rayons divergens qui se relèvent parallèles, et vont se perdre à l'infini dans l'espace, tandis que les rayons parallèles qui tombent sur la surface du miroir, soient, par exemple, les rayons du soleil, se relèvent convergens et viennent tous passer au foyer *f*; ils mettraient le feu à un corps combustible qu'on y aurait posé. Les rayons, inclinés à l'horizon, auraient leur foyer placé obliquement, toujours à une même distance de la surface de réflexion. Lorsqu'il arrive que, les rayons envoyés par un point lumineux ne se réunissent pas tous exactement au même foyer, l'ensemble des points où les rayons se coupent engendre une surface que l'on appelle *caustique par réflexion*.

3° Un point lumineux, placé en *f*, *fig.* 295, entre le miroir et le foyer principal projette sur le miroir des rayons divergens qui ne peuvent jamais se rencontrer après leur réflexion. Ils se rencontreraient si on les prolongeait derrière le miroir; leur foyer fictif *f'* prend en arrière le nom de foyer virtuel. Un objet, placé ainsi entre le foyer principal et le miroir, donne en arrière du miroir une image éloignée et grandie, *fig.* 297 et 298. Le point lumineux *l*, *fig.* 297, forme, en se réfléchissant, un faisceau moins divergent *o*, et l'œil, qui reçoit ce faisceau, juge le point lumineux en *l'*, en arrière du miroir et plus éloigné que *l* ne l'est en avant. Que l'on considère maintenant un objet remplaçant le point lumineux, la flamme d'une bougie *b*, *fig.* 298, dont les rayons extrêmes sont seuls représentés et se réfléchissent sur la surface du miroir; ils forment les deux cônes moins divergens *co*, *do*, et l'œil qui les reçoit juge la pointe de la flamme en *o b'*, et sa base en *o b''*; l'image lui paraît reculée et grandie.

4° Un point lumineux étant placé en deçà du foyer *f*, en *l*, *fig.* 299, l'image se reproduit en avant du miroir en *l'*.

Les rayons, devenus convergens après leur réflexion, se croisent en *l'*; l'œil, placé en *o*, aperçoit en *l* l'image de l'objet. En considérant non plus un point lumineux, mais un objet de quelque étendue, *fig.* 300, les faisceaux extrêmes, viendront se croiser en *l' l''*, et l'œil, placé en *o*, verra en avant du miroir l'image de cet objet renversée.

La réflexion sur les miroirs convexes se fait suivant les mêmes lois que sur les miroirs concaves; mais l'effet est inverse. Les rayons se relèvent toujours plus divergens qu'ils n'étaient avant l'incidence; on voit, *fig.* 301, deux rayons parallèles, *e f*, qui, sur les deux plans inclinés *p p'*, se relèvent en faisant l'angle de réflexion égal à l'angle d'incidence, et qui sont divergens après cette réflexion. Un point lumineux *p*, placé en avant d'un miroir convexe, *fig.* 302, y projette un faisceau de lumière qui se relève plus divergent; l'œil, placé en *o*, voit l'image de *p* en *p'*, en arrière du miroir et plus rapprochée que *p* ne l'est en avant; c'est qu'il rapporte cette image au point où irait converger le faisceau *o*, s'il se continuait en arrière du miroir. Un objet plus étendu *p*, *fig.* 303, envoie de tous les points des faisceaux lumineux qui se relèvent plus divergens. En ne considérant que les faisceaux extrêmes, l'œil, qui reçoit en *o* les faisceaux devenus plus divergens après leur réflexion, reporte l'image de chacun d'eux à l'extrémité de ces faisceaux et voit l'objet, en arrière du miroir, en *p'*, plus petit et plus rapproché.

Un objet que l'on regarde dans un miroir convexe y paraît déformé, parce que chacun de ses points ne se trouvant pas à une égale distance de la surface, leur image ne conserve pas les mêmes rapports de position. Cependant quand l'objet est vu de très loin; et que le miroir est peu convexe, les différences sont assez faibles pour devenir insensibles. C'est ainsi qu'un dessinateur, en recevant l'image d'un objet sur un miroir convexe, en a une représentation exacte sur une plus petite proportion.

DIOPTRIQUE.

La dioptrique s'occupe de l'étude des circonstances dans lesquelles la lumière dans sa marche dévie de la ligne droite.

Quand la lumière passe d'un milieu dans un autre, une partie est réfléchie, une autre est déviée. On appelle réfraction la propriété qu'a la lumière de s'écarter ainsi de sa direction primitive lorsqu'elle passe d'un milieu d'une certaine densité dans un milieu d'une densité différente. Les corps qui produisent cette déviation sont dits réfringens.

Tous les phénomènes de la réfraction se résument en quelques lois très simples.

1° *Le rayon incident et le rayon réfracté sont toujours compris dans un même plan normal à la surface commune des deux milieux.*

2° *Le sinus de l'angle de réfraction est au sinus de l'angle d'incidence dans un rapport constant, sous toutes les incidences, dans les mêmes milieux.* Ce rapport s'appelle l'indice de réfraction (1); quand la lumière passe de l'air dans l'eau, par exemple, ce rapport est de 4 à 3.

3° *Tout rayon qui tombe perpendiculairement sur la surface commune des deux milieux n'est pas réfracté, et suit sa marche en ligne droite.*

(1) L'angle d'incidence est l'angle formé par le rayon incident avec la normale, et l'angle de réfraction est celui que cette normale fait avec le rayon réfracté. Le sinus d'incidence et le sinus de réfraction sont les lignes dirigées perpendiculairement sur la normale, des points que rencontreraient la circonférence d'un cercle qui aurait pour centre la place où pénètre le rayon.

On obtient l'indice de réfraction en divisant le sinus d'incidence par le sinus de réfraction; on l'exprime par la formule suivante : $\frac{sn\,.\,i}{sn\quad r} = n$.

4° *La réfraction est plus forte à mesure que le rayon tombe plus obliquement.*

5° *Un rayon qui passe d'un milieu moins dense dans un milieu plus dense se rapproche de la normale.* Un rayon *a b*, *fig.* 304, passe de l'air dans l'eau ; il se réfracte suivant *ac* et se rapproche de la normale *n*.

6° *Un rayon qui passe d'un milieu plus dense dans un milieu moins dense s'écarte de la normale.* Un rayon *ab*, *fig.* 305, qui passe de l'eau dans l'air, se réfracte suivant *ac*, en s'écartant de la normale *n*.

Les effets de la réfraction se montrent dans quelques expériences bien simples. Un corps *a*, *fig.* 306, est placé dans une cuve vide; l'œil placé en *o*, ne peut apercevoir les rayons extrêmes suivant la direction *a o'*. Verse-t-on de l'eau dans la cuve, l'œil placé en *o* aperçoit distinctement *a*, parce que le rayon en pénétrant dans l'air se réfracte suivant *a o*. Un bâton plongé dans l'eau paraît cassé. Soit *d c* le bâton, *fig.* 306, et *r'* la position de l'œil, considérons un rayon *r* partant de l'extrémité du bâton et arrivant à la surface de l'eau, ce rayon est réfracté en changeant de milieu, et va se rendre en *r'*; l'œil le reçoit et juge le bout du bâton dans la direction *r' r''*. La figure montre encore cet effet sur un faisceau lumineux partant de l'extrémité *c*. L'œil juge le bout du bâton, pour la direction suivant *r' r''*, et pour la distance, au point où les rayons qui composent le faisceau *r'* iraient se réunir. Un objet vu dans l'eau paraît donc plus rapproché et dans une direction autre que celle où il se trouve ; un poisson nous paraît plus près de la surface ; un bassin ou une rivière ne nous semblent pas aussi profonds qu'ils le sont réellement. Nous voyons les astres à leur lever avant le moment où les rayons qui en émanent pourraient arriver directement jusqu'à nous ; c'est que ces rayons éprouvent dans l'air une réfraction. Elle continue à se faire jusqu'à ce que les astres soient arrivés à leur zénith, et que leurs rayons tombent perpendiculairement sur l'atmosphère. L'aurore et le crépuscule sont produits, la première par la réfraction des premiers rayons du soleil, et le second par la réfraction des derniers rayons.

La réfraction nous fait voir les objets plongés dans l'eau plus gros qu'ils ne le sont, et parfois déformés. Une pièce de monnaie *a*, *fig.* 307, étant plongée dans l'eau, les rayons qu'elle pourrait envoyer à l'œil sont tous compris dans le faisceau *a b*, mais une portion des rayons qui sont réfractés à leur entrée dans l'air arrivent à l'œil qui reçoit réellement le faisceau *b r r*, qui lui fait juger la pièce plus grosse et plus rapprochée. Une poutre *p p*, plongée dans l'eau, *fig.* 308, au lieu du faisceau *p p b*, envoie réellement à l'œil le faisceau *b c c* qui fait voir la poutre plus grande et courbée suivant la ligne *c c*. Les effets de la réfraction s'observent d'une manière curieuse en se servant d'un prisme en verre ou en cristal. Un point lumineux *p*, *fig.* 309, envoie à l'œil les rayons directs *p o*; mais d'autres rayons viennent tomber en *a* sur un prisme, s'y réfractent, se réfractent une nouvelle fois en *a'* à leur sortie et arrivent également en *o*; l'œil placé en *o* voit distinctement deux images de l'objet, l'une dans la direction *o p*, l'autre dans la direction des rayons réfractés *o p'*.

En faisant tourner un prisme au travers duquel on regarde un objet, l'image de cet objet se déplace; en partant d'un point extrême, l'image se déplace, puis s'arrête, pour se déplacer de nouveau et s'arrêter encore. Le moment du repos correspond à la plus petite déviation; en ce moment les angles d'incidence et d'émergence sont égaux.

Tous ces phénomènes de réfraction ne se produisent pas sans une perte de lumière, dont la quantité diffère d'un milieu à un autre. La perte provient de la lumière éteinte, de la lumière réfléchie à l'entrée et de la lumière réfléchie à la sortie. Un verre de glace de trois pouces d'épaisseur ne transmet que la moitié des rayons qui tombent sur lui; tandis qu'il faut plus de 3 mètres d'eau de mer pour en intercepter

2/5, et à-peu-près 1500 mètres d'air pour en intercepter 1/3.

Toute la lumière qui tombe sur une surface sous certaines incidences est réfléchie ; aucune portion n'est réfractée ; cet effet a lieu au moment où le sinus de l'incidence intérieure, compté à la normale, est égal à l'unité divisée par le rapport de la réfraction. C'est le seul cas où la lumière soit réfléchie en totalité : on l'appelle phénomène de réflexion totale. Cette réflexion sous certaines incidences est la cause du phénomène connu sous le nom de mirage. Il se montre fréquemment en Egypte. Là de vastes plaines de sable, inondées par le Nil à certaines époques montrent de distance en distance des mamelons sur lesquels sont élevés des édifices ou des villages. Le soleil tombant sur cette terre de sable l'échauffe fortement; la chaleur se communique à l'air de couches en couches. Si l'atmosphère est tranquille, les couches d'air sont plus échauffées au contact du sol, et augmentent de densité à mesure qu'elles en sont plus éloignées. Dans cet état de l'atmosphère, les objets élevés placés à l'horizon, en même temps qu'ils sont aperçus directement par l'œil, sont vus par des rayons réfléchis qui montrent l'image des objets renversée et située au-dessous d'eux. Ces objets paraissent en conséquence placés au milieu d'un lac; erreur cruelle dans des plaines où le voyageur fatigué par la chaleur brûlante de l'air et du soleil aperçoit devant lui l'image de l'eau qui recule sans cesse à mesure qu'il s'en approche. Un rayon parti du point *a*, *fig.* 310, arrive directement en *o* à l'œil de l'observateur, mais un autre rayon parti dans la direction *a b*, traverse successivement les couches d'air *b c*, *c d*, *d e*, *e f*, et passant ainsi de milieux plus denses dans des milieux moins denses, se réfracte et s'écarte de la normale jusqu'à ce qu'enfin, son inclinaison soit telle qu'il se réfléchisse en *f* pour arriver en *o*; l'observateur apercevra alors l'image de *a* située en *a'* et renversée. Le mirage se montre quelquefois en mer; dans ce cas, c'est la masse d'air inférieure qui est la plus dense; la courbe formée par les rayons réfractés marche en sens inverse. L'observateur voit par la lumière directe les vaisseaux qui sont à l'horizon, et au-dessus d'eux leur image renversée.

Pour mesurer la réfraction d'un solide, on observe la déviation qu'éprouvent les rayons en passant à travers un prisme fait avec ce solide ; l'indice de réfraction est obtenu en divisant le sinus d'incidence par le sinus de l'angle de réfraction (*voy*. pag. 320). S'il s'agit des liquides, on les observe dans des cavités prismatiques en glace. Quant aux gaz, on les observe dans un tube dont les extrémités sont coupées très obliquement et sont fermées par des glaces ; un baromètre permet d'apprécier leur pression. Quand il s'agit des solides et des liquides, on peut négliger l'influence de l'air sur la réfraction ; pour les gaz on ne le peut, parce que l'indice de leur réfraction est très faible.

Les observations sur la réfraction peuvent être généralisées ainsi: les substances inflammables ont en général une grande puissance de réfraction : les liquides ont un pouvoir réfringent plus grand que celui de leur vapeur : la puissance de réfraction d'un même gaz est proportionnelle à sa densité ; il ne paraît pas en être de même d'une substance à une autre. La puissance réfractive d'un composé chimique gazeux n'est pas la somme des puissances réfractives de ses élémens.

Indice de réfraction de quelques solides et liquides (la lumière passant de l'air dans la matière solide ou liquide).

Glace.	1,31	Cristal de roche. . .	1,547
Eau.	1,336	Flint-glass ou cristal. .	1,576
Ether rectifié . . .	1,36	Sulfure de carbone . .	1,678
Alcool sulfurique. .	1,372	Soufre	2
Acide sulfurique . .	1,44	Phosphore.	2,1
Huile d'olives . . .	1,47	Diamant	2,44
Essence de térébenth.	1,48	Chromate de plomb. .	2,97
Verre.	1,5		

Lentilles.

Les lentilles sont des disques de forme variable, qui servent à réfracter les rayons lumineux. Un rayon *r*, qui pénètre dans une sphère transparente, *fig.* 311, s'y réfracte et continue à marcher suivant sa nouvelle direction dans toute l'étendue de la sphère; à sa sortie, il éprouve une nouvelle réfraction. Le milieu, qui sépare les deux surfaces, éteint une grande quantité de rayons et ne produit aucun effet utile pour la réfraction, puisque celle-ci se fait seulement à l'entrée et à la sortie. On peut donc ne conserver que les deux segmens supérieurs et inférieurs *ab*, *a'b'*, et avoir encore une lentille aussi réfringente, qui éteindra moins de rayons, et qui sera beaucoup plus maniable, parce qu'elle sera moins pesante. Le nom de lentille vient précisément de la forme qui résulte de la superposition de ces deux segmens de la sphère. On distingue plusieurs sortes de lentilles, savoir : la lentille bi-convexe, *fig.* 312; la lentille plan convexe, *fig.* 313; le ménisque convergent, *fig.* 314; la lentille bi-concave, *fig.* 315; la lentille plan concave, *fig.* 316; le ménisque divergent, *fig.* 317. Les trois premières rendent les rayons de lumière plus convergens : on les appelle lentilles convergentes. Les trois dernières rendent les rayons divergens : ce sont les lentilles divergentes. On peut voir, dans les *fig.* 318, 319, comment les lentilles bi-convexe et bi-concave, produisent leur effet; *rr*, sont les rayons incidens; *r' r'*, les rayons réfractés, *nn*, les lignes normales aux points d'incidence.

Lentilles convergentes. Les rayons du soleil *rr* qui tombent sur une lentille bi-convexe, *fig.* 320, viennent tous passer en un point *f* situé en arrière de la lentille et que l'on appelle son foyer principal. A la rigueur tous les rayons n'arrivent pas au même point, et il se fait des séries de lignes qui se réunissent dans des points rapprochés et qui ont reçu le nom particulier de caustique. Mais si la lentille ne comprend qu'un petit nombre de degrés, alors tous les rayons arrivent sensiblement au foyer principal. Si les rayons tombent obliquement sur la lentille, *fig.* 321, la place du foyer est changée et se trouve en f'. Mais les foyers particuliers qui peuvent naître de cette obliquité des rayons sont tous placés à la même distance du centre de la lentille. On reconnaît la place qu'occupe le foyer d'une lentille en la présentant aux rayons solaires ; la lumière se peint au foyer en une image plus petite et plus éclatante qu'en tout autre lieu. Cependant, quand les rayons obliques font avec l'axe qui passe par le foyer principal un angle de plus de dix à quinze degrés, les rayons du faisceau ne convergent plus exactement au même point ; il y aberration de sphéricité.

La concentration des rayons se fait plus exactement par une lentille à mesure qu'ils passent plus près de l'axe. Dans les instrumens d'optique on recouvre souvent les bords de la lentille pour n'admettre que les faisceaux peu inclinés à l'axe, afin d'avoir plus de netteté dans les images.

La marche des rayons non parallèles peut s'établir théoriquement sans aucune difficulté ; il faut savoir qu'au centre de la lentille est un point c appelé centre optique, *fig.* 322, dont le caractère est que tout rayon qui y passera suivra sa direction primitive ; et maintenant comme tout rayon lumineux, quelle que soit son inclinaison, passera toujours au même foyer que le rayon qui lui est parallèle et qui traverse le centre optique de la lentille, on peut assurer qu'au sortir du verre il prendra la direction qui doit le conduire à ce foyer. Le rayon du foyer d'une lentille étant connu, il devient alors très facile de trouver ce que deviendra un rayon, quelle que soit son incidence : Par exemple, ff', *fig.* 323, étant la ligne des foyers de la lentille dont le centre optique est c, que deviendra le rayon r à sa sortie de la lentille. Figurant le rayon r', parallèle à r, et passant par le centre optique de la lentille, il ira couper la ligne des foyers en f''; le rayon r passera nécessairement par le même foyer f'', et prendra en conséquence la direction $r\,f''$.

Voici maintenant quels sont les effets principaux produits par la lentille bi-convexe :

1° L'objet est placé à une distance infinie; les rayons, qui tombent alors sur la lentille sont sensiblement parallèles, et l'image se fait au foyer principal sous le même angle que l'objet, *fig.* 320 et 321.

2° L'objet est placé au foyer principal; les rayons sortent parallèles de l'autre côté de la lentille et l'image va se perdre à l'infini, *fig.* 320 et 321;

3° L'objet est placé en avant de la lentille, l'image se fait toujours en arrière de la lentille; plus l'objet est éloigné, plus l'image se rapproche, et plus elle est petite; plus l'objet se rapproche, plus l'image s'éloigne et grandit. Considérons l'effet produit dans quelques cas, en ne nous occupant que des rayons extrêmes. L'objet étant éloigné à une distance double de la distance focale f, *fig.* 325, l'image aura la même grandeur que l'objet; les points p b se reproduisent en p' b', où l'image se montrera renversée et de la même grandeur que l'objet. L'objet est plus loin que le double de la distance focale, l'image se rapproche et rapetisse à mesure que l'objet est plus loin, *fig.* 324; les faisceaux extrêmes p b convergent derrière la lentille en p' b', et fournissent une image petite et renversée de la flèche. L'objet est entre le foyer f et la lentille, *fig.* 329 : l'image est vue droite et grossie, elle recule et grossit davantage à mesure que l'objet se rapproche du verre. Le faisceau p, au sortir de la lentille, donne naissance au faisceau réfracté $p'\,p'$. Le faisceau b fournit le faisceau réfracté b' b'. L'œil placé devant la lentille aperçoit l'image dans la direction des rayons extrêmes r r' et voit par conséquent cet objet beaucoup plus gros qu'il ne l'est réellement.

Lentilles divergentes. L'effet de la lentille divergente est de rendre plus divergens les rayons qui la traversent. Des rayons parallèles *r r* viennent-ils à tomber sur une pareille lentille, *fig.* 326, ils sortent divergens et s'écartent de plus en plus les uns des autres; une pareille lentille n'a donc pas réellement de foyer; elle en a un fictif que l'on nomme foyer virtuel, c'est le point *f*, où viendraient aboutir tous les rayons rendus divergens s'ils marchaient dans la direction *f*. Un point lumineux *p* étant placé en avant d'une semblable lentille, *fig.* 327, les rayons sortiront de l'autre côté plus divergens, suivant *r r'*, et leur foyer virtuel sera situé en *f*; l'œil, placé en arrière de la lentille dans le faisceau divergent *r r'* et qui recevrait ces rayons, rapporterait le point lumineux en *f* et le croirait plus rapproché. Examinons cet effet sur un objet étendu en ne considérant encore que les rayons extrêmes, *fig.* 328. Le faisceau *p* formera en arrière de la lentille le faisceau plus divergent *p' p''*; le faisceau *b* formera le nouveau faisceau *b' b''*; l'œil recevra ces deux faisceaux et rapportera l'image de *p* en *f*, et l'image de *b* en *f'* : l'image de l'objet sera donc vue plus près de la lentille, droite et diminuée; mais à cause de la petitesse de l'image et par une fausse appréciation nous la jugerons plus éloignée. La distance à laquelle on doit placer l'œil derrière la lentille varie pour chaque individu, parce que pour bien voir, il faut que les rayons tombent sur l'œil suivant une certaine incidence, et que l'incidence convenable n'est pas la même pour tous les yeux.

DÉCOMPOSITION DE LA LUMIÈRE.

Quand on fait tomber un rayon du soleil sur l'angle triangulaire d'un prisme, dont l'angle doit être au moins de 60°, le rayon, au lieu de suivre une ligne droite et d'aller faire une image en *i*, *fig.* 330, se réfracte, et va former en *s* sur un carton blanc placé à distance une image comprise entre deux lignes droites parallèles et arrondie à ses deux extrémités; cette image est composée de bandes diversement colorées qui sont disposées dans l'ordre suivant : violet, indigo, bleu, vert, jaune, orangé, rouge. Cette expérience capitale de Newton prouve que la lumière du soleil est composée de rayons différens qui produisent chacun une espèce particulière d'illumination. Ces rayons, différemment réfrangibles, sont séparés par le prisme, en se rangeant de haut en bas dans l'ordre de leur moindre réfrangibilité. L'image formée porte le nom de spectre solaire; elle est plus longue que large, parce que les rayons réfractés sont tous compris dans le même plan que les rayons incidens. On arrive à se procurer un prisme dont les couleurs sont plus pures en ayant recours à l'appareil suivant que Newton a recommandé, *fig.* 331. A 4 mètres de l'ouverture *o* qui livre passage au faisceau lumineux, on met une lentille *l* ayant un foyer de 2 mètres, et devant la lentille le prisme réfringent *p*. La lumière du spectre, qui se forme en *s*, est plus brillante, parce que la lentille a contribué à réunir sur le même espace une plus grande quantité de lumière. En se servant de rayons de lumière rendus exactement parallèles et d'un prisme d'une grande pureté, Frauenhofer a obtenu une image rectangulaire, *fig.* 332, sillonnée par une grande quantité de raies obscures, verticales, noires, très étroites et inégalement répandues dans le spectre. Frauenhofer en a compté environ six cents; leur nombre ne change pas si l'on se sert d'une autre prisme différemment réfringent, mais le mode d'espacement des raies ne reste pas le même. La lumière des planètes se comporte comme la lumière solaire; la lumière des étoiles fournit une autre distribution, et souvent on y voit prédominer une des couleurs; avec la lumière électrique, le spectre est sillonné de raies brillantes : on en a observé aussi avec la lumière artificielle de nos flammes blanches; le violet domine dans les flammes bleues, le rouge dans les flammes rouges, etc.; d'où il suit que chaque source lumineuse fournit des rayons différens.

Les rayons, qui forment les différentes parties du spectre, sont appelés rayons rouges, jaunes, verts, etc.; on ne veut pas exprimer par là qu'ils sont colorés eux-mêmes, mais qu'ils produisent sur nos organes la sensation des couleurs. Chacune des couleurs du spectre est elle-même composée de rayons différemment réfrangibles: on distingue par exemple le rouge extrême, le rouge moyen, le rouge limite de l'orangé qui ont des nuances différentes; ce qui prouve qu'au lieu de sept couleurs, il y en a en réalité une infinité.

Les rayons ont des couleurs fixes et inaltérables; ils n'éprouvent aucun changement, soit qu'on les fasse passer de nouveau à travers un prisme, soit qu'on les réfracte à travers une ou plusieurs lentilles. Ils ne sont nullement altérés par la couleur des objets sur lesquels ils tombent; ainsi des rayons rouges nous font voir les objets rouges, quelle que soit d'ailleurs la couleur qui appartienne à ces objets. On le comprend aisément, puisque un objet sur lequel il ne tombe que des rayons rouges ne peut envoyer à l'œil des rayons d'une autre nature.

La lumière blanche est formée par la réunion de tous les rayons colorés; un corps nous paraît blanc quand il nous renvoie en même temps toutes les espèces de rayons de lumière. On reçoit sur un prisme, *fig.* 333, un rayon de soleil et l'on place une lentille à une assez grande distance pour que les rayons du spectre y tombent bien séparés; la lentille fait converger tous ces rayons; or, au foyer f, où ils sont tous réunis, ils forment une image blanche. Cette image grandit et se décolore à mesure que l'on s'écarte du foyer en avant ou en arrière. Le spectre se reformerait en $r\,v$ sur un écran; l'on pourrait l'obtenir en $r'\,v'$ si l'on réfléchissait les rayons réfractés sur un miroir m. Si dans cette expérience on intercepte une partie des rayons colorés en interposant un écran entre le prisme et la lentille, l'image qui se forme au foyer a moins d'éclat, et elle est colorée diversement. En faisant tourner rapidement, *fig.* 334, un disque de carton portant, sous la forme de rayons, toutes les couleurs du spectre, chacune dans l'ordre et avec l'étendue qu'elle occupe proportionnellement aux autres dans le spectre lui-même, la portion *z* du disque et la bande *cc* de la circonférence étant noires, ce disque coloré paraît couvert d'une bande blanche : c'est que l'œil conserve l'impression des couleurs quelque temps encore après qu'il l'a reçue et que les impressions se succèdent ici assez rapidement pour que l'œil éprouve en même temps la sensation de toutes les couleurs et par conséquent la sensation du blanc.

Toutes les nuances sont formées par le mélange des couleurs primitives, et toutes peuvent être obtenues en mélangeant les rayons qui les composent. Avant de recevoir sur la lentille, *fig.* 333, les rayons qui sortent du prisme réfringent, si l'on en intercepte quelques-uns au moyen d'un écran que l'on enfonce plus ou moins dans le faisceau, l'image produite au foyer n'est plus blanche, mais elle a la teinte que donne le mélange des couleurs qui n'ont pas été interceptées. On remarque que chaque couleur primitive peut être imitée par le mélange des deux couleurs voisines, mais la teinte composée qui en résulte ne supporte pas l'expérience du prisme ; elle est décomposée en ses deux couleurs originelles. Toute nuance peut être changée en couleur blanche si l'on y ajoute les couleurs qui ne sont pas entrées dans sa formation. On appelle couleurs complémentaires ces couleurs qui, ajoutées à une autre, reforment la couleur blanche; ainsi, en ajoutant le rouge à la teinte composée qui résulte du mélange de toutes les couleurs du spectre, le rouge excepté, on reproduit le blanc. La plupart des verts ont pour couleurs complémentaires des violets plus ou moins rougeâtres, des indigos plus ou moins violacés. La couleur des nuances pouvant varier à l'infini, le nombre des couleurs complémentaires est également infini.

La couleur des corps dépend de l'action qu'ils exercent sur la lumière blanche; s'ils se laissent traverser également par tous les rayons, ou s'ils les réfléchissent tous également, la lumière qu'ils enverront à l'œil produira la sensation du blanc; si, au contraire, tous les rayons de lumière sont absorbés ou éteints, les corps seront noirs : le noir résultant de l'absence de toute couleur, le blanc de la présence de tous les rayons. Les corps qui exercent une action différente sur les divers rayons de lumière, qui éteignent les uns et réfléchissent les autres, ont la couleur des rayons réfléchis, et s'il y en a de plusieurs espèces, les corps ont la nuance qui résulte du mélange de ces rayons différemment colorés. L'œil voit un corps rouge, si celui-ci a la propriété d'éteindre tous les rayons, excepté le rayon rouge; il le voit vert si le rayon vert ou les rayons bleu et jaune ont seuls été réfléchis.

On profite de l'extinction des rayons de lumière par certains corps pour obtenir des faisceaux lumineux diversement colorés : par exemple, en faisant passer un faisceau à travers un verre coloré en rouge par le protoxide de cuivre, on éteint tous les rayons excepté le rouge; une couche un peu épaisse d'une dissolution d'ammoniure de cuivre ne laisse passer que le violet; les verres bleus ordinaires absorbent tout le rouge; une solution de chromate de potasse transmet le rouge et le jaune seulement, etc. Veut-on empêcher la lumière d'arriver jusqu'à un corps, on l'intercepte au moyen d'un écran noir qui éteint tous les rayons. Les chimistes ont reconnu depuis long-temps que certaines substances fort altérables par la lumière se conservent très bien lorsqu'ils les mettent dans des flacons de verre noir ou dans des flacons couverts de papier noir.

En mélangeant des couleurs artificielles, on peut obtenir toute espèce de nuance, mais les teintes que l'on obtient par là n'ont jamais ni l'intensité, ni la vivacité de celles qui résultent du mélange des rayons de lumière primitive.

On remarque que certains corps n'ont pas la même coloration, quand on les voit au jour ou éclairés par la lumière artificielle; ceci tient à ce que les couleurs qui composent la lumière artificielle étant différentes de celles de la lumière du jour, l'action que les corps exercent sur elles est différente, et la nature des rayons renvoyés à l'œil n'est plus la même.

La décomposition de la lumière se montre à nous dans une foule de circonstances : nous allons en examiner, en particulier, quelques-unes.

Un rayon du soleil qui tombe obliquement sur un verre d'eau fait voir toutes les couleurs primitives, pourvu que la lumière réfractée puisse s'étendre un peu loin après son émission; autrement, les rayons lumineux ne seraient pas suffisamment démélés.

Un diamant réfracte fortement la lumière et brille d'un éclat vif et particulier; c'est qu'en pénétrant par les nombreuses facettes que la taille a données au diamant, la lumière se partage en plusieurs jets, qui se subdivisent encore en tombant sur les faces diversement inclinées du fond, et qui, en se réfléchissant, subissent encore une nouvelle décomposition. Les couleurs sont moins vives avec le cristal ou le verre, parce qu'étant moins réfringens que le diamant, ils séparent moins parfaitement les rayons colorés.

Un objet éclairé, que l'on regarde à travers un prisme, est vu bordé et quelquefois chamarré des plus belles couleurs; quand l'objet est grand et vu de près, les couleurs n'apparaissent que sur les bords, d'un côté est le jaune et le rouge, de l'autre le bleu et le violet. Pour concevoir cette illumination, supposons un objet *a*, qui envoie un faisceau lumineux *f* sur un prisme, les rayons viendraient se réunir en *f'*; mais ils supportent de la part du prisme une réfraction différente pour chacun d'eux, d'où résulte, en ne considérant ici que les rayons extrêmes, que les rayons violets plus réfractés arrivent en *v* et les rayons rouges moins réfractés en *r*. L'œil voit par conséquent l'image *a* colorée en violet, en *v'* et en *v''*, et colorée en rouge en *r' r''*,. L'espace occupé par les rayons intermédiaires, ne paraît pas colorée, parce que les rayons n'étant pas suffisamment démêlés, il en résulte un mélange de toutes couleurs qui produit la sensation du blanc. Une séparation plus nette des couleurs ferait paraître l'image chamarrée dans toute son étendue.

L'arc-en-ciel est un phénomène qui résulte d'une décomposition de la lumière dans les gouttelettes d'eau que l'atmosphère tient en suspension. Il se produit dans les nuées qui se fondent en eau, lorsqu'elles sont éclairées par le soleil élevé sur l'horizon d'une certaine quantité; il n'est visible pour l'observateur, que quand celui-ci tourne le dos au soleil. Représentons une des gouttelettes d'eau qui composent la nuée, elle donnera lieu à la formation de lumière colorée que l'œil apercevra, si les rayons qui lui arrivent forment avec ceux qui viennent du soleil, un angle de 40° 17' à 42° 2', ou de 50° 59' à 54° 9'. Si l'angle est de 50° *fig.* 336, le rayon *r* arrivant du soleil, se réfracte en *a*, se réfléchit une première fois en *b*, une seconde fois en *c*, et se réfracte de nouveau en sortant de la gouttelette en *d*; l'œil placé en *v r* reçoit en *v* le rayon violet plus réfracté, en *r* le rayon rouge, et entre les deux tous les rayons intermédiaires. Il aperçoit donc une image violette en *v'*, un image rouge en *r'*, et d'autres images différemment colorées entre les deux. Mais si le rayon de lumière arrive suivant *r*, *fig.* 337 (les rayons qui viennent du soleil formant avec ceux qui arrivent à l'œil un angle de 40° à 42°), le rayon *r* se réfracte en *a*, subit une réflexion en *b*, se réfracte une seconde fois en *c*, et l'œil aperçoit le violet suivant le rayon *v v'*, le rouge suivant le rayon *r r'*.

Maintenant un observateur, étant placé en *o*, *fig.* 339, regarde une nuée frappée par les rayons du soleil, *s s' s'' s'''*,

Menons du globule *v* une ligne en *o*, elle formera, avec les rayons du soleil *s*, un angle de 40° 17′ ; le globule aura la position requise pour que l'œil aperçoive la couleur violette; d'un autre globule placé au-dessus, tirons la ligne *ro*, l'angle formé avec *s′* sera de 42° 2′, et l'œil verra une image rouge. Les globules intermédiaires présenteront les couleurs du spectre disposées dans leur ordre ordinaire. La largeur, occupée par les couleurs, sera la différence de 40° 17′ et 42° 2′, ou 1° 45′; le violet étant en bas et le rouge en haut.

Dans les globules, situés de manière à ce que l'angle formé par les rayons du soleil et ceux qui viennent à l'œil de l'observateur soit de 50° 59′, comme en *r′ o*, et de 54° 9′, comme en *v′ o*, la lumière subit deux réflexions, et l'œil voit l'image rouge, suivant *o r′*, et l'image violette, suivant *o v′* ; par conséquent, le rouge en bas et le violet en haut; l'espace intermédiaire étant occupé par les rayons moyennement réfrangibles.

Comme le soleil n'est pas seulement un point lumineux, mais que son diamètre apparent peut être estimé à 30′, en supposant les effets précédens formés par les rayons partis de son centre, ils seront reproduits par les rayons partis des deux côtés, et qui rempliront les mêmes conditions par rapport à l'œil de l'observateur. Toutes les lignes seront comprises dans un cercle égal au disque apparent du soleil. Il en résultera qu'au lieu d'un point coloré violet ou rouge, il se fera une bande de chaque couleur.

Ce qui a lieu pour les globules d'eau étudiés se fait en même temps pour tous les globules placés dans une situation qui réalise les mêmes conditions. Si l'œil est placé vis-à-vis d'une vaste nuée, des effets identiques se produisent sur toutes les gouttelettes qui offrent le même rapport entre les rayons du soleil et le point *o*. L'œil devient aussi la pointe d'un cône de lumière, dont la base est occupée par les cercles colorés.

L'arc-en-ciel inférieur nous montre le bleu dans le bas,

le rouge dans le haut; l'arc supérieur montre les couleurs en ordre inverse. Il est toujours plus pâle, par suite des deux réflexions que les rayons ont subies, et qui en ont éteint un grand nombre.

ACHROMATISME.

La réfraction est la déviation qu'éprouve le rayon vert placé au centre du spectre; la dispersion est au contraire l'excès de la réfraction du rayon violet sur le rayon rouge.

Quand il y a réfraction, la disposition relative des couleurs est toujours la même, mais l'espace occupé par chacune d'elles est différent. Par exemple, le spectre donné par un prisme de flint a plus de violet et moins de rouge, tandis qu'un prisme de crown a plus de rouge et moins de violet. Ce phénomène est lié à la grandeur des indices de réfraction ; en prenant la différence de ces indices pour le rouge et le violet, on aura ce qu'on appelle la dispersion de la lumière. Une substance sera dite plus dispersive quand pour elle cette différence sera plus grande.

L'achromatisme est la destruction de la couleur des objets qui résulte de la dispersion de la lumière. Newton avait cru que la réfrangibilité était toujours proportionnelle à la dispersion, d'où il résultait qu'il devait être impossible de détruire la dispersion sans détruire en même temps les effets de la réfraction. Dollond, célèbre opticien anglais, prouva que dans ce cas Newton avait fait erreur, et donna les moyens d'obtenir en même temps une lumière réfractée et sans couleur. Un faisceau RR, *fig.* 338, est réfracté dans un premier prisme d'eau, puis réfracté dans un second prisme de glace; les deux prismes sont accolés, mais les angles sont tournés en sens inverse. Une première réfraction dans le prisme d'eau amène le rayon violet en v et le rayon rouge en r; une deuxième réfraction amène le violet en v', le rouge en r'; les deux rayons coïncident en $v''r''$, et sortent parallèles suivant R''.

L'effet de la dispersion a été annulé, mais la réfraction ne l'est pas, puisque R'' fait un angle avec le rayon primitif R R. Les effets de la coloration ont disparu, bien que la lumière reste réfractée; l'achromatisme a été réalisé. Quand on veut obtenir l'achromatisme, on détermine par le tâtonnement l'angle des prismes; il a lieu théoriquement quand les angles réfringens sont en raison inverse de leur coefficient de dispersion.

L'achromatisme s'obtient aussi avec les lentilles. Quand des rayons solaires arrivent au foyer d'une lentille, ils convergent vers des points différens de l'axe, et donnent une image blanche au centre, mais bordée de couleurs. Dollond obtint l'achromatisme en appliquant une lentille bi-concave de flint-glass contre une lentille bi-convexe de crown-glass. Le pouvoir réfringent des deux substances est différent, mais le pouvoir dispersif du flint est plus grand; il en résulte que les rayons rouges et violets deviennent parallèles au sortir de la lentille. On arrive à des résultats semblables par d'autres associations de lentilles et de prismes. L'achromatisme ne peut presque jamais être obtenu d'une manière parfaite avec deux verres; on arrive assez aisément à faire concorder deux couleurs : il faut trois verres si l'on veut agir en même temps sur trois espèces de rayons. M. Amici est même parvenu, avec un système de sept verres, à faire coïncider les sept couleurs; mais, en portant à plus de trois le nombre des verres, il y a trop de lumière éteinte : on n'obtient plus des images assez distinctes. Dans la pratique, quand on est parvenu à compenser le violet et le rouge, ou le violet, le rouge et le vert, la destruction de la lumière pour les intermédiaires est assez approximative pour que l'œil n'aperçoive pas les couleurs.

Rayons calorifiques et chimiques.

En outre des rayons lumineux, le spectre contient des rayons calorifiques et d'autres rayons qui se distinguent par l'action qu'ils exercent sur certaines combinaisons, ce qui les a fait désigner sous le nom de rayons chimiques. Un thermomètre très sensible, que l'on tient dans les différentes parties du spectre, montre qu'elles n'ont pas la même température; la chaleur augmente du violet au rouge ou même au-delà. Les observateurs ont beaucoup varié sur la place occupée dans le spectre par le maximum de chaleur; mais M. Melloni a vu qu'elle change avec chaque substance. Il résulte des observations de cet habile physicien que les rayons calorifiques du spectre ne sont pas tous de même nature, que les uns sont comparables aux rayons qui émanent de la flamme, les autres aux rayons qui émanent des sources à basse température. Les substances très diathermanes qui laissent passer beaucoup de rayons (ce sont aussi celles qui possèdent un grand pouvoir réfringent), ces substances font éprouver proportionnellement moins de perte aux rayons les moins réfrangibles; il en résulte qu'avec un prisme fait de l'une de ces substances, la limite des rayons calorifiques que le prisme éteint est plus éloignée. En se servant d'un prisme d'eau, M. Melloni a vu le maximum de température porter sur le jaune, avec un prisme d'acide sulfurique sur l'orangé, avec un prisme de crown-glass sur le rouge, avec un prisme de flint-glass au-delà du rouge, avec un prisme de sel gemme bien au-delà du rouge; de sorte que le maximum de température est situé plus loin à mesure que l'on s'est servi d'un prisme fait avec une substance plus diathermane.

Les rayons chimiques se dénotent par l'action qu'ils exercent sur un certain nombre de substances; ils déterminent la combinaison du chlore et de l'hydrogène, la combinaison du chlore et de l'oxide de carbone; ils détruisent certains composés, tel que l'acétate de mercure, l'acide hydrocyanique; de toutes les substances connues la plus impressionnable est le chlorure d'argent qui perd sa couleur blanche et se transforme en un composé violet.

On peut dire qu'en général l'action chimique est plus forte

dans les rayons les plus réfrangibles; elle se montre active dans le violet, presque nulle dans le rouge et le jaune. Le maximum d'action n'occupe pas toujours la même place; celle-ci peut varier avec la nature des prismes, avec celle de la substance soumise à l'action. En voici quelques preuves : en se servant d'un prisme de flint, le maximum d'action est au-delà du violet, là où il n'existe ni rayons calorifiques, ni rayons lumineux (Wollaston et Seebeck). Elle est reportée bien plus loin en dehors si l'on se sert d'un prisme d'huile de casse, suivant Hessler. Un prisme d'eau amène le maximum d'action au milieu du violet, un prisme d'alcool près du bleu. Pour le papier impressionnable obtenu avec le chlorure de sodium et le nitrate d'argent, le maximum d'action se trouve sur la fin du rayon bleu; le violet a une action plus faible. Généralement, l'altération par la lumière se montre surtout dans les corps qui contiennent du chlore, du brome ou de l'iode. C'est sur elle qu'est fondé l'emploi du daguerréotype. Une lame de plaqué d'argent bien polie est exposée à l'action de l'iode jusqu'à ce qu'elle soit recouverte d'une couche mince d'iodure d'argent d'une couleur jaune d'or. En cet état on l'expose à l'action de la lumière dans une chambre noire pendant un temps qui varie suivant l'intensité de la lumière. Une à deux minutes d'exposition au soleil sont suffisantes; quelquefois il faut prolonger pendant une demi-heure. La plaque impressionnée sur laquelle on n'aperçoit encore aucune image est exposée à l'action de la vapeur du mercure dans une boîte fermée. L'opération doit durer pendant le temps nécessaire pour qu'une lampe à esprit-de-vin élève 1 kilogramme de mercure à 75°, et pour que le mercure se refroidisse à 45°. On sort la plaque et on la lave rapidement avec une dissolution d'hyposulfite de soude qui enlève tout l'iodure d'argent surexcédant. Le mercure n'a pu atteindre les parties recouvertes d'iodure, mais il a pénétré celles que la lumière avaient atteintes; il s'y est déposé en gouttelettes microscopiques qui forment les blancs, tandis que l'argent miroitant forme les noirs, pourvu qu'on ne le regarde pas dans la direction où il réfléchirait régulièrement les rayons de lumière.

VISION.

L'œil est conformé de manière à réfracter les rayons de lumière, à les rendre convergens et à les réunir sur la rétine en points lumineux qui retracent l'image de l'objet.

L'œil, *fig.* 340, placé au centre d'une cavité osseuse, est un organe de forme globuleuse, qui reçoit au fond l'extrémité *n* du nerf optique. Son enveloppe extérieure *ss* s'appelle la *cornée* ou *sclérotique*. Dans sa plus grande étendue, c'est une membrane épaisse qui ne laisse pas passer les rayons de lumière et qui prend le nom de *cornée opaque;* en avant de l'œil c'est une membrane mince *m m*, que l'on appelle *cornée transparente*. En dedans de la cornée opaque est appliquée la *choroïde*, membrane cellulo-vasculaire qui renferme une matière d'une couleur foncée. Sur la choroïde, est appliquée la *rétine rr*, membrane mince, transparente, blanchâtre formée par l'épanouissement du nerf optique. En avant de l'œil, au point de jonction des cornées opaque et transparente, est une cloison composée de deux lames. L'une plus extérieure et colorée *ii* s'appelle l'*iris;* à son centre est une ouverture *p* dite *pupille* ou *prunelle*, qui limite le nombre des rayons lumineux qui peuvent pénétrer dans l'œil. L'iris paraît être musculaire; il se contracte ou s'étend pour augmenter ou diminuer l'ouverture de la pupille; sa couleur détermine la couleur de l'œil. La membrane en arrière de l'iris, a reçu de sa forme le nom de *couronne ciliaire*. Elle tient suspendu le cristallin *cc*, espèce de lentille convergente. L'espace entre l'iris et la cornée transparente est rempli par l'*humeur aqueuse;* l'espace entre le cristallin et la rétine ou chambre postérieure de l'œil est rempli par l'*hu-*

meur vitrée qui a la consistance d'une gelée transparente.

L'effet général de l'œil est de rendre les faisceaux lumineux convergens. La cornée transparente par sa forme convexe, peut recevoir un grand nombre de rayons, même des objets placés latéralement ; l'humeur aqueuse placée derrière elle fait éprouver à la lumière une première réfraction dont l'effet est d'introduire dans l'œil des rayons qui n'y auraient pu pénétrer directement. La prunelle mesure la quantité de rayons lumineux qui doit entrer dans l'œil; elle se contracte si la lumière est trop vive, se dilate si elle est trop faible ; quelques animaux, et en particulier les animaux nocturnes ont de plus une membrane qu'ils étendent comme un voile pour se défendre de la lumière du jour, et qu'ils ouvrent la nuit pour recevoir plus de rayons lumineux. Le cristallin est composé de couches de différentes densités dont la puissance de réfraction augmente en allant de la circonférence au centre. Il est plus plat en avant qu'en arrière. Comme il est plus dense que l'humeur aqueuse, il augmente une nouvelle fois la convergence des rayons lumineux, et comme il est plus dense que l'humeur vitrée, les rayons éprouvent, en pénétrant dans celle-ci, une nouvelle réfraction qui les fait converger au fond de l'œil, *fig.* 340.

L'œil est muni de quelques organes accessoires qui ont surtout pour objet de le protéger ; l'orbite osseuse le garantit des chocs extérieurs ; il est enveloppé de tissus graisseux et flexibles qui ne peuvent le blesser ; les paupières forment en avant des espèces de voiles qui s'abaissent devant lui ; les cils qui les garnissent s'opposent à l'entrée des corps légers qui flottent dans l'air ; les sourcils enduits d'une matière grasse, arrêtent les gouttes de sueurs et les détournent. Des muscles dirigent l'œil vers les objets extérieurs ; la glande lacrymale verse sur sa surface un liquide qui l'entretient humide et polie ; enfin si quelque corps extérieur s'est introduit dans l'œil, les larmes arrivent en abondance pour l'entraîner.

Un point lumineux *A*, situé en avant de l'œil, *fig.* 340, envoie un faisceau de lumière qui vient tomber sur la cornée transparente, pénètre dans l'humeur aqueuse, s'y réfracte, traverse le cristallin où il se réfracte de nouveau, passe dans l'humeur vitrée où il se réfracte encore, et vient former son image au fond de l'œil en *A'*. Un objet éclairé émet de chaque point de sa surface un faisceau qui se comporte de même; il en résulte qu'il se forme au fond de l'œil une image renversée de l'objet, ainsi qu'on peut le voir, *fig.* 341. Cette image renversée se forme réellement; on l'aperçoit distinctement lorsque après avoir séparé un œil de bœuf de ses enveloppes, on place en avant une bougie allumée. L'effet est surtout remarquable sur les animaux albinos, qui ont la cornée opaque transparente.

L'œil juge toujours un objet dans la direction du rayon central, qui arrive au fond de l'organe; si ce rayon a éprouvé en route quelque déviation, par suite de réflexion ou de réfraction, l'organe est incapable d'apprécier ce qui s'est passé hors de lui; il rapporte toujours l'objet dans la direction de la portion de rayon qu'il a reçue.

L'œil estime la grandeur d'un objet par la grandeur de l'image qui se peint sur la rétine. Cette image est toujours en rapport avec l'ouverture de l'angle que font entre eux les rayons extrêmes partis de l'objet, et qui vont se croiser dans la prunelle. On le nomme angle visuel ou optique, *fig.* 342. Une conséquence nécessaire de ce mode d'appréciation est qu'un même objet est jugé plus petit ou plus grand suivant sa distance; ce qui est confirmé d'ailleurs, par notre expérience de tous les jours. Ainsi le même objet *ff'*, étant placé à des distances différentes de l'œil, est vu sous des angles optiques différens; le plus éloigné *f* paraît plus petit, parce que l'angle optique est moins ouvert.

La distance des objets est jugée par la conscience du mouvement que l'on imprime aux yeux, pour les fixer tous deux sur le même point, *fig.* 343 ; plus l'objet est éloigné, plus les deux axes optiques forment entre eux un petit angle ; plus il est rapproché, et plus l'angle est ouvert. A chaque instant, il nous faut corriger par le jugement les indications inexactes qui nous seraient données par l'œil ; grandeur, distance, forme, tout doit être rectifié. Un animal, vu dans le lointain, a la grosseur d'un mouton, mais sa forme est celle d'un cheval ou d'un bœuf ; nous lui assignons sa véritable taille. La présence d'un objet de grandeur connue nous sert aussi à asseoir notre jugement ; il nous serait difficile de dire, quelle est la grandeur d'une tour ou d'un arbre, vus dans le lointain ; mais si un homme est à côté, c'est un point de comparaison dont nous profitons pour juger sûrement. Les objets éloignés sont vus par nous sous une forme différente ; ainsi une pièce d'eau *a b c d*, *fig.* 344, nous paraîtra plus étroite dans sa partie la plus éloignée, parce que cette partie sera vue par nous sous l'angle optique plus petit, *b d c* ; c'est par la même raison qu'une avenue d'arbres ou une galerie, nous paraît plus étroite et surabaissée à son extrémité. Les arbres qui bornent une demi-lune paraissent de loin disposés sur une ligne droite, c'est que, vus de loin, la différence de l'angle optique pour chacun d'eux ne saurait être appréciée par l'œil. Il faut rapporter à la même cause l'apparence sous laquelle le soleil et la lune se présentent à nous ; nous les voyons comme des disques plats, parce que, dans leur éloignement, la différence de l'angle optique des parties visibles de leur surface est à peine sensible.

La distance à laquelle l'œil voit distinctement un objet dans ses détails, est généralement de 30 centimètres. Les rayons viennent converger exactement sur la rétine *a*, *fig.* 345 ; en éloignant ou en rapprochant l'objet de l'œil, la vue reste encore assez nette, jusqu'à une certaine limite. La distance de la vue distincte, varie un peu avec chaque individu. Il est des personnes qui ont les humeurs de l'œil douées d'une réfraction plus forte; les rayons partis de la distance de la vue distincte se croisent avant d'arriver au fond de l'œil; *b fig.* 345 : on appelle myopes les gens qui ont les yeux ainsi conformés. En rapprochant les objets, *c fig.* 345, les rayons tombent sur la prunelle plus divergens, et l'excès de force réfringente de l'œil est nécessaire pour les faire croiser sur la rétine; aussi les myopes voient-ils distinctement de près. Pour corriger le défaut de l'œil chez les myopes, on place en avant une lentille convexe divergente *d, fig.* 345; elle fait diverger les rayons lumineux, ceux-ci devenus plus divergens vont alors se croiser au fond de l'œil. Les presbytes, tout au contraire des myopes, ont les humeurs de l'œil trop peu réfringentes, de sorte que les rayons partis du point de la vue distincte ne se croisent qu'en arrière de l'œil, *e fig.* 345. Pour les presbytes, l'image ne se forme nettement sur la rétine, qu'autant que l'objet est plus éloigné, *f fig.* 345, parce qu'alors les faisceaux qui arrivent étant moins divergens, l'œil suffit à les réunir sur la rétine. Les presbytes voient donc distinctement les objets éloignés, mais comme ceux-ci n'envoient alors qu'une plus faible lumière, les détails cessent d'être vus. On corrige le défaut de l'œil des presbytes, en mettant en avant un verre convergent, *g fig.* 345; il doit être choisi de façon que l'objet étant placé à la distance de la vue distincte, le verre fasse sur les rayons la portion d'effet que l'œil ne peut réaliser. Dans la maladie appelée cataracte, le cristallin devient opaque et ne livre plus passage à la lumière; pour guérir cette maladie, il faut enlever le cristallin A cet effet, on pratique une ouverture dans l'humeur vitrée avec une aiguille, on détache le cristallin, et tantôt on l'extrait, tantôt on le fait tomber au fond de l'œil. Les rayons de lumière peuvent alors se rassembler sur la rétine, par l'effet de la réfraction que produisent l'humeur aqueuse et l'humeur vitrée; mais comme cette réfraction est trop faible, il faut placer en avant de l'œil une lunette suffisamment convergente.

La réfraction de la lumière qui se fait dans l'œil ne produit pas d'images colorées ; quelques physiciens l'attribuent à ce que les différentes couches qui composent le cristallin rendent l'œil achromatique ; suivant d'autres, l'absence d'images colorées proviendrait de ce que les faisceaux lumineux qui pénètrent dans l'œil ont peu de largeur et de ce que la distance focale de l'œil étant très petite, les rayons ne peuvent jamais être fort écartés les uns des autres.

Les impressions de la lumière sur l'œil persistent pendant quelque temps. M. Plateau a conclu de ses expériences que, pour qu'une impression fût complète, il était nécessaire que la lumière agît quelque temps. L'impression dure d'autant plus long-temps qu'elle a été plus vive et moins prolongée ; mais elle reste plus long-temps la même quand la lumière a été moins intense. La persistance des impressions produit quelques phénomènes curieux. Ainsi, quand on fait tourner un charbon incandescent, on aperçoit un cercle de feu ; un polyèdre, qui tourne vivement sur lui-même, prend l'apparence d'une sphère ; une corde qui vibre est vue comme un losange allongé ; on n'aperçoit plus les raies d'une roue qui tourne vite ; on voit une fusée laisser une longue traînée de lumière, parce que l'impression produite sur l'œil persiste encore lorsque les points éclairés ont changé de place ; l'œil voit au même instant le même point éclairé, par la sensation qui naît et par celles qui ne sont pas encore éteintes.

L'œil, en outre des images ordinaires, aperçoit dans quelques circonstances des images accidentelles qui succèdent à la vue de l'objet réel ; elles ont toujours une couleur contraire à celle des images qui résultent des impressions primitives. M. Plateau a donné sur la formation de ces images une théorie qui a l'avantage d'en fournir une explication facile. La rétine, qui reçoit une impression, est dérangée de sa position, elle y revient, la dépasse et oscille ainsi pendant quelque temps. Le mouvement de la rétine se communique dans le voisinage et va en s'affaiblissant de plus en plus. Les parties plus éloignées s'établissent dans un état opposé par un effet analogue à celui qui produit les ondes condensées et dilatées.

Les yeux étant fixés sur un objet coloré, placé sur un fond noir, l'impression s'affaiblit graduellement ; puis si l'on porte la vue sur un carton blanc, on voit une image de la couleur complémentaire de la première ; souvent la couleur accidentelle disparaît, puis renaît plusieurs fois. L'expérience réussit fort bien en opérant de la manière suivante, indiquée par M. Plateau : on ferme un œil, et on le couvre avec un mouchoir ; avec l'autre œil, on regarde par un tube noirci de 0,5 mètres de long et 0,03 m. de diamètre un carton rouge bien éclairé ; on enlève rapidement le tube et le carton, et l'on aperçoit sur le plafond de la chambre une tache circulaire verte qui redevient rouge, puis verte, et ainsi à plusieurs reprises en diminuant toujours d'intensité. Ces effets peuvent être rapportés aux changemens de position successifs qui résultent des oscillations de la rétine.

Buffon a remarqué le premier que lorsqu'on regarde longtemps un objet coloré placé sur un carton blanc, on finit par voir autour de l'objet une auréole de sa couleur complémentaire ; le même phénomène se produit si, collant une bande de carton noir sur un papier coloré translucide, on le place entre l'œil et le jour ; elle paraît teinte de la couleur du papier.

L'impression, produite sur la rétine, est entourée aussi d'une auréole accidentelle, mais elle est précédée d'une autre auréole plus étroite de même couleur que l'objet ; il faut en voir la cause dans la petite portion de la rétine entraînée dans le mouvement que détermine l'impression de la lumière ; c'est par cette auréole qu'il faut expliquer le phénomène d'irradiation qui consiste en ce que les corps blancs ou à couleurs vives paraissent plus grands que les objets noirs et obscurs ; si, par exemple, on compare deux disques égaux, l'un blanc sur un fond noir, l'autre noir sur un fond blanc, le premier paraît plus grand que l'autre, parce que l'impression blanche est entourée d'une auréole de même couleur qui s'étend sur le noir et qui grandit l'image.

Les auréoles, qui s'étendent au voisinage des corps colorés, modifient les couleurs des corps voisins en les couvrant de leur teinte complémentaire ; ainsi, le rouge jette une teinte de vert autour de lui, le bleu jette de l'orangé, le jaune du violet. Il en résulte que les couleurs différentes s'avivent si elles sont complémentaires l'une de l'autre ; le rouge et le vert sont plus brillans placés à côté l'un de l'autre ; il en est de même du bleu et de l'orangé. Les couleurs se nuisent au contraire quand elles versent l'une sur l'autre des teintes opposées ; toute couleur, placée près du rouge, prendra une teinte verdâtre ; toute couleur, placée près du violet, prendra une teinte jaune. Dans la peinture et dans la distribution des couleurs pour les tapisseries, il est important de tenir compte de ces effets des couleurs complémentaires.

INSTRUMENS D'OPTIQUE.

Les instrumens d'optique résultent de diverses combinaisons de miroirs et de lentilles ; ils ont pour but de procurer des images nettes des objets. Lorsque ceux-ci sont trop éloignés on réunit les rayons parallèles et peu intenses qui en émanent, pour les concentrer par des miroirs ou des lentilles, de manière à en obtenir une image suffisamment éclairée ; quand les objets sont trop petits on en fait des images agrandies que l'on éclaire vivement.

Chambre noire. La chambre noire ou obscure, *fig.* 346, se compose d'une boîte fermée qui porte en avant un tuyau mobile *t*, dans lequel est enchâssée une lentille convergente. Les rayons partis d'un objet situé en avant de la lentille vont peindre au fond de la boîte une image renversée de cet objet. Le fond de la boîte est fait avec une glace dépolie, derrière laquelle on peut décalquer l'image. Pour plus de commodité on met dans la boîte un miroir *m*, sous une inclinaison de 45°. Les faisceaux de lumière s'y réfléchissent et viennent former l'image en *g*. Le couvercle *c* est garni sur les côtés pour laisser dans l'obscurité la glace qui reçoit l'image. Le tuyau *t* est mobile parce que l'image ne se fait pas toujours à la même place, suivant la distance des objets. On rapproche ou l'on recule la lentille jusqu'à ce qu'on ait obtenu une image parfaitement nette. On emploie encore la disposition, *fig*. 347. Un miroir *m* est en dehors de la boîte, et la lumière, après avoir traversé la lentille *l*, vient former l'image sur le plan *p*. Cette disposition est plus commode pour le dessinateur.

Chambre claire. La chambre claire a été imaginée par Wollaston, pour avoir l'image d'un objet ou d'un paysage. L'appareil a été depuis modifié par Amici. Il se compose, *fig*. 348, d'une lame de glace inclinée *g g* et d'un prisme triangulaire *p*, à angle droit, dont une des faces est perpendiculaire à la glace et dont l'hypoténuse est tournée vers le bas. Les faisceaux partis des objets tombent sur le prisme en *p*, se réfractent, puis se réfléchissent en *p'*, sortent du prisme et vont se relever parallèles et verticaux en *r*, en se réfléchissant sur la lame de verre. L'œil reçoit ces faisceaux et aperçoit l'objet dans la direction *r r'*. L'image se dessine sur une feuille de papier où l'on peut la tracer au crayon.

Loupes. La loupe ou microscope simple, *fig*. 329, se compose d'une lentille à court foyer; l'objet que l'on veut voir grossi est placé en *p b* en deçà du foyer de la lentille; l'œil reçoit les faisceaux divergens *p' p'*, *b' b'*, et voit l'image virtuelle agrandie et réculée à une distance qui diffère peu de la vue distincte. Chaque observateur doit chercher le point où il voit très distinctement. Le grossissement est d'autant plus grand que le foyer de la lentille est plus court.

Lanterne magique. Une boîte en fer-blanc, *fig.* 349, contient une lampe ; en arrière est un miroir *m* concave, en avant une lentille convergente *l*. Cette partie de l'appareil a pour but d'éclairer vivement un objet *o o'*, placé à côté de la lentille; en avant se trouvent deux autres lentilles *l' l''*, mobiles dans un tuyau, de manière qu'on puisse les éloigner ou les rapprocher. Un diaphragme *d d*, placé entre elles, est destiné à ne laisser passer que les rayons de lumière régulièrement réfractés. De l'objet *o*, éclairé fortement par derrière, partent des rayons de lumière qui se relèvent en faisceaux parallèles, quand ils sortent de la lentille *l'*; ils forment des faisceaux convergens en sortant de la lentille *l''*, et vont peindre sur la muraille la figure de l'objet *o o'*, renversée et amplifiée. On tâtonne, en approchant ou éloignant l'une de l'autre les lentilles *l' l''*, jusqu'à ce que l'on ait trouvé le point où l'image est suffisamment nette et éclairée. On voit aisément, par la marche des rayons, pourquoi l'image est renversée ; on sait qu'en effet l'on met sens dessus dessous les verres sur lesquels sont peints les personnages de la lanterne magique.

Microscope solaire. C'est, à proprement parler, une lanterne magique éclairée par le soleil. Comme l'on dispose d'une lumière très intense, on peut amplifier beaucoup l'image des objets sans qu'elle cesse d'être parfaitement distincte. Des rayons parallèles du soleil *r r*, *fig.* 351, sont réfléchis sur une glace *g*, concentrés par une lentille *l*, et disséminés après s'être croisés en arrière d'une seconde lentille, à foyer convergent *l'*; ils vont jeter en avant une image fortement éclairée *i i*. Les objets que l'on veut amplifier sont placés sous un verre, entre les deux lentilles en *e*, et très près du foyer de la première ; ils y reçoivent une lumière intense. On se sert du microscope solaire pour obtenir de grandes images des animaux très petits ; si l'on examine une liqueur dans laquelle est une substance cristalline, on peut suivre la marche de la formation des cristaux.

Microscope. Le microscope se compose essentiellement de deux lentilles à court foyer : la première *a*, *fig.* 352, va former, en arrière d'elle, en *i'*, une image agrandie de l'objet *i*, à la condition que celui-ci est placé en avant de la lentille et un peu plus loin que la distance focale. La seconde lentille *b* est située une telle distance de l'image que celle-ci se trouve entre cette lentille et son foyer. La lentille *b* agit sur cette image à la manière d'une loupe et l'amplifie encore, en donnant l'image *i''*. Le grossissement obtenu avec le microscope provient donc d'une première amplification qui résulte de la position de l'objet un peu en avant du foyer de la première lentille; puis, d'une seconde amplification, qui est la conséquence de la position de l'image en deçà du foyer de la seconde lentille. Le microscope, ainsi construit, produit une décomposition des rayons lumineux qui nuit à la netteté des images. Comme on ne peut songer à achromatiser des lentilles aussi petites, on a cherché à arriver au même résultat par d'autres moyens ; on y est parvenu en introduisant, dans le microscope, un troisième verre convergent. Le microscope est composé de trois tuyaux emboîtés les uns dans les autres ; il y a le porte-oculaire, le porte-objectif, et un anneau circulaire qui avance et recule à volonté, et qui porte l'objet ; il sert à le mettre dans la position la plus favorable pour la vision distincte. On éclaire l'objet au moyen d'une glace légèrement concave qui reçoit la lumière du ciel, ou avec une bougie au moyen d'un verre convergent ; si le corps est transparent, on l'éclaire par-dessous ; s'il est opaque, on l'éclaire par-dessus.

Lunette astronomique. — C'est le microscope avec un objectif à foyer très long, *fig.* 350. Elle est destinée à fournir l'image d'objets très éloignés; les rayons qui tombent sur l'objectif *o* sont presque parallèles, de sorte que l'image se forme renversée au foyer principal; l'objectif est très grand, pour réunir plus de lumière, et il peut être achromatique. Les faisceaux qui ont formé l'image *i* vont tomber sur l'oculaire *l* qui agit pour eux à la manière d'une loupe et forme une image virtuelle agrandie *i'* à la distance de la vue distincte. L'oculaire est rapproché ou éloigné à volonté, jusqu'à ce que l'observateur dont la vue est plus courte ou plus longue, aperçoive une image parfaitement nette de l'objet.

Lunette de Galilée.— La lunette de Galilée, *fig.* 353, ressemble beaucoup à la lunette astronomique, mais elle donne des images droites des objets. L'objectif *o* est encore une lentille convergente, et les objets sont vus à une distance éloignée de son foyer; l'image va se former en *rr'*, renversée et plus petite, et en arrière de l'objectif. En avant du point où cette image se formerait, est placé l'oculaire *l*, qui consiste en un verre biconcave; il reçoit les faisceaux qui devraient former l'image et les rend divergens; l'œil voit alors une image virtuelle de l'objet à la distance de la vue distincte, agrandie et droite. Il n'est pas indispensable d'achromatiser l'objectif de la lunette de Galilée; comme on s'en sert surtout le soir au spectacle, la lumière est peu vive et les couleurs peu sensibles; cependant on y met quelquefois des verres achromatiques; on peut encore obtenir l'achromatisme, en se servant d'un oculaire et d'un objectif faits avec une matière différente; la séparation des rayons colorés est alors peu sensible à cause des réfractions en sens contraire que les deux verres produisent. Du reste, chaque observateur avance ou recule l'oculaire jusqu'à ce qu'il ait trouvé la position la plus convenable pour sa vue.

Longue vue. La longue vue, *fig.* 354, ou lunette terrestre, diffère dans ses effets de la lunette astronomique, en ce qu'elle fait voir les objets droits, et de la lunette de Galilée, en ce qu'elle offre un champ plus étendu. Elle se compose de quatre verres bi-convexes : l'un, *o*, sert d'objectif; l'autre, *l*, d'oculaire; un troisième, *l'*, est placé en arrière de l'objectif, de manière à avoir son foyer principal au lieu même où se forme l'image *i*; les rayons en sortent parallèles, se croisent, et vont tomber parallèles sur le quatrième verre *l''*. La nouvelle image *i'* qui se forme est renversée par rapport à la précédente, et conséquemment droite relativement à l'objet; l'oculaire *l* reçoit les rayons qui en émanent, les fait diverger à la manière d'une loupe, et fait voir une image droite et grossie en *ii''*.

Télescopes. Le télescope le plus simple, *fig*. 355, se compose d'un miroir concave *m* et d'une lentille convergente *l*. Les rayons parallèles *rr* qui arrivent d'un astre tombent sur le miroir concave *m*, et viennent se croiser à son foyer *f*. A quelque distance est une lentille convergente *l*, disposée de manière à ce que l'image de l'astre soit entre elle et son foyer; l'œil, placé en avant de cette lentille, aperçoit distinctement une image agrandie.

Télescope de Newton, *fig*. 356. Il diffère de l'instrument précédent en ce que les rayons, avant de concourir pour former l'image, sont réfléchis par un petit miroir plan *p*, incliné de 45° sur l'axe du télescope; l'image est alors transportée sur le côté, et peut être observée à l'aide d'un oculaire *o*, dont l'axe est perpendiculaire à celui du miroir courbe. Comme cette seconde réflexion entraîne une perte considérable de lumière, Newton la remplaça plus tard par un prisme à angle dièdre droit, sur l'hypoténuse duquel s'opère la réflexion totale des faisceaux lumineux.

Télescope de Gregory. Les deux télescopes précédens ont l'inconvénient de donner des images qui ne sont pas placées de la même manière que l'objet. On ne le retrouve pas dans la disposition imaginée par Gregory, *fig*. 357. Les rayons *rr*, après avoir été réfléchis, au lieu de tomber sur un miroir plan, sont réfléchis sur un petit miroir concave *c'* qui les renvoie vers son centre, où l'on a pratiqué une ouverture pour les laisser passer; c'est là qu'ils sont reçus sur l'objectif *o*, et l'œil, placé dans l'axe même du télescope, peut voir les objets ans leur véritable position.

INTERFÉRENCES. — DIFFRACTION. — POLARISATION DE LA LUMIÈRE.

Dans la théorie des ondulations, l'éther qui occupe le vide a une densité constante et une élasticité qui est la même en tous sens; celui qui remplit l'intervalle entre les particules matérielles des corps, peut n'avoir pas toujours la même densité et son élasticité varie suivant les directions dans les cristaux dont la forme primitive n'est pas un polyèdre régulier. Les vibrations de l'éther qui produisent la lumière sont excessivement rapides, le jaune qui résulte des vibrations moyennes, correspond au moins à cinq cent soixante-quatre mille vibrations par millionnième de seconde. L'ébranlement d'une molécule d'éther se transmet avec la même vitesse dans toutes les autres qui exécutent une suite de vibrations de même durée que celles qui ont lieu à l'origine. La longueur de l'ondulation est la distance qui sépare deux molécules d'éther, animées de la même vitesse de vibration, et telle que la molécule en avant soit en retard sur l'autre d'une oscillation complète. Ces vibrations de la lumière se font perpendiculairement aux rayons lumineux, et par conséquent dans une direction qui n'est pas celle de la propagation de la lumière. Deux molécules d'éther situées sur un même rayon, à la distance d'un nombre entier de demi-ondulations, ont des vibrations de même vitesse et de même signe; tandis que lorsque la distance des molécules entre elles diffère d'un nombre impair de demi-ondulations, elles ont la même vitesse, mais en sens contraire. Une molécule d'éther qui reçoit en même temps plusieurs ébranlemens, obéit à tous, et conformément au principe de la coexistence des petits mouvemens, les ondes se superposent sans se nuire. S'il arrive que deux systèmes d'ondes agissent en même temps sur une molécule éthérée, leur action s'ajoute et la lumière est plus vive, si les deux ondes ont un nombre pair de demi-ondulations, ou en d'autres termes si les molécules éthérées vibrent dans le même sens; mais si les ondes ont un mouvement vibratoire en sens opposé, elles impriment à la molécule éthérée des vitesses égales, mais de signe contraire, et la molécule éthérée reste en repos; *la lumière ajoutée à la lumière donne l'obscurité*; c'est le principe des interférences découvertes par Young; l'expérience prouve qu'il en est ainsi quand deux faisceaux peu inclinés se rencontrent sous un angle très petit. Fresnel a exécuté cette expérience avec de la lumière réfléchie sur deux miroirs plans, inclinés de manière à faire entre eux un angle très obtus; il obtint des images alternativement colorées et obscurcies; avec une seule lumière, la lumière rouge, par exemple, il se fit alternativement des bandes ou franges rouges et noires; la lumière blanche donna des franges irisées.

La diffraction de la lumière appartient au même ordre de phénomènes; elle consiste dans la modification que la lumière éprouve à son passage sur la tranche des corps. Ainsi, deux faisceaux de lumière étant introduits dans une chambre obscure par une ouverture très petite, au lieu d'ombres tranchées en arrière d'un obstacle, ils donnent des ombres bordées de plaques colorées; si le corps interposé est très étroit il y a même des franges dans l'intérieur de son ombre.

Double réfraction. Un faisceau de lumière, en traversant certains corps, peut donner naissance à deux faisceaux réfractés; les corps qui possèdent cette propriété sont dits doublement réfringens ou doués de la double réfraction. Cette propriété ne se rencontre jamais dans les liquides ou dans les gaz; les solides la possèdent tous, les uns accidentellement, quand ils éprouvent quelque action physique ou mécanique, comme un refroidissement brusque ou une compression inégale; les autres constamment, tels sont les corps régulièrement cristallisés qui n'ont pour forme primitive ni un cube, ni un octaèdre régulier, ni un dodécaèdre rhomboïdal. Cette propriété est remarquable dans les cristaux rhomboédriques de carbonate de chaux qui portent le nom de spath d'Islande. En regardant à travers un cristal de cette substance une épingle ou tout autre corps mince, on en voit deux; si on met le rhomboèdre sur une feuille de papier marquée d'un point ou d'un cercle, on voit deux points ou deux cercles; si l'on fait tourner le rhomboèdre, on voit les deux images prendre un mouvement régulier.

Les corps doués de la double réfraction sont à un axe ou à deux axes. L'axe est la direction suivant laquelle un rayon de lumière ne se divise jamais. S'il n'y a qu'une direction d'indivisibilité, le cristal est dit à un axe; s'il y en a deux, le cristal est dit à deux axes. Dans le spath d'Islande, pris comme exemple de cristal à un axe, le cristal peut être considéré comme une agglomération de molécules rhomboédriques, disposées parallèlement les unes à côté des autres; l'axe optique de chacun de ces petits rhomboèdres est une ligne passant par les deux angles solides obtus; il y a donc autant d'axes que de molécules, mais tous ces axes sont parallèles entre eux. Dans le cristal entier l'axe passe également par les angles solides obtus opposés. Il est à remarquer que dans les cristaux à un axe, l'axe optique et l'axe cristallographique coïncident toujours.

Un rayon n'éprouve jamais la double réfraction quand il traverse un cristal suivant son axe ou parallèlement à sa section principale, c'est-à-dire suivant un plan parallèle à l'axe du cristal.

Toutes les fois que le rayon ne se meut pas suivant l'axe du cristal, il se divise en deux autres rayons inclinés l'un à l'autre ; l'un d'eux obéit à la loi de la réfraction ordinaire ; son plan coïncide avec le plan d'incidence ; les sinus de réfraction et d'incidence sont dans un rapport constant : on l'appelle rayon ordinaire. Le second rayon ou rayon extraordinaire n'obéit plus aux mêmes lois ; son plan ne coïncide pas toujours avec le plan d'incidence ; les sinus de réfraction et d'incidence ne sont pas dans un rapport constant.

Il y a dans la marche du rayon extraordinaire deux directions remarquables : 1° le rayon extraordinaire reste dans le plan d'incidence toutes les fois que le plan d'incidence coïncide avec le prolongement de la section principale : or, cette section principale est un plan mené par l'axe perpendiculairement à une face naturelle ou artificielle ; en effet, si l'on fait tourner dans son plan un cristal à faces parallèles, et que l'on suive l'image extraordinaire, on lui voit détruire un cercle autour de l'image ordinaire ; elle passe deux fois dans le plan d'incidence quand celui-ci coïncide avec la section principale à la face d'entrée ; 2° le rayon extraordinaire a le même plan de réfraction que le rayon ordinaire, quand le rayon naturel a pour plan d'incidence un plan perpendiculaire à l'axe du cristal.

Dans la séparation des deux faisceaux réfractés, il arrive que le faisceau extraordinaire s'écarte plus de l'axe du cristal, comme s'il existait dans celui-ci une force répulsive ; mais dans d'autres cristaux le faisceau extraordinaire se rapproche au contraire de l'axe du cristal. Ceci fait diviser les cristaux à un axe en cristaux répulsifs ou négatifs et en cristaux attractifs ou positifs.

Dans les cristaux à deux axes, il y a deux directions suivant lesquelles le rayon ne se divise pas ; les axes étant déterminés pour un point du cristal, les lignes menées parallèlement à ces axes par un autre point sont les axes de cet autre point. Ici, il n'y a plus de rayon ordinaire, aucun des deux rayons réfractés ne suit la loi générale de la réfraction.

Cristaux à un axe.		Cristaux à deux axes.
Négatifs.	*Positifs.*	Carbonate de baryte.
Spath d'Islande.	Quartz.	Nitrate de potasse.
Tourmaline.	Zircon.	Borate de soude.
Emeraude.	Oxide de fer.	Sulfate de chaux.
Mica.	Oxide d'étain.	Carbonate de soude.
Phosphate de plomb.	Glace.	Acide tartrique.
Prussiate de potasse, etc.	Argent rouge.	Sucre, etc.

Polarisation de la lumière.

Les rayons de lumière acquièrent dans certaines circonstances des propriétés nouvelles, qui ont fait dire qu'ils étaient polarisés, parce que dans la théorie de l'émission, on suppose que les molécules lumineuses sont alors toutes tournées d'un même côté, comme si elles avaient des pôles qui aient pu se ranger comme les pôles d'une pile de petits aimans. Trois propriétés de la lumière polarisée sont caractéristiques :

1° Un rayon polarisé donne une seule image en passant au travers d'un prisme bi-réfringent, quand la section principale de ce prisme est parallèle ou perpendiculaire au plan suivant lequel le rayon s'est réfléchi et polarisé ;

2° Un rayon polarisé n'éprouve aucune réflexion en tombant sur une lame de verre, sous un angle de 35° 25′, quand le plan d'incidence sur cette seconde lame est perpendiculaire au plan d'incidence sur la lame où le rayon s'est réfléchi et polarisé ;

3° Un rayon polarisé ne se transmet pas à travers une plaque de tourmaline, dont l'axe est parallèle au plan de réflexion ; il se transmet tout entier quand l'axe de la tourmaline est perpendiculaire au plan de réflexion.

Les circonstances principales, qui amènent la polarisation de la lumière, sont la réflexion, la réfraction simple, la réfraction double.

Polarisation par réflexion. Un rayon de lumière, qui tombe sur une plaque de verre en faisant avec la surface un angle de 35° 25, se relève polarisé. Les substances autres que le verre polarisent la lumière sous des angles différens; la plus efficace est une plaque d'obsidienne qui reçoit la lumière sous un angle de 33° 1/2. Au reste presque jamais toute la lumière n'est polarisée; le diamant et le soufre en particulier ne polarisent jamais qu'une fraction de la lumière incidente.

On appelle *angle de polarisation*, l'angle que doit faire le rayon incident avec la surface réfléchissante pour que le rayon réfléchi soit polarisé le plus complètement possible. On appelle *plan de polarisation* le plan suivant lequel a été réfléchi la lumière qui se trouve polarisée par réflexion; on trouve toujours facilement quel est ce plan de polarisation d'un rayon en le faisant tomber sur une plaque de tourmaline; quand il s'éteint, c'est que le plan de polarisation est parallèle à l'axe de la plaque.

Pour étudier les propriétés de la lumière polarisée, on se sert de l'appareil, *fig.* 358; *t t* est un tube en cuivre qui porte un diaphragme *d d* pour limiter la quantité de lumière; *g* est une glace en verre noir sur laquelle la lumière se polarise par réflexion; l'axe du tube forme avec elle un angle de 35° 25′; *n* est un anneau qui entre en frottement dans *t*, et qui peut tourner autour de l'axe du tube; *p p′* est un prisme achromatique bi-réfringent composé d'un prisme de spath d'Islande et d'un prisme de verre; *r r* sont des traverses qui portent les pivots *a a* sur lesquels peut tourner une glace en verre noir. Enfin *m* est une plaque de tourmaline dont les deux faces sont parallèles à l'axe. On peut adapter successivement au tube une de ces trois pièces.

On constate, à l'aide de cet appareil, les trois propriétés essentielles de la lumière polarisée. On place d'abord le prisme bi-réfringent et l'on fait tourner l'anneau *nn*. Le rayon polarisé donne une seule image quand la section principale de ce prisme (plan parallèle à l'axe) est parallèle ou perpendiculaire au plan de réflexion. Cela arrive dans quatre positions rectangulaires l'une par rapport à l'autre ; à l'azimuth zéro, à 90°, à 180°, à 270°. — On remplace le prisme bi-réfringent par la glace mobile ; on donne à cette glace une inclinaison telle que le faisceau polarisé le rencontre sous un angle de 35° 25′, et l'on place l'œil dans une position convenable pour voir l'image réfléchie ; faisant alors tourner l'anneau et par conséquent la glace sans changer l'inclinaison de celle-ci, on reconnaît que l'image réfléchie est complètement éteinte, quand le plan de réflexion sur la deuxième glace est perpendiculaire au plan de réflexion sur la première.

Polarisation par simple réfraction. Une partie de la lumière qui tombe sur la lame de verre sous l'angle de polarisation la traverse en se réfractant. Elle est polarisée en partie, suivant un plan perpendiculaire au plan de réflexion; son intensité est la même que celle du rayon réfléchi. En même temps, une portion de lumière naturelle pénètre à travers la glace ; si l'on place une deuxième glace au-dessous de la première, cette lumière naturelle subit encore partiellement la réflexion et la polarisation, de sorte qu'avec un nombre suffisant de plaques, on peut arriver à ne laisser passer que de la lumière polarisée, qui peut alors traverser un système semblable de plaques sans éprouver de changemens. Il en résulte qu'en faisant tomber, sous l'angle de la polarisation, un rayon polarisé sur une pile de glaces, il passe tout entier quand le plan d'incidence est perpendiculaire au plan de polarisation ; il s'éteint tout entier, si les deux plans sont parallèles. Cette même propriété s'observe dans la tourmaline que l'on suppose, pour cette raison, formée de lames appliquées; la lumière n'est pas transmise au travers, quand l'axe de la tourmaline est parallèle au plan de polarisation. On peut le constater avec la plaque de tourmaline *lm* de l'appareil *fig*. 358.

Polarisation par double réfraction. Les deux rayons qui ont traversé un cristal bi-réfringent sont tous deux polarisés, mais dans des plans différens, savoir : le rayon ordinaire dans le plan d'immergence, et le rayon extraordinaire perpendiculairement à ce plan. Il en résulte que le rayon ordinaire a toutes les propriétés de la lumière polarisée par réflexion sur le verre, sous un angle de 35° 25′, et que le rayon extraordinaire se comporte comme la lumière polarisée par réfraction sous le même angle 35° 25′. On peut s'en assurer en étudiant successivement chacun de ces faisceaux avec le prisme achromatique bi-réfringent. Le faisceau polarisé réfléchi ou le faisceau réfracté ordinaire sont reçus sur le prisme. La section principale de celui-ci étant parallèle au plan de polarisation, on n'a qu'une image; en tournant un peu le prisme, l'image extraordinaire se montre, mais pâle encore : son intensité augmente à mesure que l'on tourne davantage. Les deux images ont la même intensité quand on est arrivé à 45°. Au-delà, comme on s'approche de plus en plus du point où le prisme serait perpendiculaire au plan de réflexion, et où l'image ordinaire s'éteindrait, celle-ci pâlit à son tour et se trouve tout-à-fait éteinte quand on est arrivé à 90°. A partir de ce moment, l'image extraordinaire pâlit à son tour, et l'image ordinaire reparaît et augmente d'intensité jusqu'à 180 degrés, où elle reste seule. Les effets analogues, mais en sens inverse pour la persistance des images, se montreraient si l'on commençait l'expérience avec le rayon polarisé par réfraction simple, ou avec le rayon extraordinaire qui résulte de la réfraction double.

Polarisation circulaire. Toute lame d'un cristal a un seul axe, taillée perpendiculairement à cet axe, et qui reçoit normalement un rayon de lumière polarisée, le transmet sans altération. Le quartz seul fait exception ; la lumière qui l'a traversé est encore polarisée, mais son plan de polarisation est changé : il a tourné pour certains échantillons vers la droite, pour d'autres vers la gauche. On trouve la quantité de cette rotation en recevant le rayon qui a traversé le quartz sur le prisme achromatique bi-réfringent; pour éteindre les deux images, ou, en d'autres termes, pour que le plan de polarisation soit parallèle à la section principale du prisme, il faut faire tourner celui-ci d'une certaine quantité à droite ou à gauche : or, cette quantité mesure la rotation qui s'est opérée dans le plan de polarisation.

Les diverses couleurs du spectre éprouvent dans leur plan de polarisation des rotations d'autant plus grandes qu'elles sont plus réfrangibles. M. Biot a trouvé qu'une lame de quartz de 1 millimètre a une rotation pour le rouge extrême de 17° 29′ 47″, et pour le violet de 44° 4′ 58″. De cette grande différence résulte qu'un rayon de lumière blanche polarisée se partage en rayons de toutes couleurs polarisés dans les plans différens. Si ce faisceau est ensuite décomposé en deux autres faisceaux polarisés à angles droits par son passage à travers un prisme bi-réfringent, les couleurs se partagent en proportions inégales entre les deux faisceaux, qui produisent des images colorées complémentaires l'une de l'autre. Les couleurs changent quand on tourne le prisme autour de son rayon ; de sorte que, dans le cours d'une demi-révolution, l'image extraordinaire qui, par exemple, était rouge, devient orange, jaune, verte, vert-jaunâtre, violette ; après quoi, les mêmes séries de teintes se reproduisent successivement. Cette coloration des deux images est un indice certain de la rotation.

Quand l'action rotatoire est très faible, on pourrait la méconnaître ; cela pourrait arriver encore si la matière, étant colorée, éteint certains rayons; mais, quelle que soit la quantité absolue de la rotation, il y a une direction du prisme, voisine quoique différente du plan de polarisation primitif, pour laquelle l'image extraordinaire a un minimum d'intensité absolue; la teinte propre de l'image extraordinaire dans ce minimum est un pourpre violacé qui correspond à la limite du rouge et du violet. Dans les actions très faibles, l'image s'éteint tout-à-fait, mais avant d'atteindre ce minimum l'image est bleue et au-delà elle est rouge, et l'on peut trouver le degré exact qui le fournit en observant le point où le bleu et le rouge apparaissent et en prenant le degré intermédiaire, suivant la moyenne des observations. Il est facile de concevoir que, si une partie des rayons avait disparu dans la matière observée, on n'observerait plus les teintes indiquées; mais il y aurait toujours un minimum d'intensité qui se trouverait hors du plan de polarisation et d'où l'on conclurait la rotation.

M. Biot a montré que d'autres corps que le quartz possèdent la propriété de dévier les rayons de lumière polarisée. Le rotation se fait à droite pour les uns, à gauche pour les autres; elle est toujours proportionnelle pour chacun à l'épaisseur pour laquelle on fait l'observation, et par conséquent au nombre des particules; aussi en changeant la distance des particules par une matière inerte, en faisant, par exemple, une dissolution avec un liquide qui n'ait pas de rotation, l'action reste dépendante de la quantité de particules; elle reste constante pour le même nombre de particules disséminées sur le trajet du rayon lumineux. En outre, des liquides d'action contraire ne perdent pas leur propriété quand on les mélange; l'effet est moyen.

Les matières qui dévient à droite sont la dextrine, l'amidon, le sucre de cannes, le sucre de lait, le sucre d'amidon, le sucre de raisin en grains, l'essence de citron et celles des autres fruits d'hespéridées, etc. On exprime le sens par le signe + et une flèche ↗ dirigée à droite, et l'intensité par le nombre de degrés, le tout amené à une épaisseur de 100 millim. et à une densité 1. Ex. : rotation à l'essence de citron + 80,916 ↗.

La gomme, le sucre de raisin dans les sucs de fruits, les essences de térébenthine, de genièvre, de cubèbe, de copahu, etc., dévient à gauche le plan de polarisation, on se sert du signe — et de la flèche en sens inverse ↖, exemple : essence de térébenthine, — 43°38 ↖.

Voici la manière de faire les observations. En sortant du tube *t*, *fig.* 358, le rayon de lumière polarisé traverse la plaque de quartz dans le sens de son axe, ou passe à travers un tube d'une longueur connue qui contient le liquide sur lequel doit porter l'observation. L'appareil étant placé dans une chambre obscure, l'observateur fait tourner le prisme jusqu'à ce qu'il ait trouvé le minimum d'intensité de l'image extraordina ire. Enpérant avec une seule lumière, l'on a un faisceau d'une réfrangibilité égale, et l'arc de rotation est sensiblement le même pour tous les rayons qui le composent; ils étaient sur un même plan de polarisation avant d'entrer, ils sont encore tous sur un même plan en sortant. Il ne s'agit donc que de tourner le prisme de manière à ce que la section principale étant parallèle à ce nouveau plan, l'image extraordinaire devienne complètement nulle. On fait mouvoir l'alidade qui accompagne le prisme autour de cette position à droite et à gauche, de manière à s'arrêter là où l'image reparaît sensiblement. La moyenne entre les deux positions extrêmes, donne le zéro de l'image ou le minimum d'intensité. On se sert pour cette observation, d'un verre coloré en rouge par l'oxide de cuivre; comme celui des vitraux des vieilles églises. C'est le meilleur moyen d'observation ; il peut servir pour des liqueurs colorées, leur couleur particulière ne changeant rien au résultat; si on veut rapporter l'observation au rayon jaune, on multiplie le chiffre obtenu par $\frac{30}{23}$.

Le verre rouge a, pour les substances d'une rotation

faible, l'inconvénient d'affaiblir encore le phénomène, en même temps qu'il fixe la mesure pour la couleur qui a la déviation la plus faible. On opère, dans ce cas, avec la lumière blanche, en profitant de ce fait que la faiblesse de la rotation imprime toujours à l'image extraordinaire, des variations de teintes très rapides autour du minimum d'intensité. Soit un rayon blanc, les plans de polarisation de chacune des lumières colorées ne sont pas déviés d'une égale quantité ; ils le sont dans le rapport de la réfrangibilité de ces rayons colorés. Tournant donc le prisme pour rapprocher sa section principale de cet arc de polarisation ; on éteindra d'abord les rayons les moins réfrangibles, dont le plan de polarisation se trouvera le premier parallèle à la section principale du prisme ; puis successivement on atteindra les rayons suivans, et à la fin les plus réfrangibles. Le minimum de coloration sera obtenu au milieu, dans le point où le prisme éteint le plus grand nombre de rayons ; à ce moment le prisme étant tourné d'un côté ou d'un autre, la teinte change en augmentant d'intensité ; or, ce minimum est donné par le bleu violacé, très faible en lumière ; il correspond à la rotation moyenne du jaune du spectre. L'absence du jaune, la plus brillante de toutes les couleurs, rend l'image très sombre ; cette teinte est précédée d'un très beau bleu, et suivie du violet pourpre ; de sorte qu'on la reconnaît aisément, en ce que l'alidade rapportée en arrière donne du bleu, et en ce qu'elle donne du rouge si on la reporte en avant. La détermination, prise pour le rayon jaune, est ramenée, si l'on veut, au rayon rouge, en multipliant par $\frac{23}{30}$ le chiffre que l'observation a fourni.

FIN.

TABLE DES MATIÈRES.

FIN DE LA TABLE DES MATIÈRES.

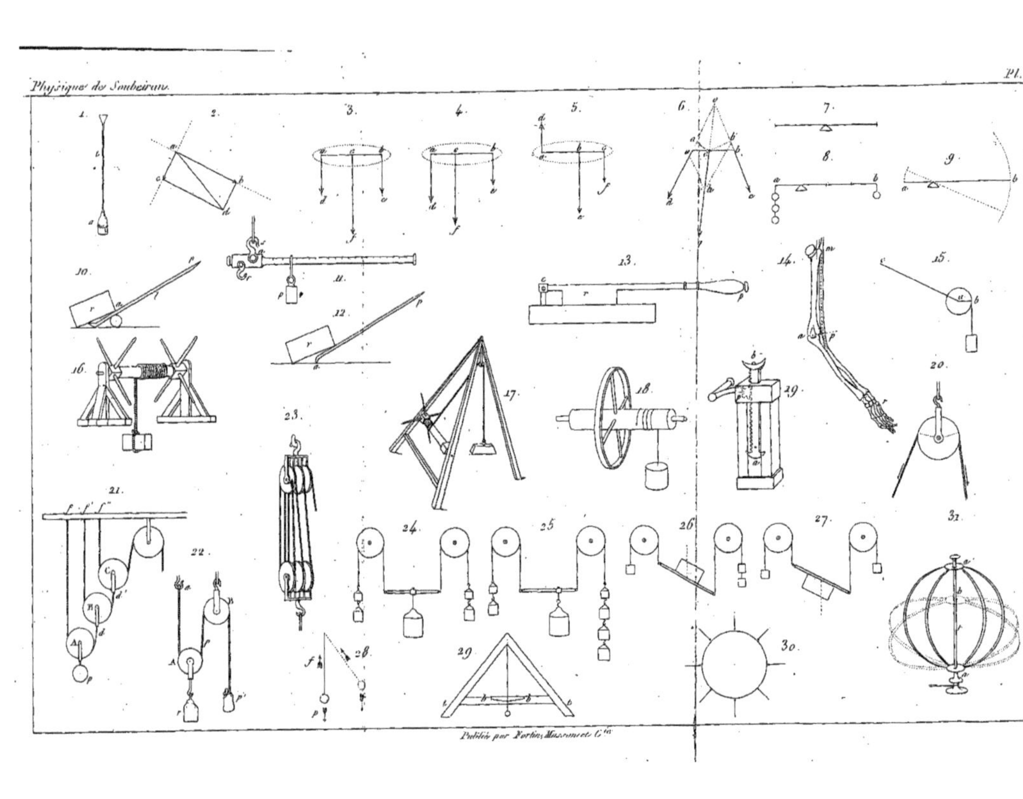
Physique de Soubeiran.
Pl.
Publié par Fortin, Masson et Cie

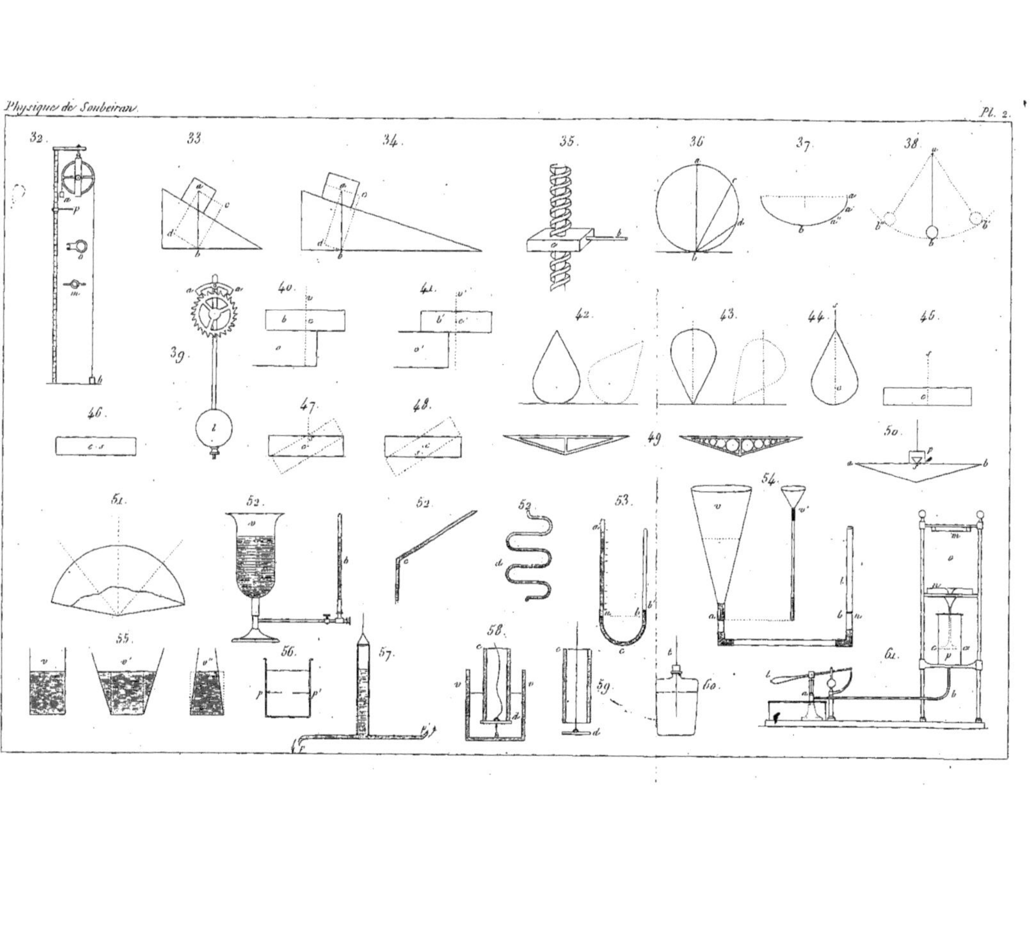
Physique de Soubeiran.
Pl. 2.
32.
33
34.
35.
36
37.
38.
39.
40.
41.
42.
43.
44.
45.
46.
47.
48.
49
50.
51.
52.
52.
52.
53.
54.
55.
56.
57.
58.
59.
60.
61.

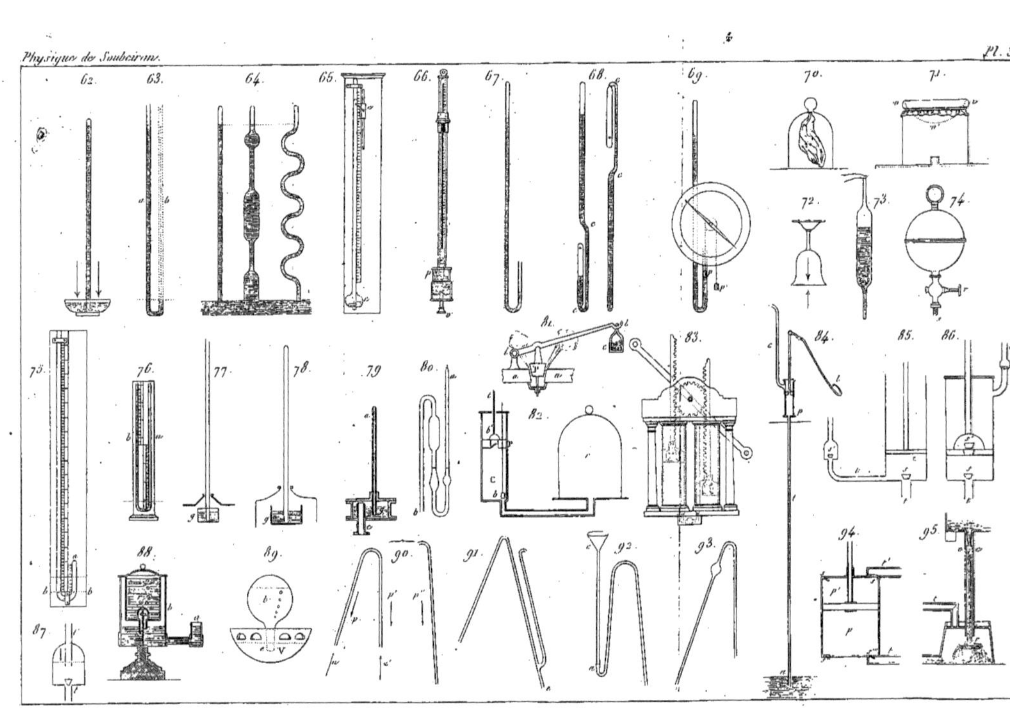

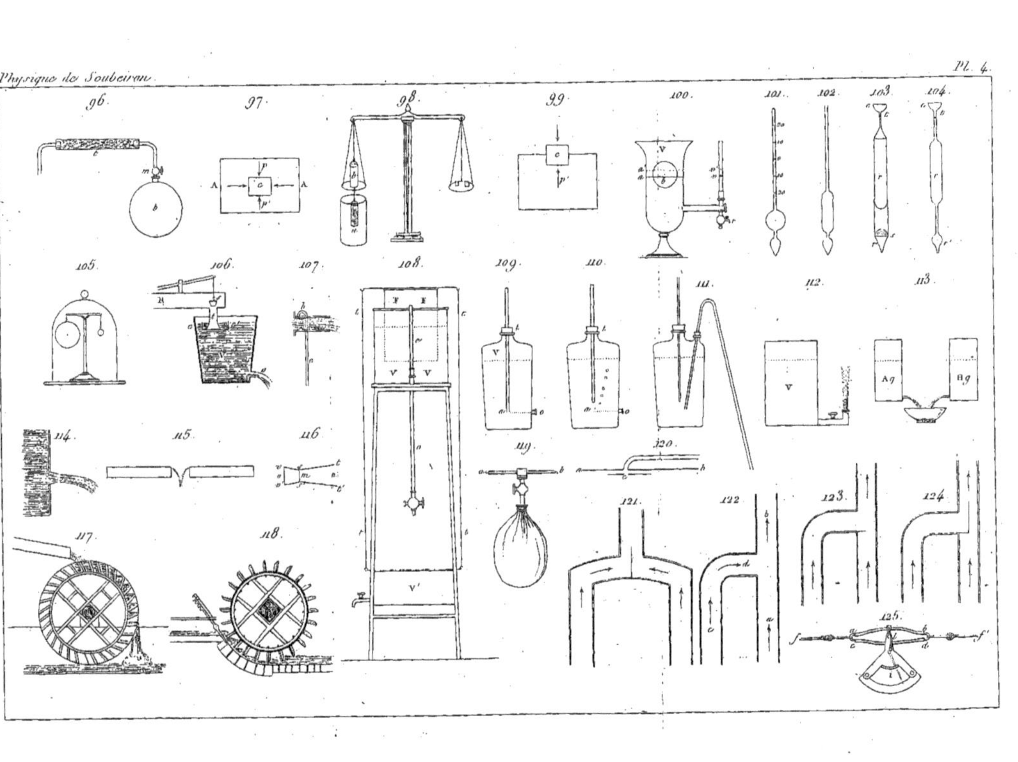

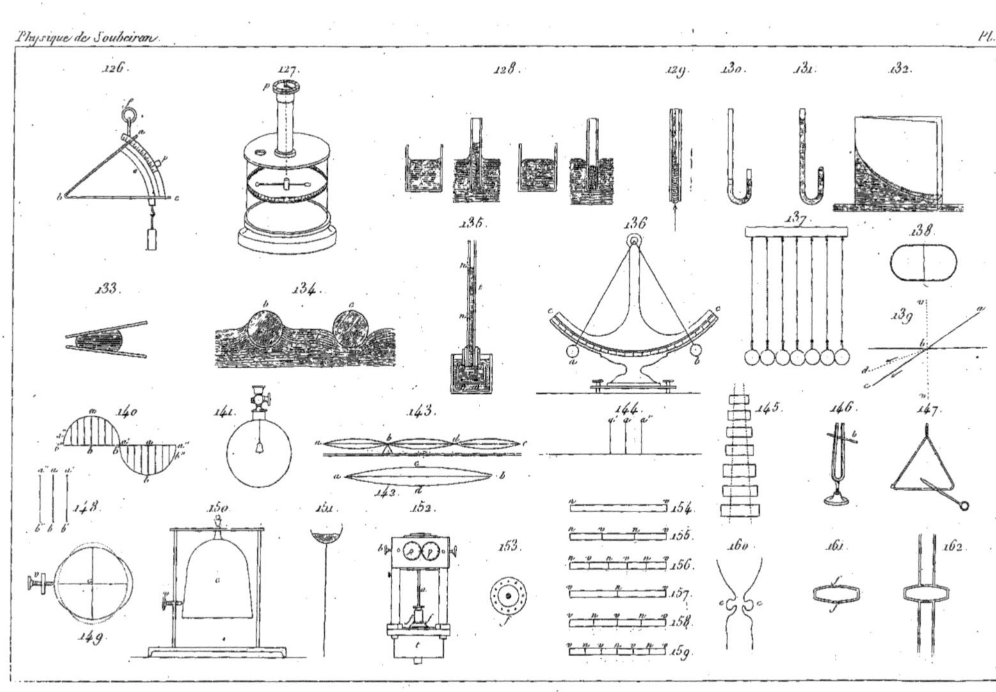

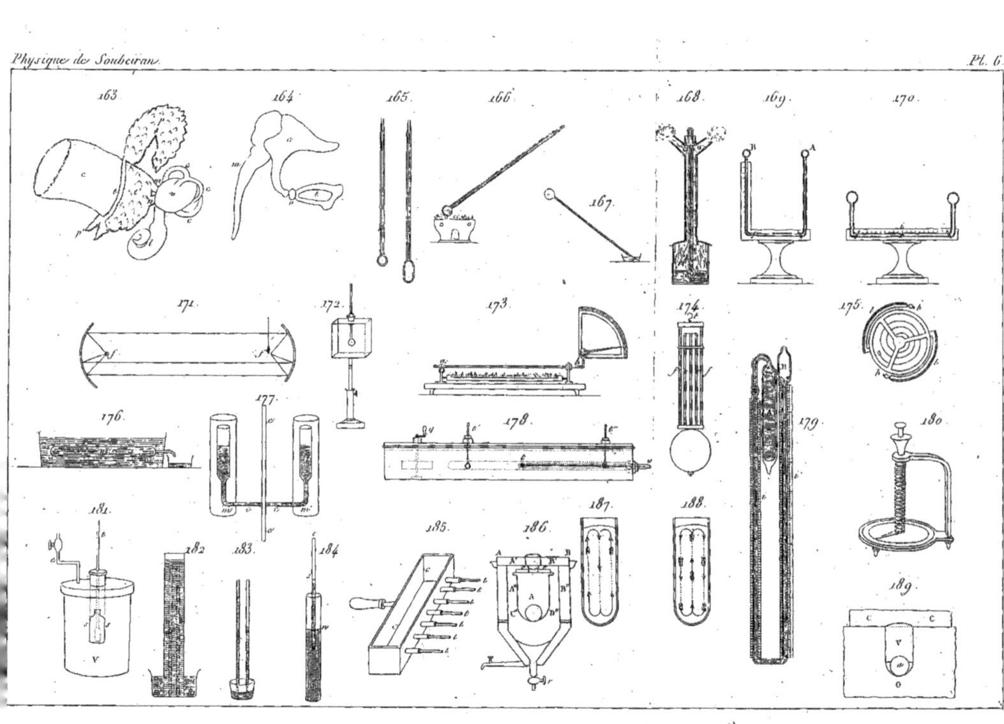
163.
164.
165.
166.
167.
168.
169.
170.
171.
172.
173.
174.
175.
176.
177.
178.
179.
180.
181.
182.
183.
184.
185.
186.
187.
188.
189.

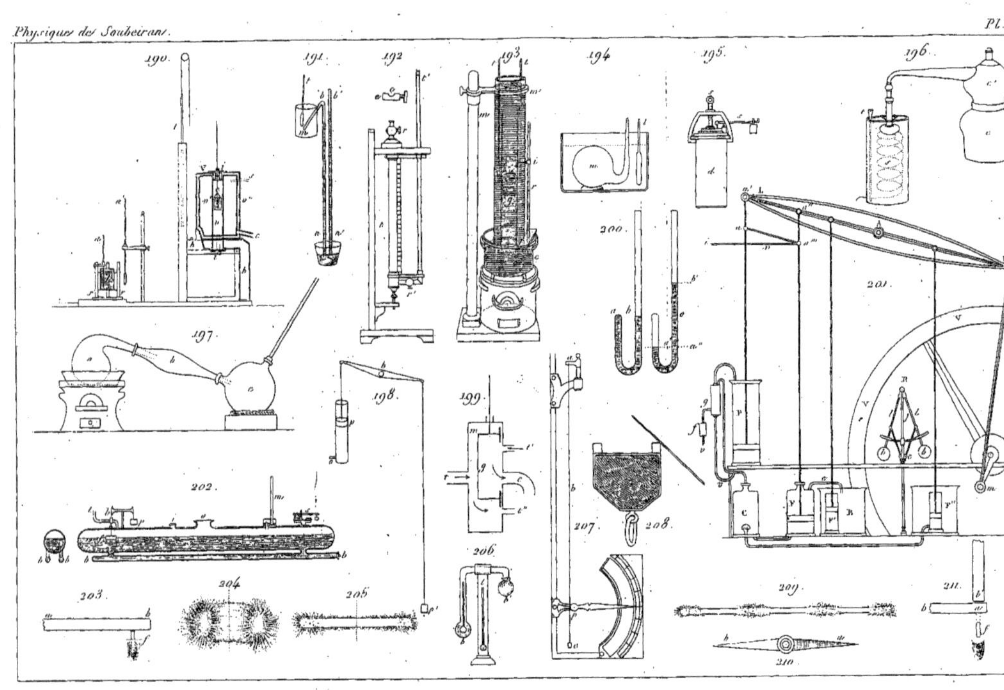
190.
191.
192
193
194
195.
196.
197.
198.
199.
200.
201.
202.
203.
204
205
206
207.
208.
209.
210
211.

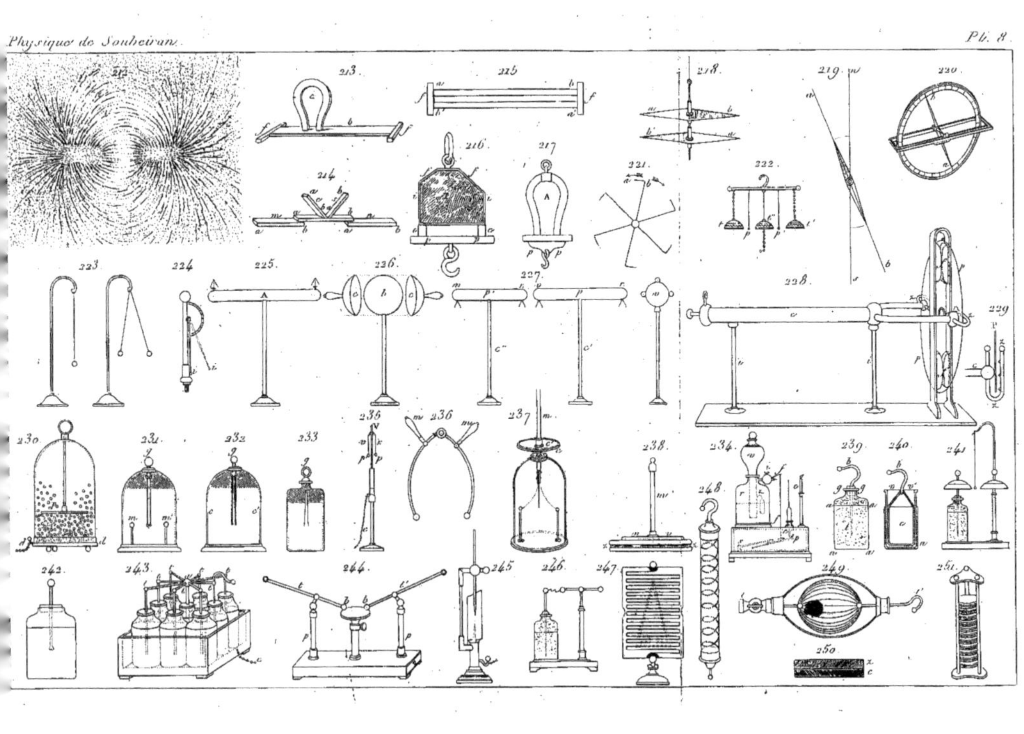

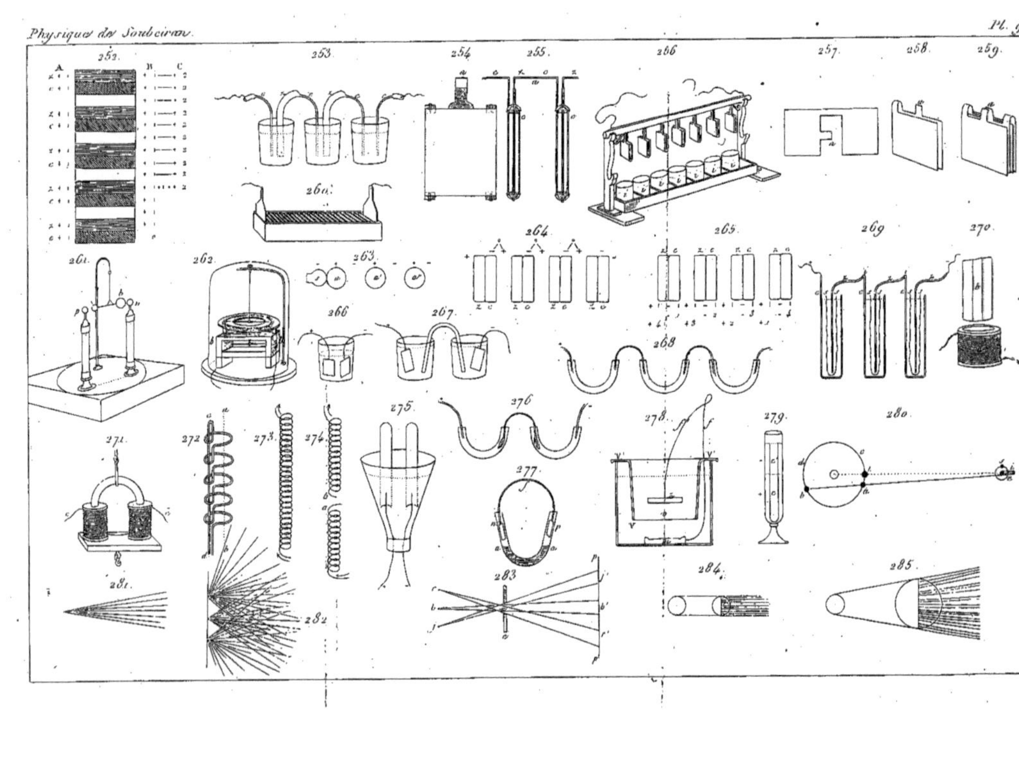

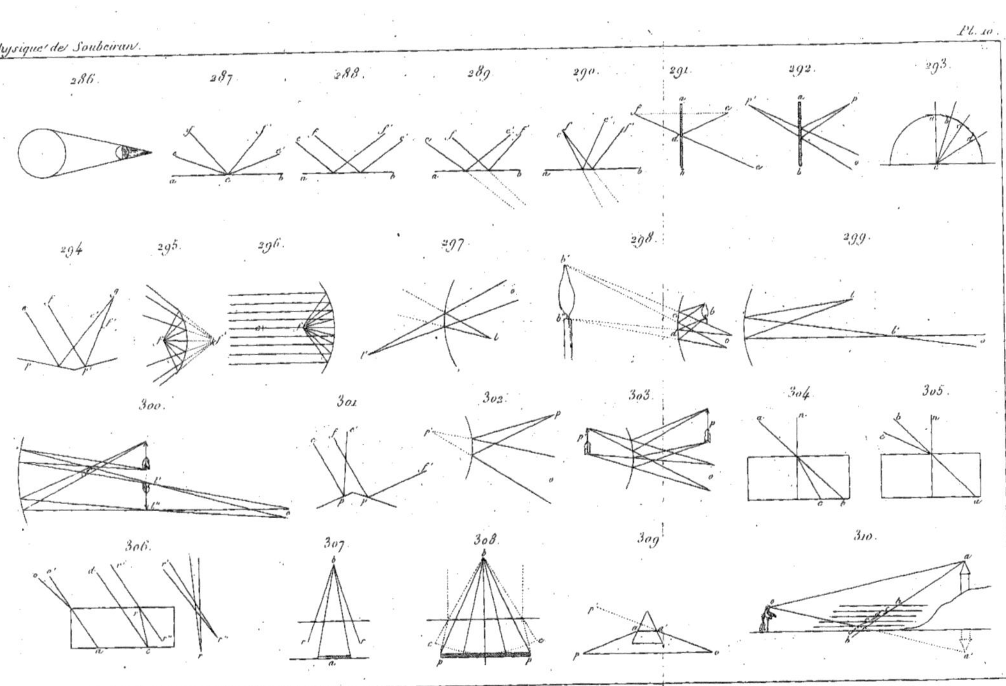
286.
287.
288.
289.
290.
291.
292.
293.
294
295.
296.
297.
298.
299.
300.
301
302.
303.
304.
305.
306.
307
308.
309
310.

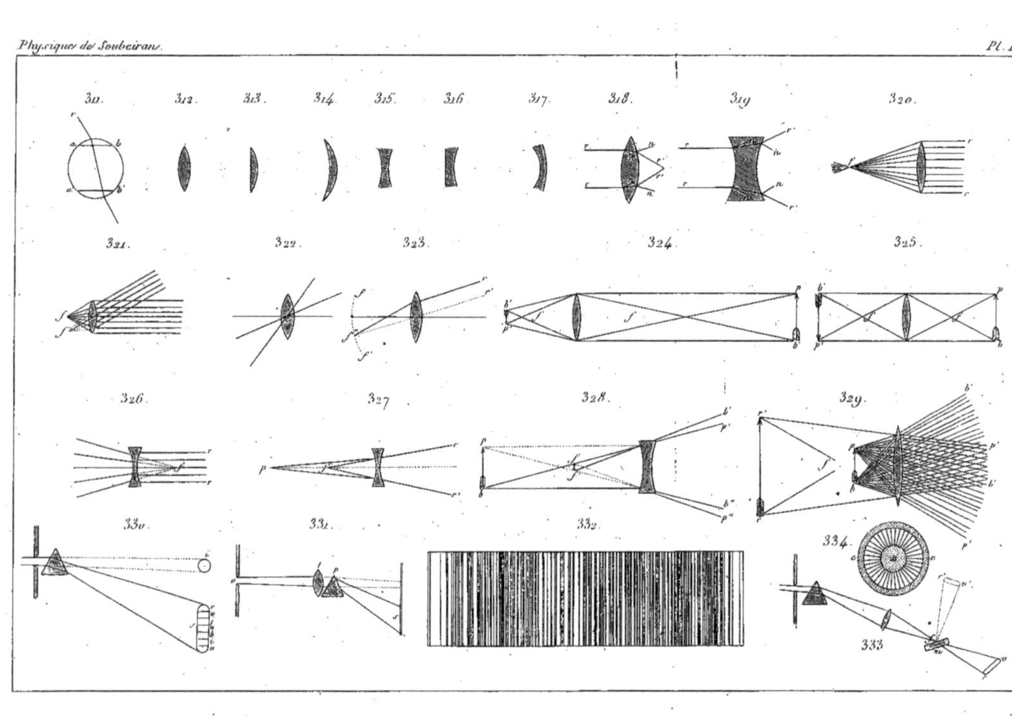
311.
312.
313.
314.
315.
316.
317.
318.
319.
320.
321.
322.
323.
324.
325.
326.
327.
328.
329.
330.
331.
332.
333
334.

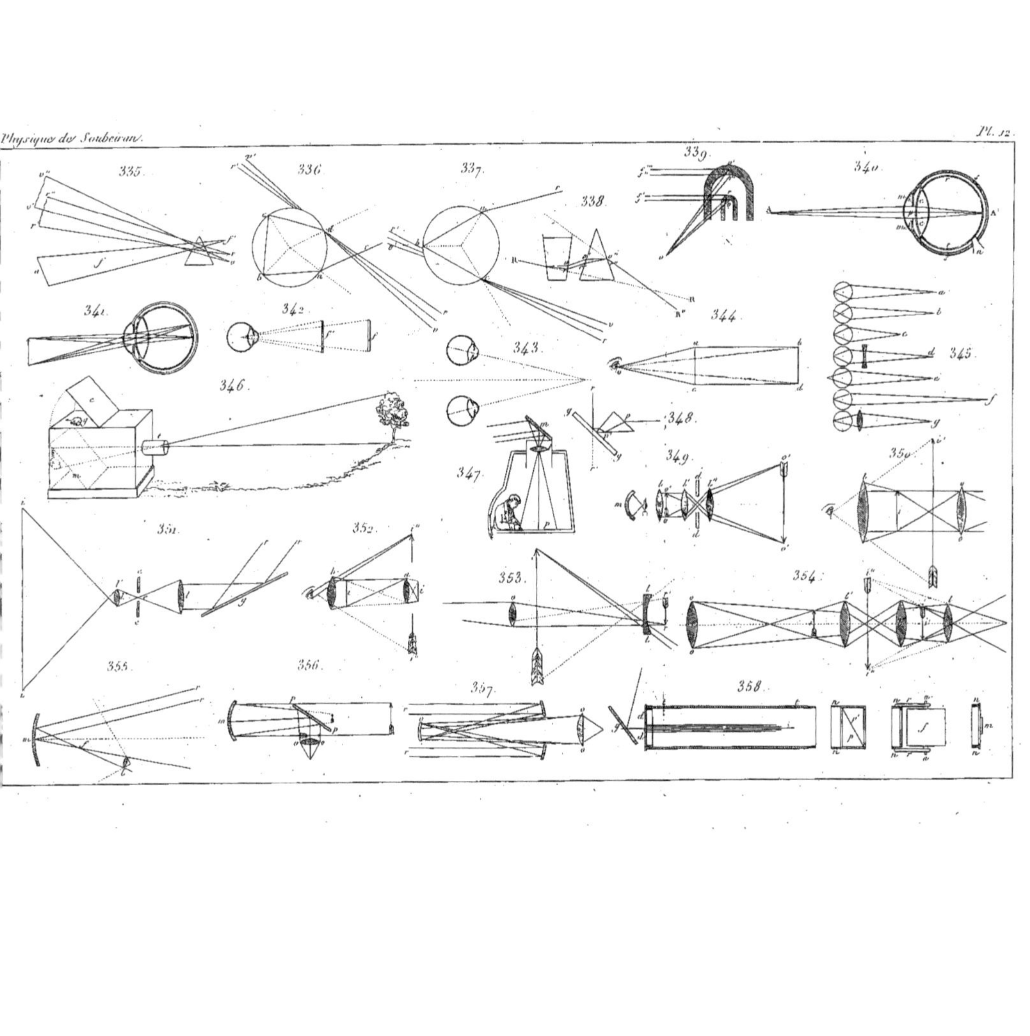
335.
336.
337.
338.
339.
340.
341.
342.
343.
344.
345.
346.
347.
348.
349.
350.
351.
352.
353.
354.
355.
356.
357.
358.

www.ingramcontent.com/pod-product-compliance
Ingram Content Group UK Ltd.
Pitfield, Milton Keynes, MK11 3LW, UK
UKHW020606230726
13926UKWH00005B/2233

9 782016 181027